KB263973

증보판

쉐우민의 스승들

사단법인 상좌불교 한국 명상원은 위빠사나 수행을 원하는 모든 분들을 위해
언제든지 문을 열어놓고 있습니다.
주소 서울 강남구 논현동 98-12번지 청호불교문화원 나동 306호
전화 (02)512-5258 | 홈페이지 cafe.daum.net/vipassanacenter

쉐우민의 스승들 (증보판)

초 판   2005년 5월 20일 1판 1쇄 발행
증보판   2010년 7월 25일 1판 1쇄 발행

지은이   우 꼬살라 사야도, 우 떼자니아 사야도
엮은이   묘원
편 집   한승희
펴낸이   곽준 | 펴낸곳   (주)행복한 숲

출판등록   2004년 2월 10일 제16-3243호
주소   서울시 강남구 논현동 98-12번지 청호불교문화원 나동 306호
전화   (02) 512-5255   (02) 512-5258 | 팩스   (02) 512-5856
이메일   sukha5255@hanmail.net |
홈페이지   cafe.daum.net/vipassanacenter

ISBN 978-89-93613-07-0 (03220)
값 15,000원

잘못된 책은 바꾸어 드립니다.

행복한 숲

쉐우민의 스승들

우 꼬살라 사야도 · 우 떼자니아 사야도 지음 | 묘원 엮음

행복한 숲

차례

증보판을 내면서

1996년에 미얀마 쉐우민 명상원의 우 꼬살라 사야도를 처음 뵈었습니다. 그리고 그곳에 가기 위해 4년 동안 노력한 뒤에 입방을 허락받아 스승님 밑에서 수행을 하였습니다. 그러나 3년 뒤에 스승님께서는 90세에 열반을 하셨습니다. 3년간의 만남은 저에게 매우 소중한 시간이었습니다.

스승님을 모시고 생활하면서 불교수행이 무엇인지를 알았고, 수행자가 어떻게 살아야 하는가를 직접 배웠습니다. 그리고 마음을 알아차리는 수행과 느낌을 알아차리는 수행을 배울 수 있는 행운을 얻었습니다.

이제 세월이 흘러 스승님께서 열반을 하신지도 벌써 여러 해가 지났습니다. 그러나 저의 마음속에는 언제나 스승님이 함께합니다. 이것은 스승님에 대한 연민의 정이 아닙니다. 스승님의 가르침에 대한 존경심입니다. 정은 쉽게 사라질 수 있어도 훌륭한 가르침은 세월에 상관이 없는 것을 알았습니다.

스승님의 가르침은 매우 간결하고 정확했습니다. 때로는 스승님의 말씀 한마디가 저의 해묵은 의문을 말끔히 씻어주기도 하셨습니다. 그래서 늘 '이래서 큰 스승님이시구나' 하고 감탄했습니다.

우 꼬살라 사야도 밑에서 수행을 하신 제자 우 떼자니아 사야도의 가르침도 매우 훌륭하셨습니다. 그래서 한 분도 아닌 두 분의 훌륭한 가르침을 받은 것은 참으로 좋은 기회였습니다.

그간 두 분의 가르침을 틈틈이 모아서 『쉐우민의 스승들』이라는 책을 냈습니다. 그러나 이것으로 만족할 수 없었습니다. 그래서 이번에 우 떼자니아 사야도의 수행문답을 포함한 새로운 증보판을 내게 되었습니다.

그간 우 꼬살라 사야도께서 법문하신 것을 모은 미얀마어로 된 소책자가 있습니다. 언제고 이 자료를 번역하여 출판하려는 마음이 있었는데 아직 번역자를 만나지 못했습니다. 그래서 우 꼬살라 사야도의 말씀은 추가하지 못하고 우 떼자니아 사야도의 문답만 추가하여 증보판을 펴냅니다.

아무쪼록 두 분 스승님의 가르침이 여러분들의 지혜가 되어 모든 분들이 행복하시기를 기원합니다.

2010년 7월
묘원

우 꼬살라 사야도 법어록

1

새해가 되었다고
새로운 사람이 되기 위해
머리를 감고 깨끗한 옷으로 갈아입는다.

그러나 여러분의 마음이
깨끗해지도록 씻고 있는가?

마음을 깨끗하게 하는 것이
몸을 깨끗하게 하는 것보다 더 중요하다.

항상 탐진치라는 번뇌의 더러움을
깨끗하게 씻어주어야만
마음이 청정해진다.

2

아침의 햇빛은 하루 종일 머물지 않는다.
시간이 있을 때
부지런히 달빛에 물레를 저어라.

그대의 인생을 사랑한다면
시간을 헛되이 보내지 마라.
시간은 인생의 생명이다.
지나간 시간은 절대로 다시 얻을 수 없다.

아침 해가 떠오르면
잠자리에서 일어나
그대는 하루 종일 길을 가야 한다.

다른 이들을 위해 좋은 일을 하는 사람은
자기 자신을 위해서도 가장 훌륭한 사람이다.

많은 사람들의 칭찬을 받고 싶으면
부드럽고 공손한 말씨로 말하고
훌륭한 결과를 가져오는 일을 하라.

부지런한 사람은 무슨 일이든지 쉬우며

게으른 사람은 무슨 일이든지 어렵다.
항상 앞을 내다보고 살아라.
그렇지 않으면 다른 사람에게 뒤떨어질 것이다.

발전하는 종족은 글을 읽고
글을 읽는 종족은 발전한다.

저 유명한 버나드 쇼는,
"내 나이 아흔두 살이지만
지금까지 공부하는 중이다"라고 말했다.

배우고, 복습하고, 구상하고,
열심히 알아차려서
최상의 지혜가 열려
궁전과 같은 높은 열반에 이르기를!

3

수행자의 마음은 두 가지가 있다.

수행을 하는 마음이 있고,
수행을 놓아버리는 마음이 있다.

선택은 자유다.
자기 스스로 알아서 해야 한다.

4

알아차리지 못하면 어리석은 사람이고,
알아차리면 현명한 사람이다.

5

어린아이라고 무시하지 마라.
어린아이가 어른이 된다.

좋은 어린아이라야 좋은 어른이 되고,
좋은 어른이라야 모두에게 좋다.

6

알아차림이 있고,
알아차리면서 생활하여라.

알아차림이 있고,
지속적으로 알아차리는,
이 두 가지가
부처님의 가르침이다.

알아차림 하나만 끈질기게 사용하면
마지막에는 열반을 얻는다.

7

받은 업業이 좋더라도
게으르면 평생 행복하지 못하고,
머리가 좋을지라도
게으르면 발전할 수 없다.

8

그의 책임은 그가 질 것이니
내가 말할 필요가 없고,

내 책임은 내가 질 것이니
그가 말할 필요가 없다.

9

알아차림을 잊지 않으면 열반,
알아차림을 잊으면 공동묘지.

일하거나 말할 때도
알아차림을 잊어버리지 않도록 하라.

잊지 않고 알아차리는 법은
열반에 이르는 길이며,

잊어버려서 알아차리지 못하는 법은
계속해서 죽는 공동묘지에 이르는 원인이다.

10

행복하고 즐겁게 살고 싶으면
계속해서 알아차려야 한다.

알아차리면 마음이 맑고
즐겁고 행복하다.

11

불상佛像의 부처님이 있고,
상상의 부처님이 있고,
지혜로 본 부처님이 있다.

이 중에 지혜로 본 부처님을 존경하고 믿어야 한다.

법을 보아야 부처님을 볼 수 있다.
그렇지 않은가?

12

번뇌라는 것은
대상과 만나면 일어나기 마련이다.
번뇌가 일어나지 않도록
알아차림이 끊임없이 이어질 때
근심은 사라진다.

13

자기 마음을 스스로 점검하라.
자기 마음이 괴로워하고 있다면
스스로에게 잘못이 있다.

14

다른 사람이 나를 인정하고 칭찬한다고 해서
내가 성숙하다고 말할 수 없다.

자기의 정신 상태가 향상되어야만
성숙하다고 말할 수 있다.

15

수행을 한다는 것은
바르게 아는 정견正見이 생기게 하기 위한 것이다.

그렇게 되기 위해서는
법法 그 자체가 그대로 있도록 해야지
내 뜻이 들어가서는 안 된다.

16

마음씨가 좋고 잘 배운 훌륭한 사람이
불교에 필요하다.

불교를 위해서 가장 필요한 사람은
마음씨가 착하고 지혜로운 사람이며,
계, 정, 혜 삼학三學을 모두 갖춘 사람이어야 한다.

그래야만 부처님의 가르침을
인내심과 끈기로 포교할 수 있다.

17

“당신이 좋게 하면 나도 좋게 할 것이다”는 말은
“당신이 나쁘게 하면 나도 나쁘게 할 것이다”라는 뜻과 같다.
그렇다면 정말 무서운 일이다.

덕 있는 사람은 상대가 좋든 나쁘든 간에
자신은 항상 좋게 해야 한다.

18

고행과 향락에 빠지는 두 가지 치우친 견해에서
벗어나도록 해야 한다.

어느 한쪽으로 치우치면
다른 견해를 치게 된다.

그렇기 때문에 알아차림을 치밀하게 해서
지혜가 앞서도록 하며,
중도에 이르도록 해야 한다.

수행자는 알아차림을 투자해서
지혜가 날 수 있도록 해야 한다.

19

무엇을 하든지
착한 마음씨와 착한 생각을 가져야 한다.

다른 사람이 잘하면 기뻐하라.
그래서 선업을 키워 나가라.

다른 사람이 잘못했을지라도,
다른 사람이 잘하지 못하더라도
불쌍히 여겨서
도와줄 일이 있으면 도와줘라.

그러면 그와 내가 함께
행복해질 것이다.

20

늙고, 병들고, 죽고, 이별하는 것,
이것은 피하기 어렵다.
업業만이 당신을 결정할 것이며,
지혜만이 벗어나게 할 것이다.

21

새해에 방생을 해보았는가?

사람들은 빌기도 잘한다.

"너를 한 번 방생하면
나는 열 번 방생되어지이다" 하고 빈다.

장사들이 값을 올려서 이익을 많이 보려고 한다.
그렇다면 방생하는 사람들도 마찬가지가 아닌가?

내 자신이 고기가 되어서 열 번 방생을 당하는 일은
그리 쉽지 않을 것이다.

그러므로 이렇게 빌어야 한다.

"그가 죽음에서 벗어나는 것과 같이,
나도 늙고, 병들고, 죽는 것에서 벗어나지이다."

22

길일과 흉일을 아는가?

좋은 마음을 가진 날,
좋은 일을 행한 날,
선업을 행한 날이 바로 길일이다.

나쁜 마음을 가진 날,
나쁜 일을 행한 날,
불선업을 행한 날이 바로 흉일이다.

23

과일이나 야채, 감자, 고구마를 먹는 정도로는
생식을 한다고 말할 수 없다.

탐욕의 불,
성냄의 불,
어리석음의 불에
익히지 않고 먹을 수 있어야만
생식을 한다고 할 수 있다.

24

누가 자신을 구하는가?

자신의 선업이 구하는가,
조상이 구하는가,
포대화상이 구하는가,
'머니메커'라고 불리는 바다의 여신이 구하는가?

그 어떤 것이든 자신을 구할 수 없다.
오직 자신의 선업만이
자신을 구한다는 것을 알아라.

25

얼마간의 돈이 든 지갑을 잃어버리면
아까워하며 울고 피곤한 줄 모르고 찾아다닌다.

그러나 수천만 원이 넘는 선업들을 잃어버린 것은
울지도 않고, 아까워하지도 않고 있다는 것을
알지 못한다.

26

몸, 느낌, 마음, 법이라는
네 가지 알아차림을 확립하는 것은
번뇌가 일어나는 끈을 짧게 한다.

성냄이 일어난 것을 알아차림으로 밀착시킨다면
마음이 풀어질 수 있다.

그리고 오랫동안 계속해서 일어나지 않는다.
이것을 "번뇌가 일어나는 끈을 짧게 한다"고 말한다.

탐심이 일어날 때마다
탐심이 일어나고 있는 것을 알아야 한다.

알아차리게 되면
탐심이 저 일어나고 싶은 대로 일어날 기회를 얻지 못한다.
이렇게 해야만 번뇌가 차츰 적어지고 줄어든다.

27

법을 행하지 않는 순간은
법 아닌 것들을 행한다.

28

세상에서 회계감사라고 하면
이 사무실, 저 사무실의 회계장부가 바른지 틀린지,
맞는지, 맞지 않는지를 면밀하게 조사해야만 한다.

그렇지요?

사무실에서만 회계장부를 조사하지 말고
자기 자신도 신구의身口意 삼업三業을
행하는 것이 바른가, 바르지 않은가,
행하는 일이 선업의 일인가, 불선업의 일인가,
맞는지, 맞지 않는지를 조사해야 한다.

그래서 매일매일 자신의 일들을
자기 스스로가 다시금 회계감사 하는 것이 좋다.

29

마음이 미친 듯이 날뛰는 것을 아는가?

집에 돌아가면 자기 자신을 거울에 비추어 보라.
"범부凡夫는 미친 사람과 같다"고 말한다.

탐심의 불길,
성냄의 불길,
어리석음의 불길 등
열한 가지의 불길에 둘러싸여 타고 있는 것을
미친 듯이 날뛴다고 말한다.

30

정진할 기회를 얻었으면서도
충분하게 정진하지 못한 큰 허물로
임종을 맞을 때 후회한다.

이렇게 후회하지 않도록
지금부터 열심히 수행을 해두어라.

31

빨리어 '사사나sāsana'란 부처님의 가르침을 말한다.
몸과 입이 예의바르고 청정해지도록 가르친 것이
실라사사나sīlasāsana인데,
이것을 계학戒學이라고 한다.

마음이 예의 바르고 청정해지고,
근심걱정 없이 고요해지는 가르침이
사마디사사나samādhisāsana인데,
이것을 정학定學이라고 한다.

지금 수행을 하고 있다면
계도 있고 마음도 청정하다.

보는 눈이 청정해지는
위빠사나의 지혜,
도의 지혜,
과의 지혜,
그리고 열반을 얻기 위해서
수행을 하는 것이
빤냐사사나paññāsāsana인데,
이것을 혜학慧學이라고 한다.

이 3학三學의 가르침들이 자신에 이르러야만
위험들이 소멸되고 행복에 이른다.

법法이 삶 속에 들어오도록 집어넣어야만 한다.
생활 속에서 자신이 행하는 모든 것들이 다 법이 되어야
법답지 않은 일이 절대로 일어나지 않는다.

생각할 때마다
궁리할 때마다
계획할 때마다
법답게 해야 한다.

이렇게 부처님의 가르침이 자신에게 이르러야
위험들이 사라지고
행복에 이른다는 것을 알아야 한다.

32

'아A' 세 가지를 소화하는 것이 필요하다.

'아A' 세 가지란,
아로바(alobha. 무탐),
아도사(adosa. 무진),
아모하(amoha. 무치)를 말한다.

로바(lobha. 貪心)는 있는 것을 주기 싫어서 벌벌 떠는 것이다.
탐심貪心이 일어나는 순간 바로 알아차리면 아로바가 된다.
그러면 첫 번째 '아A' 하나를 소화한 것이다.

원하는 것을 얻지 못하여 못마땅해 하는 것은 도사(dosa. 瞋心)이다.
아도사가 되도록 계속해서 자비를 보내야 한다.
진심瞋心이 일어나지 않으면 아도사이다.
그러면 두 번째 '아A' 하나를 소화한 것이다.

탐심이 일어나고,
진심이 일어난 줄 알지 못하는 것이 모하(moha. 癡心)이다.
치심癡心이 사라지도록 알아차림을 지속시켜야 한다.
마지막 '아A' 하나는 지혜와 알아차림이 함께한다.

혼미하거나 어리석어서 잘못함이 없도록 하는 것,
좋은 것이든 나쁜 것이든
일어나고 사라지는 모든 것을 알도록
바르게 실천 수행하여 알아차리는 것,
바로 수행 주제를 잊지 않고 알아차리는 것이 아모하이다.
그러면 '아$_A$' 세 가지를 모두 소화시킨 것이다.

33

생일날이란 개념적인 생일날과 실재적인 생일날,
두 종류가 있다.

개념적인 생일날은 어른들이나 부모님들이 지정해 준 것이고,
실재하는 생일날이란
매 순간마다 낳고,
매 순간마다 죽는 것이다.

그래서 실재하는 생일날은
낳고 죽고 하는 것을 아는 날을 말한다.*

* 실재하는 생일은 진정한 생일을 말하는 것으로 깨달음을 얻어 지혜가 난 날이다.

34

위빠사나 수행을 하는 이 법은
다른 사람들이 결정해 주는 법이 아니다.
자기 스스로가 꿰뚫어서 알아야 하는 법이다.

견문으로 아는 것을 다시 듣고 아는 것이 아니다.
가르쳐 준 대로 지금 마음을 알아차리면 바로 알 수 있다.

몸과 마음이 청정한가, 청정하지 않은가?
현재의 마음을 알아차려 보아라.

지금 보면,
지금 청정해진다.

35

위빠사나란
몸의 법,
마음의 법을
자신의 삶 속으로 끌어들이는 것이다.

36

양모인 고따미가 부처님께 말씀드렸다.

"고귀하신 부처님이시여,
백 살이 넘도록 장수하소서.
늙고, 병들고, 죽음이 없이 영원히 머물러
세상에 이익을 주소서.
선남선녀들이 해탈하도록 법을 설하소서.
이같이 저는 항상 기원합니다.
부처님이시여."

부처님께서는 양모의 인사말이 적합한 말로 여기면서도
좋아하지 않으셨다.

"양모시여,
저기 강한 정신력으로 열반을 대상으로
끊임없이 알아차림으로써
수행 정진하는 성문聲聞제자인 비구들을 보시오.
그들만이 여래를 진심으로 공양하고 있는 것입니다."

37

행복하고 즐겁게 살려면 항상 알아차려야 한다.
알아차리면 마음이 깨끗해지고,
행복과 즐거움이 증가한다.

알아차림 하나를 끈질기게 사용하면
마침내 열반에 이를 수 있다.

38

선업 공덕을 짓는 일을 잊지 않고 행하면
자기 자신은 스스로에게 좋은 벗이 되고,
악업을 행한 사람들에게 있어서
자기 자신은 스스로에게 원수일 뿐이다.

원수는 고통을 주고,
벗은 도와준다.

벗이 아니라 원수가 된다면
무엇이 좋겠는가.

39

보통의 약은 병을 고친다.
그러나 부처님의 약은 느낌을 고친다.

부처님께서는 몸은 아플지라도
마음은 아프지 않도록 하라고 말씀하셨다.

몸을 아프게 하는 가시는 그것으로 끝나지 않고,
다시 마음을 아프게 하는 가시가 되어 찌른다.

나의 몸, 내 것, 나의 소유라고 생각하기 때문에
아픈 것이다.

그러므로 몸과 마음을 나라고 생각해서 집착한다면
몸과 마음이 다 아프다.

물질과 정신이 드러날 때
몸과 마음을 서로 분리해서 알아차리면
몸만 아프지 마음은 아프지 않다.

40

하루 종일 일한 뒤 집에 돌아와 TV 앞에서 피로를 푼다.
실제로 피로가 풀리는가?

TV를 본다는 것은 대상을 바꾸는 것일 뿐,
대상의 느낌에서 벗어나지 못한다.

이것은 이미 일어난 느낌을
뒤에 다른 느낌으로 대신할 뿐이다.

이렇게 느낌의 대상을 바꾸기만 할 때는
탐심과 성냄과 어리석음이 줄어들지 않고 더 커질 것이다.

이것은 극심한 병으로 고통을 당하는 환자에게
일시적으로 수면제 주사를 놓는 것과 같다.

잠자는 동안 잠깐 좀 덜한 것 같지만,
실재를 알지 못하기 때문이다.

고통스런 느낌은 연속해서 일어난다.
깨어나면 또다시 고통스런 느낌을 느껴야만 한다.
그래서 고통스런 느낌을 고통스럽다고 알아차려야 한다.

41

알아차림으로 사는 사람은
자기 자신을 가장 사랑하는 사람이다.

자기 자신을 사랑한다면
알아차림을 밀착시켜 생활해야 한다.

42

다른 이를 존경하기에 앞서
자기 자신을 존경하도록 하여라.

43

사념처 수행을 하는 것은
지혜의 선업을 행하는 것이다.

공덕을 짓는 선업은
31계三十一界 안의 행복만을 줄 수 있다.

지혜의 선업은 이와 비교할 수 없는 결과인
열반의 크나큰 행복을 얻게 한다.

44

몸이 있으면
병으로 인한 고통은 있게 마련이다.

지금 당신이 중풍에 걸렸다 해도
마음은 괴로워하지 마라.

지금 병든 것으로도 이익을 얻고자 한다면
이익을 얻을 수 있다.

이리저리 돌아다닐 일이 많으면
불선업이 많아진다.

그러면 보지 말아야 할 것들을 보고,
말하지 말아야 할 것들을 말한다.

'오! 이제는 편안히 침상에 누워 있으니
충분한 시간을 가지고 수행을 할 수 있게 되었구나.'
이렇게도 생각할 수 있지 않은가?

그러므로
'지금 이와 같은 병을 얻은 것은

수행할 기회를 더 많이 얻은 것이 아닌가 하고
올바른 생각을 함으로써
오히려 병든 것을 감사하고 기뻐해야 한다.

45

먹을 때마다
마실 때마다
씹고 삼킬 때마다
가고 올 때마다
모든 것을 알아차림과 지혜로써 하라.

알아차림과 분명한 앎을 함께 행하면
집중력이 증가한다.

그리하여 위빠사나의 지혜가 생기고,
도道의 지혜와 과果의 지혜로
열반에까지 이르게 한다.

46

인간으로 태어났다면
알아차림이라고 말할 수 있는
'아빠마다(appamāda. 不放逸)'의 법을 붙잡고 있어야만 한다.
알아차림을 밀착시켜서 잊지 않는 것이 '아빠마다'이다.

'잊지 않음'을 잡고 있는 사람은
지혜가 있어 보시를 행할 수 있다.

'잊지 않음'을 잡고 있으면
계戒 역시 안전하게 지킬 수 있다.

'잊지 않음'을 잡고 있으면
수행을 할 때 집중력을 증가시킨다.

'잊지 않음'으로 인해
계, 정, 혜 삼학三學이 모두 완전해진다.

'잊지 않음'은 8만4천 법의 모임으로,
이것을 요약하면 37조도품이다.
다시 이것을 요약하면 팔정도八正道이다.

팔정도는,
바른 계 세 가지,
바른 정 세 가지,
바른 지혜 두 가지이다.
이것을 계戒, 정正, 혜慧 삼학三學이라고 부른다.

계, 정, 혜가 되기 위해서 필요한 것은
바른 알아차림 하나뿐이다.

'잊지 않음'이라고 불리는 알아차림의 확립이 있기에
집중력 역시 조화로움을 얻는다.

그래서 알아차림이 없다면 집중이 되지 않는다.
'뱃머리가 올라가면 키 역시 치솟아 오르는 격'이 되어
혼란해져서 어지럽다.

알아차림이 없다면 지혜를 발전시키지 못한다.
그래서 알아차림의 확립이란 '잊지 않음'이다.

47

알아차림이란,
덕이 있는 선한 사람들이 머무는 집이다.
그래서 안전하고 평화로운 궁전이다.

알아차림의 법은
세간과 출세간의 행복을 준다.

선정의 세계에서는 고요함을
지혜의 세계에서는 열반의 행복을 준다.

알아차림을 놓친 것은
계속해서 죽음과 고통 그리고 윤회의 고통을 준다.

48

즐거워하며 자랑하는 것은,
불선업이 선업을 가장하여
우둔하고 어리석은 이들을 속이는 것이다.

49

음식을 먹을 때
원하는 것을 먹지 못하여 화를 내면
그 모습이 무섭게 일그러진다.

성냄〔瞋心〕은 그 어떠한 것에도
좋은 결과를 주지 못한다.
이 순간이 지옥이다.

알아차림이 결여되면
새의 날개가 부러져 날지 못하는 것처럼,
윤회에서 벗어나지 못한다.

알아차림을 잊으면
실수하지 말아야 할 때 실수하고,
일어나지 않아야 하는 일들이 일어난다.

욕하고, 비난하고, 죽이고, 부수는 등의 화를 내면
지금도 지옥이고,
죽어서도 지옥에 떨어진다.

50

아빠마다(appamāda. 잊지 않음)란,
잊지 않고,
끈질기게 잡고 있고,
가볍게 넘기지 않으며,
주저함이 없이 알아차리는 것인데,
이것이 바로 사념처四念處를 수행하는 것이다.

사념처는 네 가지 알아차림을 확립하는 것으로
몸, 느낌, 마음, 마음의 대상인 법을
있는 그대로 주시하는 것을 말한다.

존귀하신 부처님께서는 경전에서
'아빠마다'를 잡고 있어야 한다는 말씀을
무려 1천9백70번 이상이나 설하셨다.

부처님께서는 마지막 대열반에 들기 직전까지
"아빠마데나 삼빠데타appamādena sampādetha"라고 설하셨다.
이는 "알아차림을 잊지 말고 끈질기게 잡도록 하라"는 유언이다.

부처님께서는 바로 이 말씀을 남기고 대열반에 드셨다.
그 뒤 아무 말씀도 하지 않으셨다.

이것이 의미하는 것은
알아차림이 얼마나 중요한가 하는 것이다.

51

탐욕, 성냄이 일어난 줄을 모르는 것이 치심癡心이다.
사성제의 법을 모르는 무명無明이 치심이다.

바르고 바르지 못한 것,
좋고 나쁜 것을 알지 못하기에 생각나는 대로 행한다.

이런 사람은 불선업을 선업으로 생각하고,
선업을 불선업으로 생각한다.

이는 살아서도 축생이며,
죽으면서도 혼미하게 죽어 축생으로 태어난다.

52

수행처에서 많은 사람들과 함께 지낼 때는
자신이 좋아하는 대로만 되지는 않는다.

당신이 지금 여기에서 서로가 서로를 인내하는 것처럼
앞으로 일상생활을 하면서 다양한 사람들과 만날 때도
지금과 같이 인내해야 한다.

그러기 위해서는 먼저,
여기서 인내를 통해 힘을 길러 놓아야만 한다.

수행처에서 인내하는 습관을 길들여야 하며,
이렇게 습관이 되어야만 밖에서도 인내할 수 있다.

수행을 하는 것은 좋은 마음을 가지도록,
좋은 마음이 향상되도록 훈련하는 것이다.

다른 사람들이 자신을 인정해 준다고 해서
자신이 성숙되었다고 말할 수 없다.
자신의 신체적·정신적 수준이 높아져야만
성숙해졌다고 말할 수 있다.

모든 사람들이 다 그렇다.
자신의 임무를 수행한다는 것은
자신의 좋은 의도와 능력을 충분히 발휘하는 것을 의미한다.

53

어리석음이 탐욕과 성냄을 지배한다.
저들을 이기는 것이 '잊지 않음'이라는
사념처 법이다.

팔정도라는 행도行道를 나누면 계, 정, 혜가 된다.
계와 정의 중간에서 알아차림이 조종하여 다스린다.
정과 혜 역시 알아차림이 이끈다.

열반으로 인도하는 계, 정, 혜를 증장시키는 원인은
알아차림만이 핵심이다.
알아차림이 없다면
그 어떤 것도 하찮다.

어떻게 살든 욕심을 부리고 화를 내며 생활해서는 안 된다.
알아차림이 있으면 탐욕과 성냄이 적게 일어난다.
그러나 전혀 일어나지 않는다고는 말할 수 없다.
알아차림이 있으면 정진력과 지혜가 함께 생긴다.

알아차림, 정진력, 지혜, 이 세 가지가 있으면
탐욕과 성냄이 일어나지 못하며,
이것들이 일어나는 것을 허락하지 않는다.

그러나 이 세 가지가 없으면
저들은 언제든지 일어나기 마련이다.

마음속에 탐욕과 성냄이 일어나지 못하도록
가장 먼저 알아차림을 해야 한다.

알아차림이 있으면 알게 된다.
탐욕이 일어나면 일어난 줄을 알고,
성냄이 일어나면 성냄이 일어난 줄을 즉시 알며,
아는 즉시 끝이 난다.
단 한 번으로 계산을 다 해버린다.

55

모든 수행자들은 그들 자신의 힘을 가지고 있다.
믿음이라는 신심의 힘도 있고,
노력하는 정진력의 힘도 있고,
집중하는 힘도 가지고 있으며,
또한 잊지 않는 알아차림의 힘도 가지고 있다.
그렇기 때문에 지혜의 힘 역시 향상된다.

힘을 지녔으면서도 힘이 향상되지 않는다면
힘을 키우지 못하는 자신의 마음을 일깨워 주어야 한다.
이렇게 좋은 기회를 잃어버리지 않도록 노력하는 것만이
가장 현명한 일이 될 것이다.

시간을 헛되이 낭비한다면
훗날 병들어 누워 있을 때 수행할 기회를 얻는다고 해도
평상시에 충분하게 수행하지 않은 큰 허물로
마지막 순간에 후회하게 될 것이다.

이렇게 후회하지 않도록
지금부터 미리 자신을 경책警責해서
열심히 수행하도록 하라.

56

사람들에게 옷은 없어서는 안 된다.
그렇다고 전혀 입지 않고 지낸다는 것도 안 되는 일이다.
그러나 돈을 들여 꾸며서 차려입고 갈망을 좇아가면
옷 때문에 고통에 빠진다.

이와 같이 자신을 고통스럽게 학대하면서 노력하는 것과,
오욕락惡欲樂을 행복으로 여기고 집착하면서 즐기는
양쪽의 극단에서 벗어나도록 수행을 해야 한다.

한쪽의 극단을 회피하면
다른 한쪽의 극단으로 가서 뒤엉킨다.
그러므로 알아차림을 가지고 지혜를 내서
중도의 행에 이르도록 해야 한다.
항상 알아차림을 토대로 해서 지혜가 밝아지도록 하라.

업이 좋으면서도 게으름을 피운다면,
일생 동안 부유해지지 못한다.
머리가 좋으면서도 게으름을 피우고 있다면,
높은 지위를 기대할 수 없다.

그의 의무를 그가 이행한다면

내가 말할 필요가 없고,
내 의무를 내가 이행한다면
그가 말할 필요가 없다.

57

번뇌란 '우 와인 왕'*의 고양이와 같다.
쥐를 만나기 전에는 매우 예절이 바르다.

그러나 쥐를 만나면
그 뒤를 빠르고 집요하게 따라간다.

이처럼 번뇌란 대상을 만나면 활동적으로 바뀐다.
번뇌가 활동적으로 바뀌지 않도록 끊임없이 알아차려야만
알맞은 균형을 이루게 되어
평등심을 얻을 수 있다.

* 민동 왕의 아버지 우 와인 왕이 고양이 한 마리를 키웠다. 왕이 수라를 들 때면 항상 조용히 앉아 있는 것이 기특해 왕은 늘 고양이를 칭찬했다. 그럴 때마다 대신 한 사람이 "'아직 자기가 좋아하는 것을 못 만나 그렇습니다"라고 말했다. 왕은 이렇게 영리하고 착한 고양이를 항상 나쁘게 말하는 대신을 심히 못마땅하게 여겼다. 그러던 어느 날, 왕이 수라를 드는 중에 쥐 한 마리가 지나가자 고양이가 왕의 수라상을 다 엎어버리고 쥐를 잡으러 쫓아갔다. 왕은 이것을 보고서야 대신이 한 말을 이해하게 되었다.

58

알아차리면 머리가 좋아진다.
알아차리면 마음이 편하고 깨끗해서 평화로운 사람이 된다.
이런 사람이 글을 읽으면 기억을 잘한다.

공부하는 학생들은 기억력이 좋아지게 하는 것이 중요하다.
기억력이 좋아지게 하려면
알아차림을 해야 한다.

59

눈으로 보는 부처님,
마음으로 보는 부처님,
지혜로써 보는 부처님이 있다.

지혜로써 보는 부처님을 존경하고 의지해야 한다.
법을 보아야 부처님을 볼 수 있다.

60

자신의 마음을 다시금 알아차리는 방법은
매우 의미 있는 일이다.

마음을 알아차리면
자신의 마음이 좋은지 나쁜지,
깨끗한지 깨끗하지 못한지
분명하게 알 수 있다.

만약 자신의 마음이 깨끗하지 못하다면
깨끗해지도록 알아차려야만 한다.

하는 일이 청정하도록 해야 한다.
마음이 깨끗하면, 몸도 깨끗해지고 입도 깨끗해진다.

몸과 입과 마음 세 가지 모두 깨끗해졌다면
번뇌의 속박과 불선업의 더러움에서 벗어날 것이다.

모두 깨끗하게 되어야만 해탈할 수 있다.

61

알아차리지 못하고 먹으면 탐심으로 먹는 것이다.
탐심으로 먹으면 아귀가 아닌가?

진짜 사람이지만 음식에 식탐을 가질 때는
죽기도 전에 인간이 아귀가 된다.

이렇게 탐심을 부리면서 먹으면
죽어서도 음식에 굶주리는 아귀로 태어난다.

62

설탕은 달고, 소금이 짠 것은
이것을 혀 위에 올려놓으면 알 수 있다.

법 역시 바른지 바르지 않은지를
자기 자신이 직접 수행을 해보면
자신의 체험으로 알 수 있다.

그런데 좋고 나쁜 것을
다른 사람들이 말하는 대로 믿는다면
어떻게 되겠는가?

63

수행자란 어디서든지 좋은 마음, 바른 마음을 가져야 한다.
그가 바르다면 기뻐하라.
규칙적으로 선업을 증장시켜라.

그가 틀렸다면 동정하라.
잘하지 못하고 서투르다면 가엾게 여기고
도울 일이 있다면 도와주어라.

이렇게 하면 그와 나 둘 다
몸과 마음이 행복해질 것이다.

가정에서도 이와 같아야 하고,
사무실에서도 이와 같아야 한다.

그가 바르면 기뻐하고,
그가 틀렸다면 연민해야 한다.

항상 다른 사람들을 도와줄 수 있어야 한다.
자신의 힘이 닿는 한 도와주어라.

64

여행을 갈 때 지도를 가지고 가는 것보다 좋은 것은
안내자와 함께 여행하는 것이다.

이와 같이 열반이라는 여행을 하는 데는
책이나 지도를 보며 여행하는 것보다
스승이라는 좋은 안내자와 함께 여행하는 것이
안전하고 바르게 갈 수 있는 길이다.

65

열반이란 큰 행복을 보려면
인간계의 행복,
천상계의 행복,
범천의 행복 등
사소한 작은 행복들을 단호하게 버릴 수 있어야 한다.

사악도의 고통을 보았다면
나고, 늙고, 병들고, 죽는 것과
몸과 마음의 작은 고통들을
참고 견딜 수 있어야 한다.

66

대상과 대상을 아는 마음,
이것을 분명하게 아는 것이 중요하다.

마음이 오직 현재에 있지 않는다면
그것은 실재하는 진리를 아는 것이 아니다.

수행자는 좋은 대상만을 선택하여 알아차리고자 하지만,
좋지 않은 대상들이 일어나기 마련이다.
좋지 않은 대상들이 싫어서
일어나지 않게 하고 싶지만 그럴 수 없다.

그러므로 좋은 대상만 나타날 수가 없다는 것을 알아야 한다.
무엇이나 일어나는 대로 알아차려야 하고,
일어나는 대로 주시해야 하는 것이 자신의 의무이다.
법이란 좋든 싫든 다 알아차릴 수 있어야 한다.

이렇게 알아차리면
법의 성품은 자연의 이치일 뿐,
좋다, 나쁘다 하는 것이 없다는 것을 알게 될 것이다.

67

수행은 인내하는 참을성이 가장 중요하다.
인내가 열반으로 이끈다.

끊이지 않고 꾸준하게 수행을 해나가야 하며,
어느 상황에서도 발전하는 것에 만족하지 말아야 한다.

68

시간을 낭비하지 마라.
이 시간은 소중한 시간이다.

알아차림이 있으면 이것은 의미 있는 시간이고,
알아차림이 없으면 그것은 버려지는 시간이다.

마지막 궁극의 목적지에 이를 때까지
법을 단단히 붙잡고 놓지 말아야 하며,
끝까지 흔들리지도 물러서지도 말고 전진하라.

시간을 의미 없이 낭비하지 마라.

69

경행을 할 때는 두리번거리지 말고 앞만 쳐다보면서
자신의 몸과 마음을 알아차려야 한다.

수행자의 유일한 임무는
자신의 몸과 마음이란 내면을 살피는 일이다.

70

부처님께서 설하신 그대로
규칙을 지키지 않으면 계율이 청정할 수 없다.

행주좌와, 어묵동정이
타의 모범이 되도록 행동하라.

앉아야 할 곳에 앉고,
행해야 할 일을 바르게 행하라.

작은 일이라도 그렇게 따를 때라야
도과를 얻을 수 있다.

71

수행처에 머물면서 규칙을 따르는 것이 중요하다.
공양을 할 때,
걸어 다닐 때,
법당에서 좌선을 할 때,
모두 바르게 해야 한다.

수행자가 수행처에서 하는 일 없이 오래 머물며
서로 친해져서 이런저런 잡담을 하면서
부끄러움과 두려움을 모르고
이리저리 돌아다니는 것은 좋지 못하다.

규칙을 잘 따르고 이해할 때
계율이 청정하게 유지되고,
계율이 청정해야 마음이 청정해지며,
마음이 청정해야 아는 지혜가 청정하며,
오직 아는 지혜가 청정할 때만이
도과에 이를 수 있다.

수행처에서 규칙을 따르지 않는다면,
불법을 파괴하는 행위와 다르지 않다.

72

첫째, 노력이 없으면 법을 얻기가 어렵다.
둘째, 바른 스승을 만나지 못하면 법을 얻기가 어렵다.
셋째, 아만심이 있으면 법을 얻기가 어렵다.

아만심은 수행이 잘 된다거나,
열심히 정진하고 있다거나,
수행이 잘 안 된다고 낙심하는 것을 말한다.

73

외국에 돈 벌러 갔다가
돌아올 때 빈손으로 오면 불행한 일이듯,
수행처에 와서 법의 발전을 보지 못하고
그냥 돌아가게 되면 이는 더 큰 불행이다.
그런 일이 없도록 노력해야 한다.

74

법을 볼 줄 아는 수행자는 지루함을 모른다.
매 순간 일어나는 끝없는 법을 알아차리느라고
지루할 틈이 없다.

75

작은 쓰레기 더미에서 불이 일어나
큰집을 다 태워서 무너뜨리듯이,
계율을 보호하지 못하면
자신과 불법이 모두 쇠망할 것이다.

76

수행처에서 용모를 단정히 하는 것이 중요하다.
깨끗하고 단정하게만 유지하되
그 이상을 넘어서 몸을 꾸미고 치장하지 말아야 한다.
너무 짧은 옷이거나 단정치 못한 옷은 입지 말아야 하며,
너무 화려하게 치장하지 말아야 한다.

77

수행은 거북이와 같이 끊임없이 하라.
토끼를 닮지 마라.

수행이 잘 된다고 자만에 빠지지 말고
수행이 안 된다고 실의에 빠지지도 마라.

수행하는 마음은 언제나
평등심이 유지되도록 해야 한다.

마음이 흔들리지 않도록 다잡고
끝없이 노력을 하라.

78

법은 보통의 노력으로 얻어지는 것이 아니다.
진정으로 법을 얻고 싶다면
세속을 뛰어넘는 노력을 쏟아야 한다.

더욱더 열심히 수행을 해라.
육체와 생활에 동정심을 내지 마라.

79

자기의 물건을 버리는 것을 보시라 하며,
보시는 부귀를 일으킨다.

남을 이롭게 하는 것을 계라 하며,
계를 지키는 것은 즐거움을 일으킨다.

성냄을 해탈하는 것을 인욕이라 하며,
인욕은 사랑을 일으킨다.

착함을 보호하는 것을 정진이라 하며,
정진은 불사름을 일으킨다.

진실한 뜻에 통하는 것을 지혜라 하며,
지혜는 해탈을 일으킨다.

모든 중생에게 한 마음으로 이익이 되는 것을 자비라 하며,
자비는 모든 것의 이익을 일으킨다.

"이 보시의 공덕으로
열반을 이루는 데 밑거름이 되어지이다.
이 선업의 공덕으로

부모님들과 조부모님들과 모든 스승님들, 일가친척들도
도와 과를 얻어 열반을 이루는 데
밑거름이 되십시오.
이 소리를 듣는 모든 중생들이
다 이 공덕을 나와 똑같이 나누어 가지십시오."

80

사람들이 부처님을 밖에다만 모시고 있다.
마음속에 모시는 것이 필요하다.

염불로써 지혜 얻기를 노력하고 있는데,
약에 능통하여 일인자가 되는 것이나,
수은*에 능통하고,
부적에 능통한 것들이 정말로 능통한 것이 아니다.

정말 지혜가 있는 것은 도와 과를 알아서
도를 통달하고, 과를 통달한 사람만이
참으로 능통한 사람이다.

* 치료약으로 쓰이기도 하는 수은..

81

법에 대한 믿음으로 수행을 해나가는 동안
수시로 마음을 알아차리도록 노력하라.

마음은 언제나 오르락내리락하며 항상 하지 않는다.
오직 마음을 알아차릴 때만이
마음에 어떤 일이 일어나고 있는지 알 수 있다.

올바르고 선한 마음을 계발하기 위해서는
반드시 마음에서 일어나는 일들을 더욱더 알아차려야 한다.
그러면 점진적으로 성숙되고 진전이 있을 것이다.

비로 인하여 흙탕물이 생기지만
그 흙탕물을 씻어내기 위해서는
다시 비를 사용해야 하듯이,
오직 마음으로써만이
마음에서 일어나는 좋고 나쁜 모든 것들을 고칠 수 있다.

만약 당신이 인내와 끈기로써 알아차림을 하면서
노력을 지속시킨다면
문제들을 극복할 수 있을 것이다.

수행자의 근본적인 의도는 오직 아는 마음뿐이다.
무엇이나 그저 아는 것이 중요하다.

봄, 들음, 냄새, 맛, 접촉, 생각,
어떠한 감정이 느껴지든 마음을 알아야 한다.
만족스러운 것이든 불만족스러운 것이든
좋든 나쁘든 간에
그 마음을 알아야 한다.

좋은 것들은 아주 짧게 존재한다.
그리고 일어난 후 사라져 버린다.
현혹되어야 할 대상은 어디에도 없다.

만족함은 탐심이요,
불만족은 성냄이다.

알면 열반으로 향할 것이고,
모르면 무덤으로 향할 것이다.

당신은 어디에 이르고 싶은가?

느낌을 알아차릴 때는 평등심을 유지해야 한다.
느낌은 그저 느낌일 뿐이다.

느낌을 느낄 때는 괴로움이나 기쁨이 배제된
평등심의 상태에서 알아차려야 한다.

가슴, 팔, 다리 등을 알아차리면서
명칭을 붙이지 마라.

여러 가지 느낌을 자세히 알아차리고
그저 순수하게 느낌의 흐름과 변화들을
관념, 명칭, 사고를 버리고 마음으로 보아라.

있는 그대로 보아라.

83

사람들은 누구나 자기 자신을 가장 사랑한다.
어느 누구도 자기만큼 자신을 사랑하지는 않는다.

과연 어떤 사람이
자기 자신을 가장 사랑하는 사람인가?

몸으로는 바르게 행동하고
입으로는 바른 말을 하고
마음으로는 바른 생각을 하는
이러한 사람이 자기 자신을 가장 사랑하고 존경하는 사람이다.

자기 자신을 보다 더 좋게,
보다 더 청정하게,
보다 더 고귀하게 되도록 노력해야
정말로 자기 자신을 사랑하는 것이다.

그대가 자기 자신에게 가장 좋은 친구가 되도록 하라.

나쁜 것을 생각하고,
옳지 못한 일을 행하고,
옳지 않은 것을 말하는 것,

그것은 이미 끝난 것이다.
이러면 자신이 자신의 적이 될 뿐만 아니라
최대의 적이 될 것이다.

멀리 있는 적은
가끔씩 이유가 있을 때만
나를 괴롭힐 수 있고 고통을 줄 수 있다.
멀리 있으면서 일부러 내게 와서 괴롭히지는 않는다.

그러나 가까이서 괴롭히고 있는 적은
항상 자신의 주변에 있다.
그것과 섞이지 않아야 한다.

여기에서 알아차림과 노력이 함께 있어야 한다.
적과 섞이면 자신이 자신의 적이 되어버린다.

적이라는 것은 다른 것이 아니다.
탐욕, 성냄, 무지, 오만 등의 번뇌들이다.

적들은 이 생에서만 고통을 주는 것으로 그치지 않고,
세세생생 고통에 이르도록 괴롭힌다.

이러한 적들이 우리 자신에게 이익이 없다는 것을

아주 분명하게 알아야 한다.
좋은 것을 생각하고,
바른 것을 행하고,
옳은 것을 말하고,
좋은 공덕들로써 생활해 나가면
당신은 본인이 자신에게 가장 좋은 사람이 될 것이다.
그래야 자신을 가장 사랑하는 사람이 된다는 것을 알아야 한다.

바른 것을 행하고 옳은 말을 하는 것이 계戒이다.
신업身業과 구업口業을 이 계로써 다스려라.
계와 같이 아름다운 것은 없다.

계를 어기면
모양이 추하고,
보기가 흉하다.

계율을 어기면
자신의 형제, 친척들조차도
자신의 형제, 친척이 아니기를 바란다.

계를 잘 지키면
친척이 아닌 사람들까지도 친척처럼 가깝게 지내고 싶어 한다.

사람들은 자기 아이가 똑똑하면
저 애가 나의 아이라고
자랑하며 우쭐해 한다.

"계의 향기, 그 향기 널리 퍼지네.
계를 지킬 때마다 아름답게 보이네.
계를 지키면 사악도에 떨어지지 않네.
숭고한 계, 안심하고 의지할 수 있네."

그러므로 자기 자신을 계로써 아름답게 장식하라.

몸을 가꾸어 주는 것처럼
마음도 가꾸어 주어야 한다.
계로써 마음도 고치고, 몸도 고치고,
고칠 때마다 아름다워져서
열반의 행복에 이를 것이다.

마음은 수행으로 고쳐 주어야 한다.
훈계해 주어야 한다.
훈계해 줌으로써 바르게 되고
바른 마음만이 자신을 행복으로 이끈다.

매 시간마다

신업이 좋도록,
구업이 좋도록,
의업이 좋도록,
잊지 않는 알아차림의 법으로 생활해야 한다.

알아차림이 있다면
좋은 결과인 행복의 축복들로 충만할 것이다.

좋은 것을 생각하고,
바른 것을 행하고,
옳은 것을 말함으로써
당신이 자신의 가장 좋은 친구가 되도록 하라.

우 꼬살라 사야도 법문

안거를 시작하며

법을 얻을 수 있는 방법에 있어서 37조도품을 수행해야 한다. 37조도품을 요약하면 8정도가 되고, 8정도를 요약하면 계정혜 3학이 되고, 계정혜 3학을 요약하면 알아차림 하나이다.

알아차리면 불선업을 짓지 않게 되고, 알아차리지 못하면 불선업을 짓게 된다. 이렇게 한순간 손가락을 한 번 튕기는 1찰나 간에 꾸테떼떼인이 일어난다. 꾸테떼떼인은 10,000,000×100,000인데 1찰나 간에 이렇게 많은 생각이 일어났다가 사라진다. 그래서 한순간을 알아차리면 그렇게 많이 알아차리는 것이다. 반면에 1찰나 간에 내가 나쁜 생각을 한다면 꾸테떼떼인의 숫자만큼 많은 악업을 짓는 것이다.

이와 같이 알아차림이 있어서 좋은 생각을 하면 그만큼 많은 선업을 짓는 것이다. 그러니 한순간이라도 알아차림을 놓쳐서 되겠는가?

수행자들은 방에 있을 때 말을 많이 하지 마라. 말을 하면 나도 이익이 없고 상대방에게도 방해가 된다.

음식을 먹을 때도 탐욕의 마음으로 먹지 말고 항상 알아차리면서 먹도록 하라. 만약에 탐심이 있는 마음으로 먹는다면 공양을 올린 공양제자도 그만큼 공덕이 적어지고 자기 자신에게도 아무 이익이 없다. 그러나 알아차리면서 먹으면 공양을 올리는 사람으로서는 가장 최상의 공양을 올리는 것이다.

옛날 부처님 시절에 어떤 스님이 탁발을 나갔을 때의 일이다. 한 집에 들어가려고 하는데 그 집의 어머니와 딸이 나누는 소리를 듣게 되었다. 어머니는 딸에게 "애야, 스님께서 오시면 버터로 볶은 밥을 해드려라" 하고 말했다. 당시에는 이것이 최고의 공양이었다.

이어서 어머니는 "나는 어제 남은 밥을 뽕니지*와 함께 먹으마"라고 하고, 딸에게는 "너는 밥을 조금 더 해서 먹어라. 저녁밥은 낮에 채소를 얻어와서 먹자꾸나"라고 말했다.

밖에서 그 말을 들은 스님은 '자기들은 천하게 밥을 먹으면서 내게는 이렇게 최고의 밥을 먹도록 해주는구나' 하고 생각했다. 그래서 스님은 그들에게서 받은 밥을 앞에 놓고 앉아 수행을 했다. 그리고 그 자리에서 아라한이 되고 나서 공양을 드셨다고 한다.

* 막장으로 버무린 밥.

웨부 사야도Webu Sayadaw께 가서 인터뷰를 하게 되면 몇 년, 몇 달, 하루를 수행했어도 알아차림이 이어지느냐 하는 한마디 말밖에 묻지 않으셨다.

오늘 안거를 시작하면 법랍이 자꾸 높아지는데 법랍으로 수행이 높아진다고 생각해서는 안 된다. 법랍으로 다 되는 것으로 생각하지 마라.

어떤 사람은 아무리 열심히 수행을 해도 법을 얻지 못하는 사람이 있다. 그러나 열심히 노력하는 것이 중요하다. 왜냐하면 열심히 노력함으로써 이 생에서 법을 얻지 못하더라도 다음 생에서라도 법을 빨리 얻을 수 있기 때문이다. 그러니 열심히 수행을 하도록 하라.

그러니 누가 찾아오든지 어떤 상황에 있든지 알아차림이 이어져야 한다. 알아차림이 이어지지 못하면 절대로 발전할 수가 없다.

공양 회향 법문 1

지금 수행하고 있는 법이 사띠빠타나satipaṭṭhāna다. 사띠빠타나의 법은 '알아차림을 확립하는 것'인데, 언제 알아차리는가 하면 대상이 일어날 때마다 일어나는 즉시 알아차려야 한다.

왜 일어나는 즉시 알아차려야 하는가 하면, 거기에 집착하는 마음이 없게 하기 위해서다. 무엇을 집착하는가 하면 나에 집착하고, 좋다는 것에 집착하고, 나쁘다는 데 집착하고, 항상 하다는 것에 집착한다.

그래서 알아차리지 않으면 탐욕, 성냄, 어리석음, 이런 것들이 일어난다. 그런 것들 때문에 어느 것 하나가 일어나면 나라는 것, 내 것이라는 것에 집착하고, 나의 자아라고 집착하고, 좋다는 것에 집착하고, 나쁘다는 데 집착한다.

그렇기 때문에 알아차리라고 하는 것이다. 알아차리지 않으면 나라고 하는 것이 일어난다. '내가 앉는다, 내가 먹는다, 내가 일어나고 앉는다'라고 모든 것을 내가 한다고 집착한다.

조금 전에 여기 있지 않았는데 지금 앉아 있는 것은 왜 앉아 있는가?
지금 여기 앉은 것은 누가 왜 앉아 있는가?

 앉아 있고 싶어서 앉았습니다.

앉고 싶은 것은 무엇이 앉고 싶었는가?
마음이 앉고 싶었는가, 아니면 몸이 앉고 싶었는가?

 마음이 앉고 싶어서 몸이 앉았습니다.

그렇다. 그것이 바른 견해다. 마음이 앉고 싶어서 몸이 앉은 것이다. 내가 앉은 것이 아니다. 내가 앉았다고 그렇게 생각하는 것은 삿된 견해이다. 마음이 앉고 싶어서 앉은 것이지 내가 앉은 것이 아니다. 그렇게 마음이 앉고 싶어서 몸이 앉은 것이 바르게 아는 것이고, 내가 앉았다고 생각하는 것은 잘못 생각한 것이다. 왜 그렇게 잘못 알게 되는가 하면 알아차리지 않았기 때문에 삿된 견해가 일어난 것이다.

알아차리면 앉고 싶은 마음을 알고, 몸이 앉는 것을 알게 된다. 내가 알아차리면서 앉으면 앉고 싶어서 앉는 마음을 알겠는가, 모르겠는가? 그리고 몸이 앉는 것을 알겠는가, 모르겠는가?

앉는다는 것은 내 몸뚱어리가 앉는 것이 아니라 몸이 아래로 탁 떨어지면서 물질이 앉는 것이다. 그것을 말하는 것이다.

그래서 알아차리면 앉고 싶은 마음과 몸이 움직이면서 앉는 느낌을 알게 된다. 수행을 하면 누구든지 다 이렇게 알아차려야 한다. 이것은 지금 앉는 것에 대해서만 말한 것이다.

설 때도 그렇게 알아차려야 한다.
모두 다 지금 이렇게 알고 있는가? 앉고 싶은 마음을 아는가?

수행자 예.

앉을 때에 무거워지는 느낌, 몸이 조금씩 내려가면서 무거운 느낌을 알아야 한다. 이제 이렇게 앉는 것을 알았는데 일어서는 것은 왜 일어서는가? 일어서는 것은 왜 일어서는 것이라고 생각하는가?

수행자 일어나고 싶어서 일어납니다.

그러면 일어날 때 무엇을 아는가?
일어나고 싶은 마음이 있어서 일어나는데 일어나면서 무엇을 아는가?

수행자 몸이 뻣뻣한 것과 가벼운 것을 압니다.

그렇게 아는 것이 바르게 아는 것이고 그것이 정견이다. 그렇게 알지 못하면 바르게 알지 못하는 삿된 견해이다. 그렇게 바르게 알면 나라는 것에 집착하지 않는다. 그렇게 아는 앎이 열반에 이르는 앎이다. 열반에 이를 때에 이렇게 도道로써 알게 된다.

일어날 때마다 알아차리지 않으면 정신과 물질의 무더기인 오온에 집착하게 된다. 바로 그렇게 되면 정신과 물질의 모임에 집착하여 오취온五取蘊이 된다.

그래서 오온을 항상 하다고 집착하고, 좋다고 집착하고, 나라는 것에 집착한다. 이것이 내 몸이라고, 나라고 생각한다. 그리고 그것이 옳다고 생각한다. 이것이 삿된 견해이다.

일어날 때 바로 알아차리면 그 정신과 물질의 모임에 집착하는 것을 여의게 되어 집착이 멀어진다. 무상하고 고통스러운 것을 무상하다고 알고, 고통스러운 것이라고 알고, 그래서 내가 없고 오직 정신과 물질뿐이라고 알아차린다. 이것이 바른 견해이다.

이렇게 되면 마음속에서 아주 확실해진다. 그리고 그러한 집착에서 벗어나게 된다. 집착하는 것에서 벗어나서 오온은 항상 하지 않고, 고통이라는 것을 알고, 오직 정신과 물질 그것뿐이라는 것을 알면 도에 이른다. 그 집착에서 벗어나면 도로써 열반에 이른다. 바로 이렇게 도의 길에 들어서고, 그다음에 과를 이루어 열반을 성취한다.

이것이 위빠사나를 수행하는 방법이다. 그렇게 알아차리면 열반에 이른다. 법을 알아차리면 열반에 이르는 좋은 결과를 갖게 되지만, 알아차리지 않으면 허물이 많아지고 죄를 짓게 된다. 이것이 위빠사나 수행을 하면서 알아차리는 이익이다. 이것이 위빠사나의 진정한 지혜이다.

이것과 똑같이 잠자고 싶을 때는 왜 잠을 자는가?

수행자 자고 싶어서 잡니다.

그러면 그것이 누가 자는가?

수행자 마음이 자고 싶어서 몸이 자는 것입니다.

그것이 바른 견해다. 아까 말한 것이나 지금 말한 것이나 다른 모든 것이 모두 똑같다.

스님이 오늘 공양제자인데 마음으로 공양을 올리고 싶어 한 것인가?

수행자 예, 마음으로 하고 싶어서 한 것입니다.

신구의身口意 삼업三業 중에서 신과 구가 공양을 올리고 싶은 마음을 도와주어서 마음이 한 것이다. 오늘 공양제자는 바로 마음이다. 공양제자는 내가 아니고 마음이다.

마음이 공양을 올리고 싶어서 공양을 올렸는데 만약 죽어서 다른 생을 받게 된다면 몸이 받게 되느냐, 마음이 받게 되느냐?

수행자 마음이 받게 됩니다.

지금 내가 한 말을 들었는가?

수행자 예, 듣습니다.

다시 지금 말하는 소리를 듣고 있는가?

수행자 예, 듣고 있습니다.

먼저 있던 마음이 들었는가, 아니면 지금 있는 마음이 들었는가?

수행자 현재의 마음이 들었습니다.

조금 전에 일어난 먼저 마음은 사라지고 없다. 지금 다시 일어난 마음이 안다. 그러면 이 마음이 다음 생으로 갈 수 있겠는가?

수행자 지금 일어난 마음도 사라지듯이 죽는 마음은 사라지고 다음 생에 새로운 마음이 일어납니다.

그렇다. 그것이 바른 견해다. 지금 금방 일어난 마음도 없어지고 새로운 마음이 일어나고 또 사라지고 하는데 어떻게 다음 생까지 이어져서 가 겠는가? 그러나 그 마음이 일어났다 사라지고, 일어났다 사라지고 하지만 그 마음에 종자가 있다. 망고를 먹으면 종자가 있어서 그 씨가 다시 나듯이 마음에도 종자가 있다. 그래서 다음 마음이 일어난다.

지금 우리가 수행을 하고 있는데 이 한 마음이 한순간에 꾸떼떼인이 일어난다. 그 종자에서 다시 날 수 있는 힘이 있어서 나는 것이다. 만약 악업을 지어도 같은 꾸떼떼인이 일어나는 것이다.

수행을 하는 것을 잊어버리면 축생이 된다. 왜냐하면 어리석기 때문에 축생이 된다. 다시 말하면, 수행을 하지 않으면 알아차릴 수가 없어 어리석 기 때문에 축생으로 태어난다.

이 마음이라는 것은 모양은 없지만 힘이 있다. 종자를 다시 나게 할 수 있는 힘이 있다. 내가 좋은 일을 하고, 내가 좋은 생각을 하면 마음이 평화 롭고 얼굴이 편안해지는 그런 힘이 있다. 화가 나면 속이 부글부글 끓고, 뜨겁고, 열이 나고, 얼굴이 뻣뻣해진다. 바로 그 마음의 힘이 겉으로 드러 나는 것이다.

탐심이 있으면 아귀가 되고, 성내는 마음이 있으면 지옥에 떨어지게 되 는 그러한 종자가 그 마음속에 남아 있다. 마음 하나에 그것을 모두 가지고 있다.

모든 것은 원인이 있어서 결과가 생기는 것인데, 원인은 결과를 만드는 종자이며 결과를 만드는 힘이 있다. 누군가가 심판을 해서 결과가 생기도록 하는 것이 아니고 마음에 선업과 불선업의 종자가 있어서 그 종자의 힘으로 다음 결과가 있다.

탐심이 있으면 그 탐심 때문에 일어나는 느낌이 있고, 성냄이 있으면 그 성냄 때문에 일어나는 느낌이 있다.

이렇게 탐심과 성냄에 그것의 성질인 힘들이 다 포함되어 있다. 그 성질 때문에 성냄이 일어나면 얼굴이 붉으락푸르락하고 평화롭지 못하게 되는데, 이것이 탐심과 성냄이 가지고 있는 힘이 나타나는 것이다. 이것을 느낌으로 알아야 한다.

탐심이 있으면 아귀가 되는 그러한 성질이 있다. 어떤 사람은 배가 고픈데 주머니에 돈도 있고 시장에 음식도 있는데 아까워서 사 먹지 못한다. 이것은 탐심 때문에 사 먹지 못하는 것이다.

탐심은 지금 현재도 굶주리게 하고 다음 생에도 굶주리게 한다. 그래서 아귀는 아무리 많이 받고 얻어도 만족할 줄 모르고, 아무리 많이 먹어도 배불러 할 줄을 모른다. 그것의 성질이 바로 아무리 많아도 만족할 줄 모르는 것이다.

어떤 사람이 미얀마에서 장사를 하거나 일을 하면 많이 벌지 못하지만 미국이나 한국에서 장사를 하면 많이 벌게 될 것이다. 그렇다고 거기에 가서 많이 번다고 배부르고 만족하게 생각하느냐 하면 만족하게 생각하지 않는다.

파욱 또야*에서는 무조건 한 가지씩만 먹는다. 고기도 안 먹고 채식만 하는데 콩이나 나물 등 한 가지만 가지고 먹는다. 그들은 수행처에서는 알아차리며 먹기 때문에 탐심이 적어 조금 먹지만, 탐심이 많은 사람은 호텔 등 다른 곳에서 많이 먹는다. 이렇게 어떤 것을 먹든지 알아차림만 있으면 조절해서 먹을 수가 있다.

* 파욱 사야도가 계시는 숲 속 사원.

소바지 공*의 큰딸이 너무 많이 먹어서 뚱뚱하고, 소화도 잘 안 되고 머리가 어지럽다고 했다. 그런데 내가 있을 때부터 수행을 해서 8계를 지키며 알아차림으로 먹으니까 알맞게 먹었다.

알아차림으로 먹으면 배부른 것을 스스로 알아서 조절할 수 있다. 그래서 지금은 체중이 많이 줄었다. 그전에는 자동차에 앉으면 차 안이 비좁았는데, 이제는 살이 많이 빠져 그렇지 않으니 주위 사람들이 모두 놀란다.

* 쉐우민 신도의 집.

이렇게 알아차림은 좋은 것이다. 이 예는 탐심에 대해 말한 것이다.

다음에는 성냄에 대해서 말을 하겠다. 성냄은 서로 싸우는 것만이 아니다. 다른 사람이 무슨 일을 할 때 못마땅하게 생각하고, 늘 자기 자신의 일에 대해서도 못마땅하게 생각한다.

내 자신이 좌선을 할 때도 내 마음대로 안 되니까 그것이 못마땅해서 마음이 안정이 안 되고 안절부절못한다. 이것이 바로 성냄이다. 만족하지 못해 못마땅해 하고, 싫어하고, 이런 것들이 있으면 편치 않고 고통스럽다.

성내는 마음이 일어났을 때, 못마땅한 마음이나 싫어하는 마음이 일어났을 때, 나는 잘했는데 저 사람이 잘못했다고 남의 허물로 보지 말고 그때 일어난 자신의 마음을 보아야 한다. 그러면 성냄이 없어진다.

그렇게 알아차림이 있으면 다른 사람이 못마땅한 짓을 하거나 내가 싫어했을지라도 내가 못마땅하고 싫어하는 마음을 즉시 알아차리면 알아차림을 하는 것과 동시에 속에서 열이 나고 화가 나는 것이 가라앉으면서 편안해진다.

탐심이나 성냄이나 어떤 것이든지 일어날 때마다 바로 알아차리면 알아차리는 힘이 좋아진다. 이렇게 알아차리면 처음에는 성냄이 일어날 때 가슴에 열이 나는 것을 아는 것과 동시에 시원해진다.

도미얀이라는 사람이 시장에서 장사를 하는데 장사가 안 되면 집에 와서 곧잘 싸움을 한다. 그러나 지금은 알아차림을 하니까 누가 나쁜 소리나 못마땅한 소리를 해도 웃는다. 그런 마음이 일어나면 바로 알아차려서 남에게 대들고 싸우지 않고 그냥 웃고 만다. 주인이 그러니까 요즈음에 그 집 운전기사도 알아차림을 해서 화를 내거나 싸우지 않고 웃고 만다.

항상 알아차리는 것을 잊지 마라.

공양 회향 법문 2

사람들이 집에 토속신 등 신단을 모셔 놓고 꽃과 과일을 올리며 잘 되게 해달라고 빈다. 그리고 만일 잘 모시지 않으면 신이 우환이나 병이 나게 한다고 생각한다.

만약 집에 불이 난다면 그 신단도 같이 불타 버릴 것이다. 정말 그 신들이 보호해 줄 것 같으면 집에 불이 나기 전에 미리 알려서 막아주어야 할 것이 아닌가?

만약 부처님께 꽃을 올렸는데 오래 두면 꽃이 시든다. 이것은 당연한 일이다. 만일 그 꽃을 갈지 않고 그냥 두었다고 부처님께서 병을 주시거나 우환을 주시겠는가?

바른 법을 믿으면 그런 위험을 당하지 않는데, 바르지 못한 법을 믿으면 그런 병이나 우환의 위험을 당하게 된다.*

---

* 실제로는 그런 일이 없겠지만 자신이 생각으로 만들어서 고통을 겪는 것을 말한다. 지혜를 얻는 수행과 기복적인 믿음은 이런 차이가 있다.

불법승의 삼보를 존경하는 뜻에서 공양을 올리지만 정말로 의지해야 할 것은 자신의 계, 정, 혜이다. 이것이 바로 바른 견해이다.

내가 지금 하고 있는 모든 것이 다 업이 되는데 업으로써 업을 갚으려 하면 절대로 다 갚을 수 없다.

예를 들어, 세세생생 쌓인 업이 10만 짜트 빚이라고 할 때 그 빚을 복을 짓는 것으로 다 갚으려 한다면 도저히 다 갚을 수도 없고, 어느 세월에 다 갚을지도 알 수 없다. 그것은 지혜로 갚아야 한다.

앙굴리말라는 999명의 목숨을 뺏었는데 그 크나큰 업을 바로 지혜로써 갚을 수 있었기 때문에 그 생에 바로 아라한이 되어 윤회에서 벗어났다.

손님이 와서 염소를 잡아 대접을 한다면 그 과보로 그 사람은 죽어서 바로 지옥에 떨어진다. 그다음에 축생으로 나서 다른 사람들에게 수없이 죽임을 당하고 난 뒤라야 비로소 손님을 대접한 복을 받게 되는데, 언제 그 빚을 다 갚을 것인가?

위빠사나의 지혜로써 빚을 갚으면 완전하게 빨리 갚을 수 있다. 그렇게 하려면 노력이 필요하다.

지금 지계, 보시, 수행을 하고 있다. 그런데 수행을 한다는 것은 집에서 음식을 할 때도 알아차림을 하라는 말이다. 그래서 꼭 수행처에 오지 않고 집에 있어도 수행자가 될 수 있다.

알아차림으로써 생각하고, 말하고, 행하고, 이 모든 것을 알아차림으로써 해야 한다.

보시 또한 지혜로써 해야 되는데 만일 3만 짜트로 200명의 대중스님들에게 공양을 올리려 할 때 반찬 몇 가지만 하면 세 번을 나누어서 할 수 있는데도 사람들은 한번에 다해 버린다.

나누어서 공양을 하면 복도 여러 번 짓게 되고, 공양 받는 스님들도 공양이 없는 날은 잘 못 드시는데, 못 드시는 날이 없이 공양을 할 수 있으니 그 공덕 또한 크지 않겠는가?

여기 미얀마의 어느 마을 사람들은 미얀마 신들과 그들이 타고 올 백마상까지 모셔 놓고 제단을 차려 제물을 올린다고 매년 잔치를 벌인다. 나중에는 미얀마 사람들이 모시는 신들로도 모자라서 한국의 신들까지 '환영 welcome!' 하면서 오라고 할 것이다.*

* 기복적인 신앙의 대상의 폐해를 설명한 말이다. 어느 때 미얀마 신도들이 성지 순례를 다녀오겠다고 하자 우 꼬살라 사야도께서 "집에 계시는 부처님 모르게 잘 다녀오라"고 말씀하셨다. 집에 부처님이 계시는데 어디에서 무슨 성지 순례이며, 자신의 몸과 마음을 알아차리는 것이 부처님의 뜻인데 어디 가서 무엇을 구하려는가 하는 일깨움을 주려는 답변이셨다.

생신 축하 아침공양 회향 법문

나는 날이 있으면 죽는 날이 있다. 여기서 난다는 것은 매일같이 나고 매일같이 죽는 것을 말한다. 세속적으로 보면 오늘이 생일인 것은 맞지만 실제로는 오늘 하루에도 수없이 나고 죽고, 나고 죽고 한다.

길에는 두 가지가 있는데 선업을 짓는 길과 악업을 짓는 길이 있고, 알면서 가는 길과 모르면서 가는 길이 있다.

모든 길에는 항상 생生이 있으면 사死가 있고, 바른 것이 있으면 삿된 것이 있고, 기쁨이 있으면 슬픔이 있다.

이렇게 공양을 올린 것은 죽지 않는 길을 가기 위해서 올린 것이다.

죽지 않는 길은 어떠한 길인가? 잊지 않는 것, 알아차림이 있는 것이다. 알아차림이 있는 것은 열반으로 가는 길이다.

죽는 길은 무엇이냐? 잊는 것, 알아차림이 없는 것이다.

여러분들은 죽음의 길로 갈 것인가, 아니면 알아차림이 있는 열반으로 갈 것인가?

 예, 열반으로 갈 것입니다.

열반으로 가려면 어떻게 해야 하는가?

 잊지 않고 알아차려야 합니다.

집에서 일을 할 때마다, 음식을 만들 때마다, 말할 때, 움직일 때, 행할 때, 생각할 때 등 항상 알면서 행해야 한다. 알아차리면서 행하면 탐심과 성냄과 어리석음이 없어진다.

옛날에 어떤 사미승이 있었는데 사야도께서 공양을 할 때 혀에 불이 붙어 뜨겁게 먹지 말라고 하시니까 아침에 받은 밥을 다 식혀서 점심때 먹었다. 그래서 사야도께서는 뜨겁게 먹지 말라는 것은 음식을 뜨겁게 먹지 말라는 말이 아니라 탐심과 성냄, 어리석음의 불을 끄고 먹으라는 소리라고 설명을 해주었다. 그다음부터 사미승은 탐심과 성냄, 어리석음이 일어나지 않게 항상 알아차림을 하면서 먹는 것을 계속하여 아라한이 되었다.

그러니까 여러분들도 먹을 때마다, 일할 때마다, 음식을 만들 때마다, 말할 때, 움직일 때, 생각할 때마다 항상 알아차림을 놓치지 말고 하라.

사람들이 부처님께 와서 이렇게 간청했다.

"부처님이시어, 오래 오래 사십시오. 이 세계 모든 중생들을 위해서 오래 오래 열반으로 가는 길을 설하여 주십시오."

그것은 중생들이 볼 때 가장 좋은 말이지만, 부처님께서는 좋아하시지 않는 말이다.

그래서 "부처님께서 좋아하시는 것은 어떤 것입니까?" 하고 여쭈어 보았다.

그때 부처님 앞에 많은 스님들이 앉아서 좌선을 하고 있었다.

부처님께서는 스님들을 가리키며 물으셨다.

"저 모습을 볼 때 여러분은 어떤 마음을 가지게 되는가?"

"저 모습을 보니 마음이 차분해지고 즐겁고 평온하고 행복해집니다"라고 사람들이 대답했다.

그러자 부처님께서는 "여러분도 그렇게 되기를 바란다. 여러분도 저 스님들과 같이 행하도록 하라"고 말씀하셨다.

이처럼 부처님을 기쁘게 해드리고 싶으면 부처님을 오래 오래 사시라고 하지 말고 자기 자신이 수행을 해서 행복과 평온이라는 법의 맛을 알았을 때 부처님께서 가장 좋아하신다.

"죽음을 맞이하려면 삶과 이별해야 한다."

오늘 공양한 아침, 점심, 책 공양, 가사, 볼펜 등 그 외에 갖가지 공양의 공덕과, 우리가 지키고 있는 계戒의 공덕과, 우리가 수행을 하고 있는 수행의 공덕을 부모님들과 할머니, 할아버지, 스승님들과 친척들과 친구들, 모든 아는 사람과 자신을 수호하는 수호신, 집을 지키는 신, 절을 지키는 신, 큰절을 지키는 신들과 모든 중생들에게 내가 얻은 것과 똑같이 그들도 얻어지이다.

보시에는 재물을 보시하는 것과 법 보시가 있는데, 이러한 보시를 한 공덕으로 늙지 않고 병들지 않고 죽지 않는 열반을 이루어라.

걸을 때마다, 일할 때마다, 말할 때마다, 먹고 마실 때마다, 볼 때마다, 음식을 만들 때마다, 생각할 때마다, 무엇을 할 때마다 항상 알아차림을 두면 늙지 않고 병들지 않고 죽지 않는 열반에 이를 수 있다.

이러한 열반에 이를 수 있는 공덕을 지은 것을 부모님, 조부모님, 스승님, 법을 지키는 천신들과 더불어 제석천왕을 비롯한 색계, 무색계천의 모든 왕들과 일체 모든 중생들이 내가 얻은 것과 똑같이 그들도 다 얻어지이다.

'아미야'*를 받아서 몸과 마음이 둘 다 행복해지기를 바란다.

* 상좌불교의 공덕 회향 게송에 '아미야, 아미야, 아미야'라고 세 번 외우는 구절이 있다.

생신 축하 점심공양 회향 법문

우리가 매일 매일 하는 일이 두 가지 있는데, 죽기 위해서 하는 일과 죽지 않기 위해서 하는 일이다. 지금 이 공양 보시는 죽지 않기 위해서 하는 공양이다.

알아차림이 없이 하는 일은 죽는 원인이 된다. 알아차리고 하는 일은 죽음에서 벗어나는 원인이 된다. 모두 다 자기 자신을 한번 돌아보라.

알아차림을 놓치고 생활하면 죽음을 향해서 가는 것이고, 알아차림을 두고 행하는 일은 죽음에서 벗어나는 길이 된다. 법法을 알아차릴 때마다 죽음에서 벗어나는 일을 하는 것이다.

알아차림을 놓치고 행할 때는 어떻게 되는가?
그것은 죽음의 원인이 된다.

죽음에서 벗어나려면 어떻게 해야 하는가?
알아차림이 있어야 하는가?

 예, 알아차림이 있어야 합니다.

숨을 쉬고 있다고 해서 다 살아 있는 것이 아니다. 알아차림을 잊어버리면 죽은 것이나 마찬가지다. 알아차림을 잊어버리지 않으면 열반으로 가고, 알아차림을 잊어버리면 공동묘지로 간다. 알아차림을 잊어버리면 죽은 것이나 같다. 비자visa가 없어도 알아차림이 있으면 열반에 갈 수 있다.

복권 10만 짜트*짜리가 당첨이 되었다고 해도 복권을 잃어버리면 돈을 받을 수 있겠는가? 복권에 당첨되었으면 표를 잃어버리지 말고 잘 간직하고 있어라. 지금 스승이 모두 표를 주었는데 그 표를 간직하지 않고 잃어버리면 열반으로 갈 수가 없다.

* 미얀마 화폐단위로 짜트와 퍄가 있음. 1짜트는 100퍄, 한화 1,000원이 1,000짜트.

 그러면 표를 새로 사 가지고 가면 되지 않습니까?

그것은 가짜이기 때문에 진짜가 될 수 없다. 오늘 이렇게 공양을 할 수 있는 것은 불법승 삼보와 부모님들과 스승님들의, 그분들의 은혜로 인해서 된 것이니 그 은혜를 절대로 잊지 말아야 한다.

복을 짓는 일도 잊지 말고 가장 먼저 해야 할 일이다. 불법승 삼보와 부모님, 스승님, 이러한 분들의 은혜로 죽음의 길과 죽지 않는 길을 알게 되었다. 그래서 그 은혜를 갚으려면 죽지 않는 길을 가야 하는 것이다. 지금 이 책을 보시하는 것도 부모님과 스승님의 은혜를 갚는 공덕이 된다.

보시에는 두 가지가 있는데, 그냥 음식이나 가사 등의 물건들을 공양하는 것과 법을 공양 보시하는 법보시法布施가 있다. 이와 같이 책이라는 법공양으로 보시하는 공덕이 더 크다.

제석천왕이 부처님께 여러 가지 공양 중에 어떤 것이 제일 큰 공양인가 여쭈었을 때, 부처님께서는 법보시가 제일 크다고 말씀하셨다.

또한 여러 가지 맛 중에서 어떤 맛이 가장 좋은 맛인가를 여쭈었다. 부처님께서 대답하시기를, 수행하는 맛이 가장 좋은 맛이라고 하셨다.

여러분은 가장 좋은 망고의 맛이 제일 좋지 않은가?

수행자 아닙니다. 수행하는 법의 맛이 제일 좋습니다.

그렇다. 여러 가지 보시 중에서 법 보시가 가장 훌륭하다. 여러 가지 맛 중에서 수행을 해서 가지는 법의 맛이 가장 좋다.

제석천왕이 부처님께 간청하기를, 누군가 가장 훌륭한 법보시를 하거나 가장 훌륭한 수행의 즐거움이나 행복함을 얻었을 때, 또 스님들께 공양을 올렸을 때 축원을 하면서 회향 게송을 외울 때마다 스님들에게 꼭 자기에게도 공덕을 회향해 달라고, '아미야'를 불러 달라고 청했다. 그래서 공양을 올리고 회향을 할 때마다 제석천왕을 같이 넣어서 축원을 한다.

"죽음을 맞이하려면 삶을 이별해야 한다."

이제 돌아가서 다른 스님들에게 이 얘기를 해주어라.

덕 있는 사람—안거 결제 법문

대체로 다른 사람이 잘할 때 자신도 좋은 사람이 된다. 그러나 다른 사람이 좋을 때만 자신도 좋아진다면 덕이 있는 사람이라고 볼 수 없다.

덕 있는 사람이라고 하면 다른 사람이 잘하든 못하든 간에 자신은 좋아야만 덕 있는 사람이 되는 것이다.

사람들과 함께 살려면 사람들과 조화를 이루면서 살아야 한다.
자기 혼자 살 때 과연 자신의 몸과 마음이 일치하던가?

덕 있는 사람이란 알아차림과 지혜가 있어야 하고 자비로운 생활을 해야 한다. 알아차림과 지혜가 있고 자비심이 있다면 다른 사람들과 화합할 수 있다.

인간들은 말할 것도 없거니와 제석천왕까지도 이렇게 살 줄 모르기에 고통을 받았다. 제석천왕은 자신의 수명이 다할 때가 되자 불만스러워졌다. 자신의 재산을 다른 천인이 빼앗아 갈까 봐 의구심이 일었다. 그의 재산이 다른 이의 것이 될까 봐 아까운 마음이 들었던 것이다. 제석천왕은

이 의심하는 마음과 아까워하는 인색한 마음 때문에 고통스러웠고 괴로웠다. 그래서 제석천왕은 부처님께 나아가서 여쭈어 보았다.

"욕계에 사는 천인들과 인간들 모두가 번영하고 싶지만 번영하지 못하고 풍족하지 못합니다. 위험과 재난을 벗어나 살고 싶지만 위험과 재난을 벗어나지 못합니다. 고요하고 평화롭고 싶지만 괴로움을 받습니다. 이것은 무엇 때문입니까?"

실제로 제석천왕 자신이 처해 있는 상황을 그대로 부처님께 여쭈어 본 것이다.

부처님께서 다음과 같이 대답하셨다.

"욕계의 중생들인 천인과 인간들은 번영하고 위험과 재난에서 벗어나서 평화롭고 행복하게 살 수 있다. 그러나 질투와 인색함 때문에 혼란에 빠져서 그렇게 되지 못하고 고통을 받는 것이니라."

욕계의 중생인 천인과 인간들 모두가 번영하고 싶고 위험과 재난으로부터 벗어나 고요하고 평화롭게 살고 싶지만 질투하는 마음과 인색함 때문에 고통이 생기는 것이다.

다른 사람들이 잘되는 것을 질투하고, 다른 사람들이 법을 알게 되거나 향상하고 발전하는 것을 뒤에서 못마땅하게 생각하는 사람들이 있다. 다른 사람들이 시험에 합격하면 배 아파한다. 남이 잘 안 되는 것을 기뻐한다. 이런 인색함은 아까워하는 마음이다.

다른 사람들이 예의 바르고 영리하고 유능하고 자격이 있다면 기뻐해야 한다. 그러나 어떤 사람들은 그렇지 못하다. 남의 나쁜 점만 본다. 이런 사람들은 절대로 행복할 수 없다.

질투라는 것은 내 주머니에 들어오지 않고 다른 사람의 주머니에 들어가는 것을 시샘하는 것이다. 누가 되었거나 자기보다 더 능력이 있고 실력이 있는 것을 시샘한다면 행복할 수 없다.

질투, 즉 시샘하는 것은 성내는 것이고 지옥에 떨어지는 마음이다. 또한 인색하고 아까워하는 탐심으로 죽으면 아귀가 된다.

따라하십시오.
"질투를 여의고 인색함이 없으면 즉시 행복하다."

수행자 질투를 여의고 인색함이 없으면 즉시 행복하다.

탐욕과 성냄 때문에 힘들고 고통스런 생활을 하는 것이다. 수행을 하는 것은 이 탐욕과 성냄을 줄이기 위하여 노력하는 것이다. 그러나 명상수행을 할 때도 탐욕과 성냄은 일어난다. 뿐더러 공양을 할 때도 큰 탐욕이 일어난다.

마음이 고요해지면 좋아한다. 좋아하면 탐심이다. 마음이 불안하고 들뜨면 싫어한다. 싫어하면 성냄이 일어난다. 알아차림이 잘 되면 좋아한다. 이때도 탐심이 일어난다. 자기 생각대로 되지 않으면 싫어한다. 이때도 성냄이 일어난다. 탐심과 성냄이 적어지도록 하기 위해 수행을 하지만 탐심과 성냄이 일어난다.

자기 혼자 있을 때조차 자신의 마음과 몸이 화합하지 못한다면 많은 사람들과 어떻게 화합할 수 있겠는가? 참으로 견디기 어렵다. 그렇게 되면 수행을 그만두고 돌아가게 될 것이다.

조금도 참지 못하고 제멋대로 살고 싶은데 그렇게 못한다면 괴로워질 것이다. 자기 마음대로 휘두르고 살지 못한다면 지옥에 떨어져서라도 그렇게 하려고 할 것이다.

부처님의 가르침인 계, 정, 혜라는 최상의 선업에 마음 깊이 가치를 두어야 한다. 그래서 탐심과 성냄의 이런 버릇없는 마음은 받아들이지 말고, 그것을 키우지 않고, 제거할 수 있도록 노력해야 한다.

손을 움직일 때마다, 발을 움직일 때마다, 머리를 움직일 때마다, 입을 움직일 때마다 바른 행동(선행, 공덕)이 되도록 가치를 두어야 한다.

사람들은 아무런 가치도 없는 먹는 것, 입는 것, 거주하는 것들을 중요하게 생각한다. 이러한 것들이 자기 뜻대로 되지 않으면 반항한다. 이렇다면 참으로 마음가짐과 성격이 좋지 않은 사람들이다.

덕이 있는 사람의 마음가짐은 이렇지 않다. 알아차림과 지혜가 있다면 이런 마음들은 없다. 자비심이 있다면 용서하고 참을 수 있다.

나무는 쓰러지기 직전까지 벌목꾼에게 그늘을 준다. 향기로운 전단향나무는 불태우는 사람에게 재가 되기 직전까지 전단의 향기를 주고 간다. 덕이 있는 사람은 죽기 직전까지 자신을 학대하고 괴롭히는 적에게조차도 이익을 가져다준다.

부처님의 과거 전생에 원숭이 왕이 되었을 때 원숭이 왕은 사냥꾼이 협곡 속에 떨어져 있는 것을 보고 죽을힘을 다하여 구해 주었다. 두 번씩이나 뛰어내려야 했기에 위로 올라왔을 때는 너무나 지쳐서 사냥꾼의 무릎에서 쉬어야 했다.

그때 사냥꾼이 생각하기를, '집에 가져갈 반찬이 없구나. 이걸 잡아가 반찬을 해먹어야지' 하고는 원숭이 왕의 머리를 돌로 내리쳤다. 사냥꾼은 생명의 은인에게조차 감히 이런 비열한 짓을 한 것이다.

원숭이 왕의 머리에서 피가 났다. 그러나 원숭이 왕은 생각했다.

'사냥꾼이 비록 죽음의 문턱에서 벗어났지만 그대로 두면 호랑이의 밥이 될 것이다. 죽지 않도록 길을 안내해 줘야지.'

그래서 원숭이 왕은 사냥꾼에게 말했다.

"내가 나무에서 길을 인도해 줄 테니 내 핏자국을 따라오시오."

이처럼 덕이 있는 사람은 자기를 죽이는 적에게조차도 피와 땀을 흘리면서 있는 힘을 다해서 그를 도와준다.

누구나 이렇게 행할 수 있도록 살아 있는 동안 덕스러운 마음을 길러야
한다. 여러분은 지금 덕이 있는 사람들 속에서 살고 있다. 덕이 있는 사람
이라고 하면서 다른 사람이 잘할 때만 나도 잘하는 사람이라면, 아직 덕이
있는 사람이라고 말할 수 없다. 다른 사람이 잘하든 못하든 그런 것과 상관
없이 잘해야 한다.

좋은 행동을 하는 사람, 마음이 좋은 사람, 지혜가 있는 사람이 되도록
여러분은 명상수행을 하는 것이다. 지혜로운 사람이 되면 비열한 이기심과
제멋대로 살고자 하는 마음이 없어진다. 그래서 오직 다른 이들이 번영하
도록, 다른 이들의 이익이 증진되도록 행동해야 한다.

공양 보시를 축원하면서

선업을 지으면 어떤 선업이든지 간에 허물과 위험에서 벗어난다. 그러한 그릇된 허물과 위험에서 벗어나기 때문에 선업의 보시는 알아차림과 집중을 이루는 밑거름이 된다.

이런 보시의 공덕으로 마음이 청정해지고,
마음이 청정해지므로 계戒가 청정해지고,
계가 청정해지므로 정定이 청정해지고,
정이 청정해지므로 혜慧가 청정해지고,
혜가 청정해지므로 도道와 과果의 지혜가 청정해진다.

각 종교마다 그 종교의 가르침이 있는데 불교에서는 계, 정, 혜 3학三學이다. 그래서 여러분 모두 이 3학을 갖추도록 노력해야 한다.

이렇게 각 종교마다, 나라마다, 종족마다 따르고 있는 가르침들이 다 다른데, 그러한 것들을 통해 사악도(지옥·축생·아귀·아수라)에서 벗어날 수는 없다. 지금 우리가 수행하고 있는 3학은 사악도에서 벗어날 수 있지만, 다른 종교에서 하는 것은 꼭 사악도에서 벗어날 수 있다고 말할 수 없다.

계학戒學, 정학定學은 좋은 세계에 나게 하지만 혜학慧學을 닦아서 지혜가 나야만 늙고, 병들고, 죽음에서 벗어나는 열반의 행복을 얻을 수 있다.

지금 여러분이 수행하는 것은 정학에 해당하는 것이고, 8계를 지키는 것은 계학에 해당하는 것이며, 몸과 마음에서 일어나고 사라지는 것을 아는 것은 혜학에 해당한다.

수행자 수행이 잘 되지 않습니다.

왜 안 되느냐? 항상 노력해야 한다.

지금 지키고 있는 이것은 계학에 해당하고, 내가 뭘 할 때마다 하는 것을 아는 것은 정학과 혜학에 해당한다. 항상 알아차림을 하고 있으면 3학이 다 될 수 있다. 그래서 여기 있을 때나 한국에 가 있을 때나 항상 알아차리면서 생활할 수 있도록 하라. 그러면 3학을 다 이룰 수 있다.

지금 보시를 했으니 공양 보시의 가르침에 해당되고, 계를 지키고 있으니 그것은 계학에 해당되고, 지금 내가 몸과 마음에서 일어나는 것을 다 알면서 하기 때문에 이것은 정학과 혜학에 해당되어 3학을 다 갖추었다고 말할 수 있다.

모두 자기가 지은 보시의 공덕과, 지키고 있는 계의 공덕과, 수행을 하고 있는 수행의 공덕으로 인해 내가 모든 허물과 위험에서 벗어나서 행복

을 얻은 것처럼 그 행복을 모든 이들이 나누어 가질 수 있도록 회향게를
읊겠다.

"내가 지은 이 보시의 공덕과
지키고 있는 계의 공덕과
수행하고 있는 수행의 공덕을
일체중생이 받아 가져서
어서 빨리 열반에 이르기를 바랍니다."

부처님의 아홉 가지 명호

^{수행자} 사야도께서 매우 피곤해 보이시는데 저희들은 인사만 드리고 가도 괜찮습니다.

^{통역} 수행자들이 사야도의 법문을 듣고 싶어서 왔습니다.

비구니가 해주어라.

^{통역} 비구니가 해주는 것하고 사야도께서 해주시는 것하고는 다릅니다.

비구니가 해도 부처님이 설하신 법문 그대로이고, 비구가 해도 부처님이 설하신 법문 그대로이다.

^{통역} 그래도 사야도의 법문을 듣고 싶어 합니다.

부처님의 명호가 아홉 가지가 있다.

첫째가 아라한Arahant인데 존경하고 공양 받을 가치가 있는 분. 더러움과 불순물을 완전히 소멸하신 분을 말한다.

두 번째는 삼마 삼붓도Sammā sambuddho인데, 모든 법을 완전하게 스스로 깨달으신 분을 일컫는다.

세 번째는 윗자 짜라나 삼빠노Vijjā caraṇa sampanno인데 지혜와 실행을 개발하시어 완전한 지혜와 품행을 부여받으신 분이다.

네 번째는 수가또Sugato인데 진실만을 말씀하시는 신성하신 분을 말한다.

다섯 번째는 로카위두Lokavidū인데 세속의 세상을 잘 아시는 분이다.

여섯 번째는 아누따로 뿌리사 담마 사라티Anuttaro purisa damma sārathi인데 거친 사람, 천인, 동물을 바르게 잘 훈계하고 이끄시는 분을 일컫는다.

일곱 번째는 삿타데와 마누싸남Satthādeva manussanaṃ인데 인간, 천인들의 스승이 되시는 분을 말한다.

여덟 번째는 붓도Buddho인데 사성제를 잘 아시는 분이다.

아홉 번째는 바가와또Bhagavato인데 사성제 진리를 스승 없이 아시고, 다른 중생에게도 알게 가르칠 수 있는 분을 말한다.

이상이 부처님의 명호이시다.

이 중에서 세 번째 윗자 짜라나*가 있다. 윗자vijja는 이 세상의 모든 것을 모르는 것 없이 '아는 것'이다. 탐심, 진심, 치심, 아만심 등 나쁘다는 것과 관용, 자애, 지혜 등 좋다는 것, 그 무엇이나 다 아는 것이다.

* 윗자vijja는 여덟 가지의 지혜를 말한다. ① 과거를 아는 지혜 ② 천안통 ③ 향락, 생존 욕구, 사견, 무지의 네 가지를 완전히 제거하고 열반을 이룬 것 ④ 위빠사나의 지혜, 즉 무상, 고, 무아의 법을 몸과 마음으로 완전히 아는 지혜 ⑤ 타심통 ⑥ 여러 가지 모양으로 몸을 보이는 신통 ⑦ 천이통 ⑧ 땅속, 하늘 등을 신통으로 다니는 것.
　　짜라나carana는 열다섯 가지 실행을 말한다. ① 계의 구족 ② 지각능력의 구족 ③ 음식에서의 만족(적당량) ④ 깨어 있는 잠. 수면이 거의 없는 상태 ⑤ 믿음 ⑥ 노력 ⑦ 알아차림 ⑧ 지혜 ⑨ 지식 ⑩ 부끄러움 ⑪ 두려움 ⑫ 1선정 ⑬ 2선정 ⑭ 3선정 ⑮ 4선정.

그러나 윗자라는 지혜만 있어서는 안 되고, 짜라나라는 실행까지 있어야만 된다. 알면 그것을 자꾸 자꾸 닦아야 된다. 이것이 수행이다. 앎으로써 자꾸 없어지고, 없어지고 한다.

마음에는 성내는 마음이 있다. 이것이 병이다.
수행자도 그 마음을 가지고 있는가?
성내는 마음이 일어날 때 괴로운가, 평화로운가?

수행자 괴롭습니다.

괴로운 현상이 어떻게 나타나는가?

 가슴이 부글부글 끓고, 열이 나고 그렇습니다.

그래서 그 마음이 나쁘다는 것을 알면 자꾸 보고, 보고 하면서 그 마음을 닦으면 그 병에서 벗어날 수 있다. 그러면 다시는 성내는 마음을 일으키지 않으려 한다.

옛날에 한 비구니가 조각된 어떤 스님 상을 보고 그 상을 볼수록 좋아하는 마음이 생겼다. 그래서 나중에 그 사람을 짝사랑하다가 심장에 불이 나서 못 견뎌서 죽어버렸다.

그것은 모두 탐심 때문이다. 탐심이 일어났으면 자신에게 일어난 그것이 탐심이라는 것을 알고 자꾸 닦아야 하는데, 그걸 보지 않고 나쁘다는 것을 모르고 그냥 내버려두면 그렇게 죽음으로까지 간다. 이 세상에 그런 사람들이 수없이 많다.

어떤 비구스님이 강원에 공부를 하러 가겠다고 했다. 이 비구스님이 아직 자기 마음을 제대로 볼 줄 모르는 것을 알고 있는 스승은 가지 말라고 했다.

그러나 기어코 가겠다고 하니까 보내주면서 "그럼, 가거든 절대 마을에는 내려가지 말고 절에서만 지내라"고 당부했다.

스님은 스승의 말씀대로 몇 년을 잘 보내면서 공부를 마쳤다. 이제 자신의 절에 갈 때가 되니까 이 마을이 어떻게 생겼는지 보고 싶은 호기심이 생겨서 여러 가지 견문을 넓힐 겸 탁발을 나갔다.

그런데 거기 어떤 노란색 사리를 입은 아가씨가 공양을 올리다가 그 스님을 보고는 반해 버렸다. 그리하여 부모님께 "나 저 스님하고 결혼을 못하면 죽어버릴 것이다"라고 하였다.

이 말을 들은 부모님은 그 스님에게 "우리 딸하고 결혼을 해줄 수 없겠느냐?"고 간청하였다. 그러나 스님은 "안 된다"고 하면서 절로 가 버렸다. 그 아가씨는 자기가 원하는 대로 안 되니까 상사병이 나서 앓다가 죽어버렸다.

며칠 후 스님이 다시 그 마을에 내려갔는데, 어떤 스님이 그 아가씨가 입고 있던 노란 사리 천으로 된 물거리게*를 쓰고 있기에 이상하다 싶어 물었다.

"이 물거리게는 어디서 난 것입니까?"

그 스님이 말하기를 사실 며칠 전에 어떤 아가씨가 무슨 일로 갑자기 죽었는데 그 아가씨가 복을 짓기 위해 사리를 공양으로 올렸다고 했다.

그 말을 듣는 순간, 스님은 자신 때문에 그 아가씨가 죽었다는 생각이 들어 자신이 못마땅하여 화가 났다. 이렇게 화를 내다가 스님 역시 그 화를 견디지 못하고 죽어버렸다.

* 물이 좋지 않아서 물을 걸러 먹는 천 조각.

그 아가씨는 탐심 때문에 죽었고, 이 스님은 성냄 때문에 죽었다. 탐심과 성냄이 일어날 때, 일어난 줄을 알고, 알고, 또 알고 하면 점점 줄어들고, 나중에는 없어지는데 그걸 알지 못했기 때문에 죽음으로까지 끌고 간 것이다.

지금 우리가 수행하는 것이 스승이 가르치는 것을 '윗자, 아는 것'이라고 말하고, 그것을 알면 그대로 계속 '실천 수행을 하는 것'을 '짜라나'라고 한다.

알기만 해서도 안 되고, 알면 반드시 닦아야 한다. 알고 또 알고 닦음으로써 없어진다. 그렇게 함으로써 탐심과 진심의 불이 꺼진다.

지금 우리가 이렇게 수행을 하고 있는 것이 바로 지혜와 수행, 이것이다. 그러므로 탐심, 성냄이 나쁘다는 것을 알고, 실천 수행하는 사람들이다. 잘 수행하도록 하라.

"이 보시의 공덕과,
지키고 있는 계의 공덕과,
수행하고 있는 정의 공덕과 혜의 공덕이
열반을 이루는 밑거름이 되어지이다."

알아차림이 없으면 지혜도 없다

선업이라는 것은 허물을 여의고 마음을 편안하게 해준다. 선업이라는 것은 알아차림을 기본으로 하는 것을 말한다. 그 외의 것은 선업이 아니다. 알아차린다는 것은 잊지 않는 것을 말한다.

알아차림의 법이란 다음과 같다.

첫째, 잊지 않는 법이다.
둘째, 노력이 있어야 한다.
셋째, 집중이 있어야 한다.
넷째, 지혜가 있어야 한다.

지혜라는 것은 옳은가, 그른가를 생각하지 않고 확신하는 지혜를 말한다. 노력이라고 하는 것은 오랫동안 앉아 있는 것을 말하는 것이 아니다. 자기 자신의 알아차림과 집중과 지혜가 발전이 있을 때 그것을 노력이라고 한다.

옳은가 그른가, 좋은가 안 좋은가를 생각하게 되면 그 시간 동안에 선업

을 짓지 못한다. 그 시간은 잃어버린 시간이니 그런 것을 하지 않는 것이
좋다.

빨리어로 뿌갈라 비야빠다puggala byāpāda와 담마 비야빠다dhamma
byāpāda가 있다. 뿌갈라 비야빠다는 개인이 무엇을 해야겠다는 것으로 '내가
한다는 것'을 말한다. 그러나 알아차림을 가지고 오래 수행을 하면 담마 비
야빠다가 된다. 담마 비야빠다는 '법이 저절로 나를 이끌어 주는 것'이다.

알아차림이 있어야만 지혜가 나고 법이 있다고 말할 수 있다. 자기 자신
이 만족하지 못한다면 지혜 속에 들지 못했기 때문이다.

어떤 사람들은 수행을 하면서 머리가 뻣뻣해지고 무거워지는데 그것은
잘못하는 것이다. 몸의 노력이 너무 강하면 마음의 노력이 부족하여 마음
이 맑지 못해서 그런 것이다. 수행을 하면 몸과 마음이 편안해야 한다. 머
리가 뻣뻣하고 무거운 사람들이 선원에 와서 수행을 하면 마음이 이 노력
을 적당하게 조절해서 하기 때문에 몸과 마음이 편안해진다.

외국인들은 수행을 하기 위해서 차를 팔고, 집을 팔아 가지고 이곳에
오는 경우가 있어 돌아가면 어디서 묶어야 할지 모르는 그런 사람도 있다.
그런데 미얀마 사람들은 열흘간 수행을 하면서도 9일째가 되면 돌아갈 생
각에 부산해지는 사람이 많으니 그것은 옳지 않다.

수행이 발전하는 데 필요한 네 가지가 있다.

첫째, 훌륭한 분을 친견해야 하고,

둘째, 높은 법을 들어야 하고,

셋째, 바른 마음가짐을 가져야 하고,

넷째, 바른 법을 수행해야 한다.

마초라는 사람이 있었는데 산에 가서 큰스님과 여러 사람이 함께 수행을 했다. 나이가 어려서 허드렛일만 하게 된 마초는 일만 하다가 언제 수행을 하느냐고 투정하였다. 사야도께서는 무슨 일이든 알아차리면서 하면 된다고 말해 주었다. 그래서 그는 솥을 닦는데 마음이 들뜨면 그 들뜨는 마음을 알아차리니 나중에는 솥도 없어지고 몸도 없어져서 오직 닦는 것과 아는 것만 남았다. 그는 솥도 깨끗하게 닦아지고 수행도 잘 돼서 기뻐했다.

수행을 할 때는 대상에 마음을 모아야 하고 그러면서도 마음이 아주 가벼워야 한다. 수행을 할 때는 몸과 마음을 다하여 노력하여야 한다.

선업을 지으려면 참아야 한다. 사람들이 서로서로 참지 않으면 싸우게 되고, 참지 않으면 열반과 멀어진다.

잊지 않으면 죽지 않는 열반에 이르고, 잊으면 죽을 것이다. 죽으면 공동묘지에 간다. 여러분은 열반에 가겠느냐, 공동묘지에 가겠느냐?

알아차려라. 그러면 열반을 보게 될 것이다.

다른 사람이 옳으면 기뻐해야 하고, 잘못됐을 때는 불쌍하게 생각하고 도와줘야 한다. 많은 사람에게 내가 도움을 줄 수 있어야 한다.

자기 마음을 먼저 깨끗하게 해야 한다. 깨끗한 것(청정한 것)을 위숫디 visuddhi라고 하는데, 내가 청정한 만큼 더러움에서 벗어난다.

아만심도 갖지 마라.

『와미까경』에서 말하기를, 제자들을 많이 둔 큰스님 한 분이 계셨는데 제자들이 아라한이 되었지만, 큰스님은 경만 보셔서 아는 것은 많지만 깨달음이 없었다. 이에 나도 수행을 해야겠다고 생각한 큰스님은 아라한이 30명이나 되는 절에 가서 장로스님께 제자로 삼아 달라고 하였다. 이때 큰스님의 아만심을 꺾기 위해 밑의 제자에게로 보내지고, 또다시 밑의 제자에게 보내져서 결국 일곱 살 먹은 사미승에게로 보내졌다.
사미승이 지혜가 있었는데, 제자로 받아줄 수 있으나 내가 시키는 대로 다해야만 받아주겠다고 했다. 그러겠노라고 답하자 물에 들어가라고 했다. 큰스님은 사미승이 시키는 대로 물에 들어갔다. 그리고 물에서 나오게 한 뒤에 사미승은 큰스님에게 흙으로 지은 집에 문이 여섯 개가 있는데, 그곳에 사는 포*를 잡으려면 어떻게 해야 하느냐고 물었다.

* 짐승 이름.

큰스님은 문 다섯 개를 막고 한 문에서만 지키고 있으면 잡을 수 있다고 대답했다. 그러자 사미승은 우리에게도 여섯 문이 있는데 다 막고 한 문만 열고 알아차림을 하면 대상을 잡을 수 있다고 가르쳤다.* 큰스님은 그대로 열심히 수행을 하여 아라한이 되었다.

* 인간에게는 안, 이, 비, 설, 신, 의라는 여섯 개의 문이 있는데 의意라고 하는 마음의 문만 열고 나머지 다섯 개의 문으로 들어오는 대상을 알아차리는 것을 말한다.

빤냐띠(paññatti. 관념)는 사마타의 대상이고, 빠라마타(paramattha. 실재)는 위빠사나의 대상이고, 열반은 도道와 과果의 대상이다.

대상이 일어나지 않고는 마음이 일어나지 않는다.*

* 육근이 육경이라는 대상에 부딪치지 않으면 육식이 일어날 수가 없다. 그래서 육근이 육경이라는 대상이 없으면 마음이 일어나지 않는다. 결국 우리가 안다는 것은 육근이 육경에 접촉했을 때 마음이 아는 것이다.

먼저 일어난 마음을 뒤의 마음이 알아야 한다.
알아차리는 상태가 아니면 대상과 싸움을 하게 된다.

성급하게 행동하는 사람은 무슨 불이 둘러싸고 있는가?
탐심의 불이다.
누구를 둘러싸고 있는가?
미친 사람인 나 자신이다.

다른 사람이 성급하게 구는 것을 못마땅하게 보는 것은 성냄의 불이 둘러싸고 있는 것이다.

쾌락주의로 욕망의 행복을 누리면서 향락적인 생활을 하며 원하는 대로 편안하게 사는 것, 고행주의로 몸을 학대하며 너무 애쓰면서 수행하는 것, 이런 것들이 일어나는 것은 무엇 때문인가? 어리석음의 불이다.

모두 열한 가지의 불이 육문으로 들어온다.
이 불에서 벗어나도록 먹을 때도 알아차림으로써 먹어야 한다.

생식(탐진치의 불로 익히지 않은 것)을 한다는 것은 알아차리면서 먹고, 알맞게 먹는 것이다. 먹을 때, 입을 때, 마실 때 알아차림으로써 행해야 한다.

일하면서 마음이 편하지 않으면 공덕이 되지 않는다.
알아차림이 없으면 지혜도 없다.
현재 마음이 행복하도록 알아차림을 유지하면 어둠에서 벗어난다.

부처님의 말씀

세세생생 수많은 부처님들이 계신데 그분들의 가르침이 있다.

선善을 계발하고, 불선不善을 멀리하라. 마음을 청정하게 하라.
이것이 부처님의 가르침이다.

그대의 마음이 청정하다면, 그대의 계율도 청정할 것이고, 그대의 견해
또한 청정하여 부처님께서 바라시는 대로 모든 것이 청정해질 것이다.

먼저 불선이란 무엇인가? 계율에 벗어난 것으로 생각과 말과 몸으로 하
는 모든 행동을 말한다. 따라서 이렇게 잘못된 행동, 말, 마음가짐을 바로
잡는 것이 불선을 멀리하는 것이다.

비구는 지켜야 할 계율이 많다. 그래서 계율을 어기게 되면 불선을 행하
는 것이고, 가르침에 따라 살려고 하는 비구는 선을 계발하고 있는 것이다.

1. 비구는 사원 안에서나 밖에서나 승복을 단정하게 입어야 한다.

2. 시선은 정면으로 자기 키만큼 앞으로 둔다. 이리저리 두리번거리면 계율이 흐트러지고, 마음이 더 이상 청정해지지 못한다. 단, 위험에 처했을 경우에는 예외이다.

감각기관을 제어하는 계율에 관한 훈련규칙을 지키기 위해서는 알아차림이 있어야 한다. 수행자의 자세와 행동 역시 부드러워야 하고, 삼갈 것은 삼가야 한다. 알아차림이 있다는 것은 매사를 알아차리며 하는 것이다. 이는 알아차리는 감각능력이 있는 것을 말한다.

3. 일렬로 설 때는 법랍이 높은 비구의 순으로 정렬해서 간다. 줄을 제대로 서지 않으면 단정치 못해 보인다. 그래서 규율과 질서가 없는 것이다.

4. 비구는 급히 걸어서도 너무 느리게 걸어서도 안 된다. 탁발을 할 때는 뒷사람을 생각해서 천천히 걷는다. 너무 간격이 떨어지면 뒷사람이 처진다. 앞서가는 사람이 보폭을 맞춰야 줄이 고르게 된다.

5. 알아차림이 있으면 행동거지에 흠이 없다. 그러므로 탁발을 나갈 때나 사원에 있을 때나 조화를 이루고 생활해야 하며, 옷을 단정하게 입고 어디를 가든 예절을 갖춰야 한다. 말할 때는 손짓을 하거나 이리저리 둘러보지 않는다.

6. 걸을 때 두리번거리면 눈이 마주치게 되고, 인사나 말을 건네기 위해서 멈춰 서게 된다. 그대가 조심하며 알아차린다면 이런 일은 생기지 않을 것이다. 말을 하고 싶어서 모이거나 건물 주변에서 서로 속닥거리는 것은

불선한 일이다.

7. 식당에서는 식사할 때뿐만 아니라 그밖에도 계율을 지키면서 행동한다. 바르게 걷고, 바르게 앉고, 자기만 먹지 말고, 적당히 먹는다. 다른 사람을 배려하지 않은 채 맘대로 다 먹어버리면 선하지 못한 행동을 하는 것이다. 알아차림 없이 먹는 것은 감각기관을 제어하는 계율을 벗어나는 일이다.

8. 비구는 청소를 하고 탁발을 나가는 등 더불어 해야 할 일이 많이 있다. 이것은 계율에 속하는 일이다.

알아차림만이 감각기관을 제어하는 계율을 완성시킨다. 계청정을 이룬다면 현재나 미래에도 행복할 것이라고 부처님께서는 말씀하셨다.

"조심성 있는 것이야말로 죽음으로부터 해탈로 이끌며, 조심성 없고 부주의한 것이 죽음의 원인이다."

덕이 있고, 죽음으로부터 해탈하고, 불선을 멀리하려면 반드시 알아차림이 필요하다. 그리고 분명한 앎이 필요하다.

불선을 멀리하고, 언제나 마음을 청정하게 하고, 언제나 알아차림의 지혜를 갖추는 것, 바로 이것을 위해 사념처 수행을 하는 것이다.

이렇게 할 때 여러분은 부처님의 가르침대로 행하는 수행자다. 따라서 여러분은 현재는 물론 미래에도 행복하다. 그러므로 알아차림을 놓치지 말아야 한다.

9. 만약 우리와 함께 살고 있는 가족이나 책임을 맡고 있는 사람이 다른

사람에 대해 무엇이 옳지 못하다고 지적했다고 하자. 사실 책임자라면 그래야 하며 그럴 수 있어야 한다.

이때 모두를 위해서 무언가를 지적해 주면 기꺼이 받아들이는 것이 좋다. 그러면 우리는 잘못을 저지르지 않을 수 있다. 이것이 덕이 있는 자의 징표이다.

한 사미가 사리불 존자에게 가사가 비뚤어졌다고 지적했을 때, 사리불 존자는 조심스럽게 옷매무새를 고쳤을 뿐만 아니라 기꺼이 받아들이고 언제라도 다시 잘못되면 지적해 달라고 부탁했다.

보라, 부처님의 위대한 상수제자는 "오늘 처음 계를 받은 일곱 살짜리 사미가 지적을 한다고 하더라도 나는 깍듯이 나의 실수를 인정하겠다"라며 기꺼이 자신의 허물을 인정했다.

덕이 있는 자란 얼마나 견주어 볼 가치가 있는가. 참회의식 역시 이와 같은 것이다.

미얀마에서 우안거가 끝날 때도 수행자들이 서로 마주보며 이와 같이 자기의 잘못을 참회한다.

"도반이여, 저에게 무엇이라도 잘못된 것이 있는 것을 보거나 듣거나 의심이 가면 충고해 주십시오. 그러면 고치겠습니다."

이런 일에 진지하게 임하면 그만큼 더 좋다. 그러나 우리는 지적을 받으면 쉽게 화를 낸다. 그래서 실제로 무엇이나 받아들일 수 있어야 한다.

10. 수행자는 큰 소리로 말하며 옆방에 드나들면 안 된다. 이러한 행동은 도과를 가로막고 법을 해치는 것이다.

말을 자제하라. 질문이 있으면 나지막하게 묻고 간결하게 말해야 한다.

만약 이야기하려고 모이고 서로가 친교를 하려고 한다면 여러분은 진정 무엇을 위해 이곳에 왔는가 알아야 한다.

'몸을 진정시키는 것, 마음을 평화롭게 만드는 것.'

수행자가 해야 할 일은 이 두 가지뿐이다. 물론 해야 할 일이 있다면 해야 할 공적인 의무는 다해야 한다.

11. 부처님께서 말씀하시기를, "악당이 그대를 결박하고 톱으로 사지를 절단하려 들 때 가슴속으로 무사하기만을 바란다면 그대는 내 제자가 아니다"라고 하셨다. 부처님의 가르침은 적 앞에서조차 인내하고 용서하라는 것이다.

그래서 자비와 관용을 가져야 한다. 부처님께서는 벌목될 때까지 일꾼들에게 그늘을 제공해 주는 나무를 예로 들어 자비와 관용에 대해 말씀하셨다. 백단향나무는 땔감으로 쓰려는 자에게 재로 다 타들어 갈 때까지 계속해서 향을 제공한다.

성자는 적을 위해 자신의 목숨까지 희생한다.

예를 들어, 부처님의 전생인 보살이 원숭이 왕으로 태어났을 때 자신의 목숨을 바친 것처럼 말이다. 원숭이 왕은 자신을 쓰러트린 사냥꾼이 다칠까 봐 그를 강 너머로 옮기기 전에 미리 사냥꾼의 무게만한 돌을 지고 건너는 연습을 했다.

사냥꾼의 안전을 확신할 수 있을 때 비로소 다시 건너와 사냥꾼을 메고 강을 건넜다. 그러나 못된 사냥꾼은 물길을 여러 번 오가느라 지쳐 쓰러진 원숭이 왕의 머리를 돌로 내리쳤다. 원숭이 왕이 재빠르게 몸을 피했으나 그래도 배은망덕하고 무자비하게 자신을 죽이려던 사냥꾼에 대한 자비심에는 흔들림이 없었다. 그리고 사냥꾼이 숲에서 길을 잃고 호랑이 밥이 될 것이 뻔했으므로 자신의 핏자국을 따라오도록 유인하여 무사히 마을까지 되돌아가도록 해주었다.

이제 우리는 그런 상실감으로 괴로워하지 않는다. 서로 돕고 서로 깨우치고자 마주앉아 얘기한 것을 서로 받아들일 수만 있다면 우리에게 유익한 것이다. 바로 그것이 '유순함'의 의미이다. 이것이 덕이 있는 자에게 어울린다.

하라는 말이 듣기 싫고 화를 낸다면 의무를 소홀히 하는 것이며, 부처님께서 바라시는 바를 하지 못하는 것이다.

잘못을 지적 받으면 기억했다가 그렇게 하지 말아야 한다. 기쁘게, 겸손하게 해서 불선을 멀리하고 선을 계발하면 마음은 청정해진다. 이렇게 공부해 나가면 여러분은 수행을 잘할 수 있고 열반에 이르게 될 것이다.

인내

"인내야말로 으뜸가는 덕이며, 열반은 지고하다고 부처님께서 말씀하셨다. 남을 해치거나 억압하는 사람은 참된 비구가 아니다."

인내하는 훈련이야말로 가장 고결한 훈련이라고 부처님은 말씀하셨다. 부처님께서 율을 제정하시기 전에는 언제나 이 인내의 가르침으로 상가를 이끄셨다.

인내하는 힘 없이는 수행을 제대로 할 수 없고 또 계를 지킬 수도 없다. 계청정 없이는 삼매를 얻기 힘들다. 잘 닦아진 계율과 삼매, 지혜와 정진 그리고 알아차림의 가르침이 우리 것이 되기 위해서는 인내가 바탕이 된다.

명상할 때 우리는 온갖 종류의 신체적 불편을 감내해야 한다. 쑤시고, 가렵고, 아프고, 피곤하고, 화끈거리는 등의 다양한 것들로 어려움이 생긴다.

계율과 삼매와 지혜가 계발되면 인류의 괴로움, 천상의 괴로움, 31계의 괴로움이라는 윤회의 위험에서 벗어나서 열반의 행복으로 나아가는 것이다.

인내만이 이 수행을 성공으로 이끈다.

그런 까닭에 인내가 가장 숭고한 훈련이다.

비구가 되기 위해서 가사를 입으려는 사람과 윤회에서 벗어나기를 바라는 사람은 열반을 성취하기 위해서, 그리고 늙고 병들고 죽는 것으로부터 벗어나기 위해서는 인내를 훈련해야만 한다.

남을 해치는 사람은 참된 비구가 아니다. 그래서 이것은 비구로서 해야 할 태도가 아니다. 이는 열반이라는 자유로 인도하는 인내가 없는 것이며, 따라서 괴로움에서 벗어나지 못한다.

참된 비구는 남을 해치지 않는다. 참된 비구라면 남을 해칠 수 없다. 다른 사람이 계율을 범하도록 만드는 것 역시 해롭다. 그런 사람은 불선을 뿌리 뽑으려고 수행하는 사람이 아니다.

남을 억압하는 사람은 이번 삶에서 모든 번뇌를 없애는 사람이 되지 못한다. 정신적으로나 신체적으로나 정서적으로 남을 해치는 어떤 말이나 행동을 해서는 안 된다. 아울러 상대방이 계율을 범하도록 만들어서도 안 된다.

부처님께서는 번뇌를 몰아내고자 수행하는 사람이 비구라고 말씀하셨다. 번뇌 속에서 홍청대는 사람이라면 그는 청정하지 못하며 참된 비구가 아니다. 그는 스스로를 해치며 번뇌로 괴롭다.

자신이나 남을 해치면 안 된다. 번뇌로 괴롭다면 자신과 남을 해치고 자신의 계율과 집중과 지혜를 파괴한다. 그러면 참된 비구가 아니다. 괴로움에서 벗어날 수 없다.

열반을 성취하려면 인내해야 하며, 계율을 범하지 말고, 번뇌에서 벗어나도록 수행하여 평화로워져야 한다.

이제 우리는 수행을 한다. 우리는 인내하고 견디며 모든 걸 참아야 한다. 이것이 부처님의 가르침에 따라 수행하는 것이다.

여러분 모두가 수행을 할 수 있고, 여러분이 얻고자 노력하던 열반의 평화에 이르러 늙고, 병들고, 죽는 괴로움에서 자유로워지기를 바란다. 또한 여러분 모두가 인내로 견뎌서 덕이 있는 사람이 되기를 바란다.

다섯 가지 깨달음의 요소

수행을 할 때 가져야 할 깨달음의 요소는 무엇인가?

여기에는 다섯 가지 요소가 있다.

첫째, 믿음을 가지고,
둘째, 건강하게,
셋째, 솔직하게,
넷째, 헌신적인 노력으로,
다섯째, 정신과 물질의 생멸을 알아차려야 한다.

첫째, 믿음을 가져야 한다.
여기서 믿음이란 부처님의 가르침을 믿는 것이다.
그러면 부처님께서 가르치신 것이 무엇인가?
부처님께서는 이렇게 가르치셨다.
"감각적 대상들을 밀쳐내라는 것이 아니다. 그대들이 해야 할 일은 감각
적 대상 때문에 생긴 번뇌를 없애는 것이다."
볼거리, 소리, 냄새, 맛, 감촉, 이것들은 감각적 대상일 뿐이다.

자, 어떤 소리가 들린다고 해보자. 이때 탐욕과 성냄과 어리석음이 일어나도록 하면 안 된다. 소리가 들리면 알아차리고 집중을 해서 지혜를 계발해야 한다.

마찬가지로 냄새, 맛, 신체적 감각 때문에 번뇌가 일어나도록 두면 안 된다. 예를 들어, 어떤 것을 맛보았을 때 그 맛이 좋으면 피하지 않고 탐닉을 한다. 그것은 탐심에 빠지는 것이다. 만일 그 맛이 역겨웠다면 거부하고 화를 낸다. 그것도 성냄에 빠진 것이다. 이런 양극단을 피하고 맛을 맨 느낌으로 알아차려서 집중과 지혜라는 중도를 가야 한다.

이러한 대상과 이것을 아는 마음이 있는 것은 그냥 자연스런 현상일 뿐이다. 이때 내가 아는 것이라고 보면 안 된다. 현상은 저절로 일어나고 사라짐을 반복한다는 사실을 보도록 해야 한다. 있는 그대로 바로 볼 수 있도록 충분히 이해할 수 있게 알아차려야 한다.

바로 이것이 부처님께서 하신 말씀이다. 이렇게 하는 것이 바로 부처님의 가르침을 믿는 방법이다. 이러한 믿음으로 수행에 힘써야 한다.

둘째, 건강한 마음을 가져야 한다.

여러분은 건강을 어떻게 지켜야 하는지 알아야 한다. 옷을 벗으면 안 된다. 더위와 추위를 막고, 예절과 품위를 지키기 위해 옷을 갖춰 입어야 한다. 그러나 벗어야 할 것은 옷이 아니라 옷에 대한 탐심과 집착이다.

싫어하는 마음, 성냄도 버려야 한다. 탐욕과 성냄이라는 옷을 입을 때마다 매 순간 알아차림과 지혜로 버려야 한다. 알아차릴 때 여러분은 이미 탐욕과 성냄을 버린 것이다.

먹을 때마다 알아차리면서 먹어야 한다. 먹을 때는 지혜를 가지고 먹어야 한다. 그리고 알맞게 먹어야 한다. 이것이 계율로써 먹는 것이다.

셋째, 솔직해야 한다.

정직하게 수행하라. 기꺼이 아는 것을 말하고, 무엇을 모르는지 말하라. 수행하는 체하지 마라. 전심전력을 다해 수행하라.

넷째, 헌신적으로 노력해야 한다.

놀지 말고, 쉬지 말고 수행하라. 수행은 노력을 하는 것이다. 명상할 때는 정신적 노력이 무엇보다 중요하다. 신체적 노력을 말하는 게 아니다. 쉼 없는 노력이야말로 진정한 노력이라고 말할 수 있다.

빨리어로 위리아viriya는 노력을 말한다. 이는 아직 생기지 않은 번뇌가 일어나지 않도록 하는 것이고, 이미 생긴 불선不善은 잠재우며, 계발되지 않은 선善인 알아차림과 집중과 지혜를 계발하고, 이미 생긴 선은 더 증장시킨다는 의미이다. 모든 것이 노력하는 것을 말한다.

다섯째, 정신과 물질의 일어나고 사라짐을 알아차려야 한다.

정신과 물질의 일어남과 사라짐을 알아차리기 위해서는 정신과 물질의 실재하는 성품을 알 수 있어야 한다.

이상의 다섯 가지 요소를 갖출 때, 여러분은 비로소 법을 볼 수 있다.

안거를 끝내면서

안거가 끝났다고 수행이 끝난 것이 아니다. 수행자는 법을 완전히 깨달을 때까지 쉬어서는 안 된다. 더욱더 노력하라. 피와 살, 인생을 다 버릴 수 있을 각오로 수행을 한다면, 그리고 정말 그 정도의 열정으로 수행에 임한다면 법을 얻을 수 있을 것이다.

부처님 당시에 경전에 통달한 스님이 있었다. 이론을 모두 알기 때문에 금방 깨달을 줄 알고 숲에 가서 수행에 임하였으나 1년이 다 되어도 아무런 성자의 법도 얻지 못하였다. 그 스님은 안거가 끝나자 후회와 자책의 눈물을 흘렸으며, 그 후 29년 동안 안거가 끝날 때마다 울었다고 한다. 결국 그 스님은 30년째 안거가 끝나고 다른 숲을 지나갈 때 한 수행자가 우는 것을 보고 자책을 버리고 정진하여 아라한이 되었다.

그러므로 우는 것은 소용이 없다. 후회와 자책은 도움이 되지 않는다. 울지 말고 바른 노력을 가지고 정진해라.

수행자는 안으로는 마음이 순수하고 깨끗하며, 밖으로는 바르고 좋은 도반이 있어야 한다. 그것이 참으로 좋은 것이다.

안으로는 마음을 순수하게 정화시키고 겉으로는 행동에 흠이 없고 법에 대한 공부를 두루 해야 한다. 이렇게 알며 배운 것을 모두 실천하여 행동과 처신을 바르게 익혀야 한다.

사성제는 이론적 정보나 지식으로 남아 있어야 할 것이 아니다. 그것은 수행과 깊은 지혜의 성숙을 통해 깨달아져야만 한다.

진리는 단순하며 깊다. 그것은 글에 존재하지 않으며, 일어나는 현재 순간의 현상들에 있다. 아무것도 복잡할 것이 없다. 거기에는 일어남과 사라짐뿐이다. 모든 정신적·육체적·물질적 상태는 일어났다가 사라져 버린다. 그리고 다시 일어났다가는 사라져 버리는 것, 오직 이것뿐이다.

귀국 인사 1

한국 비구 중에 누가 오래되었는가?

수행자 예. 한 비구가 여러 곳에서 수행을 했습니다.

그러면 이제 많이 배웠으니 한국에 가서 가르쳐도 되겠다.

수행자 가르치는 것이 쉽지가 않습니다. 좋은 스승 밑에서 오래 있어야 법을 배울 수 있을 것 같습니다.

오래 있다고 해서 되는 것이 아니다. 오래 있는 것과 상관없이 열심히 해야 된다. 노력하지 않고 놀며 편안하게 지내는 사람은 법을 얻을 수 없다. 법을 얻을 수 있는 조건이 네 가지가 있다.

첫째, 바른 법을 만나야 하고,
둘째, 좋은 스승한테 높은 법을 들어야 하며,
셋째, 수행자의 생각이 바르게 되어야 한다. 수행하는 마음가짐 또한 바르게 되어야 하고,

넷째, 도와 과를 얻을 수 있는 법을 수행해야 한다. 즉, 계정혜 3학을 수행해야 한다. 바른 계정혜 3학을 수행해야 하고, 팔정도를 닦아 나가야 한다.

앞의 세 가지를 모두 갖추었다고 할지라도 정도를 행할 수 있는 3학을 닦지 않으면 법을 얻을 수 없다. 그래서 계정혜 3학을 닦아야 한다.

기름을 얻고 싶다고 돌멩이를 갈아서 기름을 얻을 수 있는가? 깨를 짜든지 콩을 짜든지 해야 기름을 얻을 수 있다. 이와 마찬가지로 바른 마음가짐으로 계정혜 3학을 닦아야 한다.

이 세상에 내가 수행을 할 수 있는 법이 8만4천 가지 법문이 있다. 그것을 요약하면 37조도품이다. 이것을 또 요약해 보면 8정도다. 이것을 다시 또 요약하면 계정혜 3학이며, 이를 계율, 집중, 지혜라고 한다.

이렇게 계정혜 3학이 생기게 하는 것은 바로 알아차림 하나뿐이다. 그래서 알아차림이 전체를 다 총괄할 수 있다.

지금 현재 우리가 수행을 하는 것을 사띠빠타나satipaṭṭhāna라고 하는데 '알아차림을 확립하는 것'을 말한다. 바로 알아차림 하나로 몸과 마음에서 일어나는 모든 것들을 다 봐야 된다. 알아차림 하나가 있으면 계정혜 3학이 다 이루어진다.

갈 때 올 때, 움직이거나 숨을 쉬거나 할 때 모든 것을 알아차림으로 하면 계정혜 3학이 따라온다. 숨을 쉴 때 계속 알아차리면 다른 생각이 들어올 수 없어 선업이 되고, 고요함이 생겨 마음이 편안해져서 정定이 이루어지고, 그리고 거기에서 알아차림을 놓치지 않고 계속 보아 나가다 보면 지혜가 난다.

알아차림을 놓치고 살면 아무것도 알지 못하고 사는 것과 같다. 알아차림 하나를 아주 끈질기게 붙잡고 있으면 마지막에는 열반에 이를 수 있다.

한국말로 사띠sati를 무엇이라고 하는가?

수행자 '알아차림'입니다.

그럼 한국말로 "'알아차림' 하나를 붙잡고 있으면 열반에 이를 수 있다." 이렇게 항상 외우고 다녀라. 그런가?

수행자 예, 맞습니다.

먹을 때 맛을 먹느냐? 닭고기를 먹느냐?
닭고기가 좋으냐? 맛이 좋으냐?

수행자 맛이 좋습니다.

맞다. 맛이 좋으면 된다. 만약 닭고기가 좋다고 하면 닭고기에 집착이 생긴다. 예를 들어 그렇게 알아차림을 두고 항상 생활한 사람들 중에 도과를 얻은 사람이 매우 많다.

어떤 여자 수행자가 항상 알아차림을 하면서 음식을 만들었다. 음식을 만들 때 재료가 항상 변하는 것을 보고 몸도 항상 이상이 있으므로 항상하는 것이 아니라는 것을 알았고, 마음도 항상 변한다는 사실을 보았다.

자신의 일을 하면서 오랫동안 익혀 온 습관으로 알아차림을 하다가 아나함의 도과를 얻었다. 그래서 나중에 출가를 하였다. 그 수행자 이름이 테리까다.

어떤 사람이 고추를 매우 좋아했다. 고추의 매운맛을 좋아했다. 원래 맛이 매운가? 아니면 고추가 매운가?

수행자 맛이 맵습니다.

맞다. 맛이 맵다. 먹을 때 맛으로 먹어야 한다.

그 사람은 고추가 없으면 밥을 못 먹었다. 그런데 어느 날 밥을 먹는데 밥상에 고추가 없었다. 그래서 부인에게 물었다. 그런데 부인이 고추가 없다고 하자 부엌에 가서 장작으로 부인을 때려죽였다. 그것은 집착 때문이다. 고추에 너무 집착해서 고추를 얻으려다가 화가 난 것이다.

닭고기를 좋아하면 닭이 되고, 돼지고기를 좋아하면 돼지가 된다. 내가 먹으면서도 맛을 알고, 씹는 것을 알고, 행하는 것을 알고 먹으면 집착이 없어진다.

닭고기의 맛을 하나하나 알아차리면서 먹으면 맛도 생겼다 사라지고, 생겼다 사라지고 하는 것을 안다. 맛에 집착하면 탐심이 되고 싫어하는 마음이 생기면 성냄이 된다. 그래서 항상 알아차림을 두고 먹으면 그러한 번뇌 없이 계정혜 3학이 갖춰진다.

이렇게 하면 모든 것이 일어나고 사라지고, 일어나고 사라지고 하는 것을 알게 된다. 이것이 무상을 아는 것이다.

좋아하고 싫어하는 것은 다 집착 때문에 일어난다. 그 집착이 없으면 계정혜 3학이 있다. 바로 그 집착이 없으면 도道와 과果의 길을 가기 때문에 열반에 이를 수 있다.

귀국 인사 2

　수행을 한다는 것은 알아차림을 하는 것이다. 좌선을 할 때만 알아차리는 것이 아니다. 경행을 할 때나 일상생활 모두를 알아차려야 한다. 알아차림은 끊어지지 않고 이어져야 한다. 그래야 힘이 모아진다.

　이곳에 있을 때는 수행을 계속하기 때문에 알아차림이 이어지지만 한국에 돌아가서 수행을 계속할 수가 없어도 알아차림이 끊어지지 않도록 해야 한다. 다시 말해 좌선이나 경행을 할 때뿐만이 아니고 일상생활에서도 알아차림을 해야 한다. 알아차림은 지금 이 순간부터 죽을 때까지 계속되어야 한다.

　알아차린다는 것은 열반에 이르는 표를 끊는 것이다. 그러나 수행을 안 하면 표를 잃어버리는 것이다. 수행은 이 생에서만 하는 것이 아니고 다음 생, 또 그다음 생에서도 계속해야 한다.

　표를 잃어버리지 마라. 수행하는 표를 가지고 있으면 열반을 얻지만, 표를 잃어버리면 공동묘지로 간다.

귀국 인사 3

수행자 그간의 수행을 마치고 귀국을 하게 되었습니다. 큰 스승님께 감사합니다. 수행자가 알아차림을 하기 위해서는 노력을 강화해야 하는데 어떤 것들을 어떻게 노력해야 하는지요?

알아차림과 노력이 줄어들지 않도록 노력해야 되고, 그렇게 하려면 우선 신심이 있어야 한다. 믿음이 있어야 한다. 그러면 알아차림과 집중과 노력이 다 따라온다.

만약 신심이 없으면 알아차림과 집중과 노력이 줄어들어서 탐심과 성냄이 일어난다. 그렇게 되면 하는 것마다 탐심과 성냄이 일어나서 마음이 평화롭지 못하고 고통을 받는다.

지금 사람 몸을 받았지만 탐심으로 생활하면 사람이면서도 아귀이고, 성냄을 일으키면 사람이면서도 지옥에 있는 것과 같고, 어리석음으로 생활하면 사람이면서도 축생이나 마찬가지다.

우선 신심이 중요하다. 법을 믿는 확실한 마음이 필요하다. 그래야 알아차림과 집중과 노력이 다 따라온다. 그러면 고통 없이 편안하게 살 수 있다.

수행자 좌선 중에 알아차림과 집중이 좋은 상태에서는 마음이 매우 편안해집니다. 이때 호흡이 차츰 미세한 상태가 된 뒤에는 알아차림이 분명해도 호흡을 느낄 수가 없는 상태가 옵니다. 그리고 몸에 대한 감각도 사라집니다. 그런 상태가 왔을 때 처음에 호흡을 찾아보면 다시 살아납니다. 그러나 이렇게 알아차려도 다시 호흡을 느낄 수 없는 상태가 됩니다. 그런 때는 어떻게 해야 합니까?

그럴 때 숨을 안 쉬는가?

수행자 숨을 쉽니다. 그러나 호흡을 느낄 수 없습니다.

그럴 때 빤냐띠(몸. 모양)가 사라지고 나면, 먼저 마음이 일어난 것을 뒤에서 다시 아는 마음으로 보면 된다. 아는 마음을 다시 아는 마음으로 보아라.

수행자 다시 한 번 말씀해 주시겠습니까?

몸이 사라지고 난 뒤에는 마음이 마음을 알아차려야 한다. 이때 나중에 일어난 마음이 먼저 일어난 마음을 알아차리면 된다. 이것은 나중에 새로 낸 마음이 먼저 있는 마음을 알아차리는 것이다.

 그간에 다른 수행센터에서 명칭을 붙이는 수행을 하다가 이곳에 와서 명칭을 안 붙이니 좋은 점이 많습니다. 우선 느낌을 볼 수 있고, 대상의 실재를 볼 수 있습니다. 그리고 마음을 볼 수 있어서 좋았습니다. 그러나 대상을 오래 붙잡고 있기가 어렵습니다. 명칭 없이 대상을 오래 볼 수 있으려면 어떻게 노력해야 되겠습니까?

무엇 때문에 오래 보려고 하는가? 그냥 꽉 잡고 놓지 않으면서 알아차릴 것 같으면 된다.

의사 한 분이 있는데 처음에는 마음을 알아차릴 줄 몰라서 명칭을 붙여서 수행을 했다. 그러다가 명칭 없이 마음을 알아차렸다. 나중에는 의자에 앉아서 지켜보니 마음이 일어나고 사라지는 것을 보았다. 그때마다 이것은 그르고 이것은 옳고 하고 있는 것을 알 수 있었다. 그래서 그때그때마다 마음을 알아차리며 생활하다 보니 잘못된 일을 하면 마음이 편하지 않고, 잘된 일을 하면 마음이 편안했다. 그래서 병원에서 오진도 없이 진찰도 잘할 수 있었다고 한다.

이것은 책에 있는 것이 아니고 실제로 체험해서 고통과 평화를 볼 수 있었던 일이다. 수행자가 빠라마타(실재하는 성품)를 보는 데 있어서 아는 정도로만 하면 되지 한 가지를 오래 잡고 있을 필요는 없다. 그렇게 계속하다 보면 나중에 힘이 강해져 더 깊이 알아차릴 수 있다.

작별 인사

^{수행자} 쉐우민에 온 지가 1년 5개월이 되었습니다. 오래 있다 보니 마음이 느슨해진 것 같아서 마음을 다잡아서 수행을 하고 싶습니다. 현재 한국에는 가고 싶지 않습니다. 그러나 명상센터를 바꾸어서 수행을 해볼까 합니다. 어떻게 하면 마음을 다잡아서 할 수 있을까 망설이며 결정을 못하고 있습니다.

마음을 고쳐야지 어디를 가도 마음이 그렇게 하는 것이다. 지금 마음이 제대로 고요하지 않고 움직이고 있는데 환경을 바꾸어 준다고 되는 것이 아니다. 어디를 가든 알아차림이 있어야 한다.

내 마음을 알아차리는 것이 중요하지 환경을 바꾼다고 절로 되는 것이 아니다. 그러나 다른 데 좋은 곳이 있으면 가도 된다. 꼭 다른 곳에 가야 한다고 생각하는 것보다 법을 중요하게 여겨야 한다.

^{수행자} 지금 수행 상태가 탐심이나 성냄이 일어나서 알아차리면 사라집니다. 이 정도가 되면 다른 곳에 가서 일주일에 한 번 정도 인터뷰를 받을 수 있는 곳이 있는데 일주일에 한 번 인터뷰를 받아도 수행이 되겠습니까?

일어나면 사라지는 것을 알아차리는 것은 아라한이 될 때까지 계속되어야 한다. 그러나 일어나고 사라지는 것을 알아차리지 못하고 놓치게 되면 다시 알아차릴 수 있는 기회가 점점 줄어든다. 그러나 다른 곳에 가면 이곳에서처럼 마음을 볼 줄 모른다.

수행자 감사합니다. 그냥 이곳에서 수행을 하겠습니다.

수행 중에 가져야 할 마음가짐

1. 수행을 하는 동안 가장 중요한 것은
바른 마음가짐입니다.
지나치게 집중해서 알아차리지 말고,
억제해서 알아차리지 말고,
억지로 알아차리지 말고,
스스로 구속해서 알아차리지 마십시오.

2. 대상이 일어나도록 하지 말고,
없어지도록 하지 마십시오.
대상이 일어나는 대로, 없어지는 대로,
잊지 말고 알아차리고 있어야 합니다.

3. 대상이 일어나도록 하는 것은 탐욕이요,
없어지도록 하는 것은 성냄이요,
대상이 일어날 때마다, 없어질 때마다
알아차리지 못하는 것은 어리석음입니다.

4. 알아차리는 마음에 탐욕, 성냄, 근심, 걱정이 없어야만
   바르게 알아차리는 마음이 됩니다.

5. '어떤 마음으로 수행을 하는가?' 하고
   다시 점검해 봐야 합니다.

6. 좋은 것도 봐야 하고,
   나쁜 것도 봐야 할 뿐입니다.

7. 좋은 것만 원하고, 나쁜 것은 조금도 원하지 않는다면
   법法이라고 할 수 없습니다.

8. 바라는 마음이 없어야 하고,
   없애려고 하는 마음이 없어야 하며,
   염려하는 마음도 없어야만 합니다.
   이와 같은 마음가짐들이 마음속에 있으면
   수행이 제대로 되지 않습니다.

9. 무엇 때문에 이토록 집중해서 보고 있습니까?
   되게 하고자 원하므로
   없애고자 하므로
   이들 중에 하나가 들어 있기 때문입니다.

10. 마음이 피곤하고 고통스러우면
   수행을 할 때 무엇인가 하나가 결여된 것입니다.
   마음이 긴장해서는 수행을 할 수가 없습니다.

11. 몸과 마음이 고통스럽고 피곤해지면
   수행하는 것을 다시 점검해 봐야 합니다.
   바른 마음가짐을 가지고 있는지를.

12. 수행을 한다는 것은
   알아차리는 것과
   아는 것을 다시 지켜보는 것이지
   생각하거나 후회하거나 판단하는 것이 아닙니다.

13. 원하는 마음으로 무엇을 되게 하려고 애쓰지 마십시오.
   힘든 것만 남을 뿐입니다.

14. 수행하는 마음은 차분하고,
   평화로움이 있어야 하고,
   몸과 마음에 편안함이 있어야 합니다.
   자유롭고 가벼운 마음으로만이 수행을 할 수 있습니다.

15. 수행을 한다는 것은
   좋은 것이든 싫은 것이든

무엇이 나타나든지 받아들이고
차분하게 보고 있어야 합니다.

16. 마음이 무슨 일을 하고 있는가?
    망상하고 있는가, 알아차리고 있는가?

17. 마음이 어디에 가 있는가?
    안에 있는가, 밖에 있는가?

18. 알고 있는 마음,
    보고 있는 마음이
    확실하게 알고 있는가, 대강 알고 있는가?

19. 되게 하려는 모양으로 되도록 하는 것이 아니고,
    일어나는 것을 일어나는 그대로 알도록 하는 것입니다.

20. 망상을 문제 삼지 마십시오.
    망상을 하지 않도록 해야 하는 것이 아니라
    망상을 하면 망상하는 줄 알도록 해야 합니다.

21. 대상을 없애야 하는 것이 아니라
    대상 때문에 일어난 번뇌를 알고
    알아차려서 없애야 합니다.

22. 신심이 있어야 노력이 있고,
    노력으로 알아차림이 항상 이어져야 고요함이 생기고,
    고요함이 있어야만 사실대로 알고,
    사실 그대로 알았을 때에 지혜가 생겨
    더욱 신심이 일어날 것입니다.

23. 오직 현재만을 알아차려야 합니다.
    과거로 돌아가지 말고,
    미래도 생각하지 마십시오.

24. 대상은 중요하지 않습니다.
    뒤에서 일하고 있는 마음인 알아차리는 마음이 더 중요합니다.
    알아차리는 마음가짐만 바르면
    바른 대상을 얻을 수 있습니다.

소리에 대하여

소리로 인한 생각과 망상이 괴로움의 원인이 됩니다. 조금 전에 들은 말은 나오는 순간 벌써 사라졌건만 마음은 계속 그것을 기억하여 망상을 일으키고 괴로워합니다.

큰 스승(우 꼬살라 사야도)께서는 항상 "소리는 들리는 순간에 바로 사라져 더 이상 존재하지 않는다"라고 말씀하셨습니다.

소리의 본 성품을 바로 파악한 수행자는 소리로 인한 괴로움에서 벗어날 수 있습니다. 왜 안 좋은 소리, 기분 나쁜 소리, 비난이나 모욕하는 말들은 계속 남아서 항상 마음을 괴롭히는 것일까요?

소리는 이미 사라져서 어디에도 존재하지 않습니다. 그러나 소리의 본 성품을 파악하지 못한 무지한 마음은 계속해서 환상을 만들어 냅니다.

이러한 것들이 세속에 사는 인간들의 성품입니다. 화를 낼 일이 있으면 무조건 화를 내고, 기분 나쁘면 악에 받친 말을 내뱉고, 상대방까지 기분이 나빠지길 은근히 바랍니다. 좋은 일이 있으면 무조건 좋아하고, 거기에 따라 말하고 행동합니다. 이익, 손실, 명예, 불명예, 칭찬, 비난, 행복, 고통에 따라 움직이는 것이 세속에 사는 사람들의 마음입니다.

상대가 화가 나서 화를 내면 낸 거지 거기에 뭐 그리 대단할 것이 있겠습니까? 그가 못 참아서 소리를 지르면 또한 그뿐인 것입니다. 그가 소리를 지르는 순간 벌써 그 소리는 사라지지 않았습니까?

현상의 참 성품을 바르게 직시하도록 노력하십시오. 무의미하며 고통만 낳는 망상에 끌려 다니며 괴로워하지 마십시오. 과연 진정으로 문제라고 할 만한 것이 뭐가 있을까요? 어디에도 자기 마음의 평화를 희생할 정도로 대단한 일은 존재하지 않습니다.

모두 괜찮고, 받아들일 수 있으며, 놓아버릴 수 있는 것들뿐입니다. 받아들이고, 그 성품을 꿰뚫어, 놓아버릴 수 있어야 합니다.

마음에서 일어나는 어떤 것이라도 괜찮은 것들뿐입니다. '이런 일은 나에게 일어나면 안 돼', '이런 것은 내 마음에서 일어나서는 안 된다'고 하지 마십시오.

모두 괜찮습니다.
그리고 모두 놓아버려도 괜찮은 것들뿐입니다.

위빠사나 수행방법

2004년 12월 한국 명상원의 수행자들이 미얀마의 쉐우민 센터에서 집중수행을 할 때 '수행은 어떻게 할 것인가'에 대한 법문이다.

1. 마음가짐

위빠사나 수행을 할 때 가장 중요한 것은 수행을 하기 전에 어떤 마음가짐으로 수행을 해야 하는가를 아는 것입니다. 그래서 수행의 본질이 어떠한 것인가를 아는 것이 중요합니다.

먼저 수행자의 마음을 어떻게 써야 하겠습니까?

일단 바른 견해를 가지고 해야 됩니다. 바른 마음가짐을 가지고 바르게 수행을 해야만 됩니다. 이것이 매우 중요합니다.

열심히 노력하는 것보다도 어떻게 바르게 수행을 할 것인가, 그것이 더 중요합니다. 위빠사나는 몸, 느낌, 마음, 법, 네 가지 알아차림을 확립하는 수행입니다. 그래서 네 가지 알아차림을 계발해야 합니다.

알아차림이라는 말을 아시겠습니까?

알아차림이란 대상에 마음을 기울여서 아는 것을 말하는 것입니다. 그러니까 깨어서 대상을 아는 것이고, 할 때 하고 있는 것을 아는 것이 알아차림입니다. 알아차림을 계발한다는 것은 계속해서 자꾸 알아차리는 것을 말합니다.

수행하는 데 있어서 가장 먼저 알아야 할 것은 몸이 일을 하는 것이 아니라 마음이 일을 한다는 것입니다. 그래서 마음에다 자꾸 일을 시켜야 합니다. 이 말은 마음이 계속해서 알아차림을 하는 것을 말합니다.

두 손을 모아서 합장을 해보십시오.
양손이 닿아 있는 느낌을 알겠습니까?
어떻게 알 수 있습니까?

_{수행자} 마음이 알아차려서 압니다.

그렇습니다. 마음을 손에 기울였기 때문에 알 수 있는 것입니다. 손이 여기 닿아 있지만 마음이 만약 다른 것을 생각하고 있다면 이것을 알 수가 없습니다. 그래서 바로 이것을 마음이 일을 하는 것이라고 말하는 것입니다. 이와 같이 마음이 일을 해서 아는 것을 수행이라고 합니다.

발에 마음을 갖다 두면 발이 닿은 느낌을 알게 됩니다. 호흡에 마음을 갖다 두면 숨이 들어오고 나가는 것을 알게 되는 것처럼 어디든지 내가 알고 싶을 때, 알고 싶은 것에 마음을 갖다 두기만 하면 곧바로 알게 됩니다. 이렇게 하는 것을 알아차린다고 합니다.

자, 손바닥을 대고 있을 때 손가락 몇 개가 붙어 있습니까?

수행자 열 개가 붙어 있습니다.

이때 눈으로 볼 필요가 없이 마음으로 느낌을 알아차리면 됩니다.

자, 다시 한 번 손이 닿은 것을 알아차려 보십시오. 손바닥이 닿은 부위의 느낌이 다 똑같습니까, 아니면 다릅니까?

수행자 다릅니다.

이렇게 알아차릴 때 '닿음'이란 명칭을 붙일 필요는 없습니다. 만약에 닿음이란 명칭을 붙이면 세밀하고 완전한 느낌을 알아차리지 못하게 될 것입니다. 알아차린다는 것은 이렇게 닿았을 때 어느 곳에 얼마만큼의 힘이 들어가고, 또한 어떤 느낌들이 느껴지는가 하는 것을 자세하게 아는 것입니다.

호흡을 알아차리는 것도 마찬가지입니다. 일어날 때 어떻게 일어나는가를 알고, 꺼질 때 어떻게 꺼지는가를 알아야 합니다. 호흡은 일어날 때 일어나는 것을 알고 꺼질 때 꺼지는 것을 알아차리면 됩니다. 그리고 이 느낌을 처음부터 끝까지 알도록 하십시오.

우리가 왜 수행을 하는가 하면 몸과 마음에서 일어나고 사라지는 것들을 사실 그대로 알기 위해서 하는 것입니다. 이와 같이 몸과 마음의 자연적인 성품을 알기 위해서 수행을 하는 것입니다. 지금 현재의 순간에 어떤 것이 일어나고 있는지, 왜 일어나고 있는지, 또 어떻게 소멸하는지, 있는 그대로를 알기 위해서 수행을 하는 것입니다. 단지 그것뿐입니다.

몸에서 일어나는 것이나 마음에서 일어나는 것들을 모두 알아차려야 합니다. 이처럼 몸을 알아차리는 일을 하루 종일 해야 됩니다. 아침에 잠에서 깨는 것과 동시에 알아차림을 시작해서 밤에 잠들기 직전까지 해야 합니다.

수행을 한다는 것은 좌선을 하는 것만 수행한다고 말하지 않습니다. 좌선은 하지만 내가 하고 싶은 대로 망상을 한다면 수행을 하는 것이 아닙니다. 좌선을 하든지 경행을 하든지 무엇을 하든지 알아차리는 것을 수행을 한다고 말합니다. 그래서 시간 시간이 항상 수행을 하는 시간이라는 것을 알아야만 합니다. 이처럼 어느 시간에나 어느 장소에서나 항상 수행을 해야 합니다.

수행을 할 때는 다음과 같이 해야 합니다.

첫 번째로 해야 할 것은 알아차리는 것이고, 다시 알아차림이 이어져야 합니다.

두 번째는 수행하는 마음이 편안해야 합니다. 알아차릴 때 마음이 차분해야 합니다. 긴장을 하거나, 아주 힘들게 수행을 하는 것은 수행을 하는 것이라고 말할 수 없습니다.

지금 자기 자신을 알아차려 보십시오.
자신이 앉아 있는 것을 아시겠습니까?

자신이 지금 앉아 있는 느낌을 알 것입니다. 몸이 바닥에 닿아 있는 느낌을 알 것입니다. 그걸 아는 데 얼마나 힘이 필요합니까?

수행자 힘들지 않습니다.

자기가 자기 자신을 알아차리는 것은 그렇게 어려운 일이 아닙니다. 여기에서는 힘들여 집중을 해서 보는 것은 잘 사용하지 않습니다. 단지 그냥 지켜보는 것입니다. 가만히 지켜보도록 해야 합니다.

대상이 중요한 것이 아닙니다. 대상을 지켜보는 마음이 중요합니다. 그래서 마음이 대상을 지켜봐야만 됩니다. 지켜보면 알 수가 있습니다. 마음이 그냥 가만히 자기 자신을 지켜보면 자신이 알 수 있는 만큼 알게 됩니다.

위빠사나 수행과 사마타 수행은 서로 다릅니다. 사마타 수행은 되게 하려고 하는 수행입니다. 되게 하기 위해서 집중을 하려고 노력합니다. 그러나 위빠사나는 그냥 단지 일어나는 것을 지켜보는 수행입니다. 같은 노력을 하되 목적하는 것이 다르고 집중하는 것이 다릅니다.

위빠사나는 지혜가 일을 하는 것입니다. 지혜가 생기는 것, 지혜로 알아차리는 일을 하는 것입니다. 그러기 위해서는 영화구경을 하듯이 그냥 가만히 앉아서 지켜보는 것입니다. 그냥 이렇게 저 앞의 화면을 보고만 있으면 그 사람이 거기서 무얼 하고 있는가를 자연히 알게 됩니다. 이것이 위빠사나 수행입니다.

이렇게 그냥 가만히 지켜보기만 하면 지금 무엇을 하고 있는 것을 다 알게 됩니다. 바로 그와 같이 수행을 해야 합니다. 거기에서 '아! 저거는 뭐다' 하는 것을 아는 것입니다. 그게 바로 지혜입니다. 그것을 이해하고 깨달으려면 알아차리는 것이 계속 이어지도록 해야 합니다. 그래야만 그것을 이해하고 깨달을 수가 있습니다.

마치 마라톤 선수들이 마라톤 경주를 하듯이 그렇게 수행을 해야 합니다. 처음부터 빠르게 막 달리는 것이 아니라 천천히 달리면서 알아차리는 것입니다. 그러나 끊임없이 달려야 합니다. 너무 급하게 뛰지 말아야 합니다. 성급한 마음으로 할 필요가 없습니다. 마음이 차분하고 편안해야만 뭔가를 알 수 있습니다.

어떤 지식을 얻기 위해서 하는 공부도 마음이 편안한 상태에서 공부해야만 제대로 할 수가 있습니다. 마음이 긴장한 상태에서 하면 공부를 제대로 하기가 어렵습니다.

빨리어로 위리야viriya라는 말이 있습니다. 정진精進하는 것, 노력하는 것을 말합니다. 이때 노력이라는 것은 힘을 줘서 하는 것을 노력이라고 말하지 않습니다. 다만 알아차리는 것이 끈기 있게 계속되도록 해나가는 것을 노력이라고 합니다. 이것을 정진이라고 합니다.

세 번째는 마음가짐이 바르게 되어야만 합니다. 마음가짐이 바르지 않으면 마음이 힘들어서 수행을 할 수가 없습니다. 수행하는 마음은 그냥 아주 보통의 마음이어야 하고 청정해야만 합니다. 아무런 생각 없이, 잡티 없이 그냥 해야 합니다.

이렇게 되고 싶고 저렇게 되고 싶고, 아니면 이렇게 하고 싶고 저렇게 하고 싶은 그런 마음가짐이 있으면 수행이 안 됩니다. 그러니까 아무것도 바라지 말고, 어떻게 되게 하려고 하지 말고, 그냥 단지 일어나는 것을 일어나는 대로 봐야만 법의 자연적인 성품을 알 수 있습니다.

법이라는 것은 자연적인 성품을 말하는 것으로 바로 진리라는 것입니다. 진리를 알기 위해서는 그냥 일어나는 대로 봐야만 알 수가 있습니다. 아무것도 억제하지 말아야 됩니다. 여기에서는 아무것도 억제하려고 하지도 않고, 억제하지도 않아야 합니다. 너무 집중하지도 않고, 그리고 없애려고 하지도 않고, 그냥 단지 일어나는 대로 알아차려야만 합니다.

경행을 할 때도 억지로 천천히 하지 말아야 합니다. 지나치게 억제해 가면서 천천히 하지 말고 자연스럽게 경행을 해야 합니다. 몸을 자연스럽게 움직이면서도 마음이 빨리 알아차릴 수 있도록 힘을 길러줘야 합니다.

여기에서는 힘을 많이 줘서 수행을 하는 것이 아니고, 다만 이어지게 하는 것이 중요합니다. 계속 끊임없이 알아차림을 하는 것입니다.

어떤 마음가짐으로 수행을 해야 하는가를 조금은 알고 수행을 시작하여야 합니다. 마음가짐이 바르다는 것은 탐심이나 성냄이 없이 수행을 하라는 것입니다. 탐심이나 성냄이 있으면 수행하기가 어렵습니다.

수행을 할 때 항상 마음에다 물어 보아야 합니다.

'지금 마음이 무엇을 하고 있는가?'
'알아차리고 있는가?'
'지금 마음이 어디 있는가?'
'마음이 안에 있는가, 밖에 있는가?'

하루 종일 이렇게 자주 물어 보도록 하십시오.

수행을 할 때의 마음가짐을 요약하면 다음과 같습니다.

첫 번째, 알아차림이 있어야 하고, 알아차림을 지속해야 합니다.

두 번째, 마음이 편안해야 합니다.
세 번째, 마음가짐을 바르게 가져야 합니다.

2. 좌선

좌선할 때는 주 대상을 어떤 것에 두든지 상관이 없습니다. 자기가 좋아하는 것을 주 대상으로 삼으십시오. 온몸 전체에는 알아차릴 것이 많습니다. 코의 들숨 날숨을 알아차려도 되고, 배의 일어나고 꺼짐을 알아차려도 되고, 아니면 다른 느낌을 알아차려도 좋습니다. 특히 마음을 알아차린 뒤에 가슴의 느낌을 알아차려도 되고, 온몸에서 일어나는 느낌 어느 것이라도 상관이 없습니다.

장소가 중요한 것이 아니고 뭐가 중요하다고 생각합니까?

^{수행자} 알아차리는 것이 중요합니다.

그렇습니다. 장소는 중요하지 않습니다. 어느 것을 알아차리느냐 하는 것은 중요하지 않습니다. 어느 곳에다가 마음을 두든지 단지 알아야 할 대상과 아는 것 외에는 더 중요한 것이 없습니다.

그러니까 자기하고 잘 맞는 것, 코의 느낌이 잘 보이면 코를 알아차리고, 가슴이나 배의 느낌이 잘 보이면 배를 알아차리고, 아니면 다른 것을 알아차리면 됩니다. 몸에서 일어나는 느낌이라면 어떤 것이라도 자기한테 잘 맞는 것, 알아차릴 수 있는 것을 알아차리면 됩니다. 그리고 일어나는 것에 대해서 명칭을 붙일 필요가 없습니다. 단지 일어나는 느낌을 그대로 바로 알아차리면 됩니다.

그리고 마음이 항상 주 대상에 가 있어야만 된다고 생각하지 말아야 합니다. 그런데 왜 주 대상을 하나 두는가 하면, 마음이 항상 알아차릴 수 있도록 하기 위해서입니다. 안 그러면 알아차릴 대상을 놓쳤을 때 그다음엔 어디로 가야 할지 모르기 때문입니다. 그래서 대상을 잡지 못하고 방황하기 때문에 주 대상을 두는 것입니다.

만약에 어떤 주 대상에 마음이 항상 가 있어야만 된다고 생각한다면 그렇게 하지 못했을 때는 또 다른 망상이 일어날 것입니다. 그래서 마음이 다른 데 가 있을 때는 괴롭거나 속상할 것입니다. 아무리 노력해도 자신이 처음 마음을 둔 곳에 마음이 계속해서 붙어 있을 리가 없습니다. 잠깐 있다가 금방 달아나 버립니다.

그래서 처음에는 마음이 한곳에 붙어 있기를 바라지 말고, 또한 마음이 고요해지기를 바라지 말아야 합니다. 처음부터 마음이 고요해질 수가 없습니다. 아마 고요해지고 싶어 하는 마음이 일면 진땀이 날 것입니다. 그렇게 되고 싶다고 해서 되는 게 아닙니다.

좌선 중에 자신이 할 수 있는 것이 무엇인가 하면, 만약 망상을 하면 망상하는 줄 알면 됩니다. 그냥 단순하게 아는 것은 할 수가 있습니다. 그리고 자꾸 알도록 하는 것, 그것만이 필요합니다.

만약에 망상할 때마다 자신이 그것을 안다면 그것이 바로 알아차리고 있는 것입니다. 자신이 망상하는 줄을 모르면 망상에 빠져버립니다. 그러나 망상하는 것을 알아차리면 망상에 계속 빠져 있지 않고 다시 현재로 돌아옵니다. 그러니까 망상에 빠져도 망상을 문제 삼지 말아야 합니다. 그리고 이와 같이 소리가 시끄러워도 소리를 문제 삼지 말아야 합니다. 그냥 소리 나는 것을 알아차리면 됩니다.

어떤 때, 처음 수행을 시작하는 수행자에게 한 시간 동안 망상을 얼마나 했느냐고 질문을 하면 한 번도 안 했다고 대답하는 경우가 있습니다. 그러다 하루 이틀 뒤에는 한 시간에 두세 번 망상을 했다고 합니다. 그리고 사오 일이 지난 뒤에는 한 시간 내내 망상을 했다고 말하기도 합니다.

처음에 수행을 시작할 때는 망상이 무엇인지도 모르는 경우가 있습니다. 망상은 수행을 할 때, 해야 할 것을 하지 않고 다른 생각을 하는 것을 말합니다. 마음이 현재 몸과 마음에서 일어나는 것을 알아차리지 않고 과거나 미래로 가서 지난 일을 생각하거나 아직 오지 않은 일을 생각하는 것을 망상이라고 합니다. 그러므로 알아차림이 없고, 생각으로 하는 것을 망상이라고 합니다.

망상도 마음일 뿐입니다. 그래서 망상이 일어나지 않게 하려고 애쓰지 마십시오. 망상을 문제 삼지 마십시오. 망상도 자신이 알아차려야 할 대상일 뿐입니다. 중요한 것은 망상이 일어나면 자꾸 알아차리는 습관을 들이는 것입니다. 망상을 열 번 하면 열 번을 알아차리고, 백 번 하면 백 번을 알아차려야 합니다. 이렇게 알아차리면 알아차리는 힘이 생겨서 더 나은 수행을 할 수 있습니다.

마음을 알아차리는 수행을 계속하면 나중에 이렇게 망상을 하고 있는 것을 알게 됩니다. 그래서 수행을 할 때는 마음을 알아차려야 합니다. 그러나 처음에는 마음을 알아차리는 것이 좀 어려울 것입니다. 그래도 마음을 알아차리려고 노력해야 합니다.

그래서 처음에는 아직 힘이 없기 때문에 알아차리는 것을 몸부터 시작해야 합니다. 만약에 망상이 들어오면 망상을 그냥 알아차리기만 하고 몸의 느낌을 다시 봐야 합니다. 망상하는 것을 알아차리지 못하면 거기에 빠져버립니다. 자꾸 망상을 알아차리는 습관이 많아졌을 때는 저절로 망상을 알아차리는 힘이 생겨서 자연스럽게 알아차리게 됩니다.

마음이 고요해지고 싶은 사람은 망상이 일어나면 속이 상합니다. 그러나 여러분이 수행을 시작하고 하루 이틀 동안은 망상이 많이 일어나므로 망상이 일어나면 일어나는 대로 몇 번이고 알아차려야 합니다. 망상이 일어나면 그냥 알고 돌아오고, 알고 다시 돌아오고 이렇게 계속해서 반복하면 됩니다. 망상을 한번에 알아차려서 끝내려고 생각하지 마십시오. 나타나면 나타날 때마다 알아차리면 됩니다.

수행을 하면서 참으로 망상도 많고, 소리도 너무 시끄럽다고 자꾸 부정적으로 생각하면 망상이 더 많아지고 힘들어집니다. 망상도 법의 자연적인 성품일 뿐이고, 소리도 법의 자연적인 성품일 뿐입니다. 이렇게 알아차리면 그냥 단지 자신이 알 수 있는 것만을 알게 됩니다.

소리는 저 할 일을 하는 것이고, 나는 내가 할 일을 하면 됩니다. 내가 할 일은 단지 소리를 소리로 알아차리는 것입니다. 거기 소리가 있고 내 귀가 밝으니까 자연히 들릴 수밖에 없습니다. 그런 것을 억지로 안 들으려고 하고, 소리가 안 났으면 좋겠다고 생각해서는 안 됩니다.

오래 앉아 있으면 다리도 아프고, 저리기도 하고, 뭐가 깨물기도 하고(개미), 찌르기도 하고(모기), 갖가지로 몸이 뒤틀리기도 하고, 통증들이 일어날 것입니다. 그럴 땐 어떻게 해야 되겠습니까?

수행자 알아차려야 합니다.

중요한 것은, 아픈 것을 보는 것이 중요하지 않다는 것입니다.
아픈 것을 좋아합니까?

수행자 싫어합니다.

아무도 아픈 것을 좋아하는 사람은 없습니다.
그럴 때 싫어하는 그 마음은 무슨 마음일까요?

 성내는 마음입니다.

만약에 마음속에서 싫어하는 마음으로 아픈 것을 보면 그것은 성내는 마음으로써 아픔을 보는 것입니다. 그래서 처음 수행을 시작하는 사람이 아플 때 아픈 것을 보면 더 아프게 느껴집니다. 사실은 그렇게 아픈 것이 아닌데 성내는 마음이 이것을 더 크게 만들어서 아프게 생각하도록 하는 것입니다.

만약에 미워하는 사람을 볼 때 화나는 마음으로 그 사람을 보면 더 미워집니다. 탐심이나 성냄은 더 크게 과장하는 일을 합니다. 그래서 이런 때 다리가 아프거나 저리거나 하는 그런 통증들이 나타나면 먼저 싫어하는 마음을 알아차려야 합니다.

그것을 없애려는 마음을 먹지 말고 일단 받아들여야만 합니다. 그런 통증들이 일어났을 때는 먼저 받아들이는 것이 아주 중요합니다. 만약에 받아들이지 않으면 통증을 있는 그대로 알아차릴 수가 없습니다.

만약에 그것을 없애고 싶은 마음이 아주 강하고, 못 견디는 마음이 아주 강하면 아무것도 알아차릴 수가 없습니다. 통증이나 그런 느낌들이 일어나면 일단 아픈 것을 보지 말고 받아들여야만 합니다. 그래서 내가 아픈 것을 한번 보겠다고 마음을 먹어야 합니다. 그러고는 '없어지려면 없어지고 말려면 말아라, 어찌 되었거나 상관없으니 한번 알아차려 보자' 하는 마음가짐으로 알아차리도록 해야 합니다.

그런 뒤에 마음을 알아차려야 합니다. 이때 통증 때문에 싫어하는 마음을 알아차려야 합니다. 그런 뒤에 싫어하는 마음 때문에 생긴 가슴의 느낌을 알아차려야 합니다. 통증이 생기면 감정이 일어납니다. 그래서 이 감정을 가슴에서 느낌으로 알아차려야 합니다.

싫어하는 느낌, 아니면 못 견뎌 하는 느낌, 안절부절못하는 느낌, 긴장하는 느낌, 이런 느낌들이 가슴에서 일어납니다. 가슴에는 답답해지고 안절부절못할 때 일어나는 그런 느낌이 있습니다. 속에서 불이 나기도 하는 그런 느낌을 알아차려야 합니다.

그래서 일단 무엇이나 받아들이는 마음가짐으로 알아차려야 합니다. 그리고 그 마음을 알아차린 뒤에 마음에서 일어나는 마음의 감정들을 가슴의 느낌으로 알아차리는 것이 중요합니다.

집에 있을 때 화를 내십니까?

수행자 네, 화를 냅니다.

그럴 땐 어떻게 합니까?

수행자 화를 내면 일어나자마자 알아차리기도 하고, 어떤 때는 지난 다음에 알아차리기도 합니다. 그러나 화를 냈는지 알아차리지 못할 때도 많습니다.

대개의 사람들이 만약 상대방을 이길 수 있으면 소리를 지릅니다. 그런데 이길 수 없을 때는 그냥 꾹꾹 눌러두고 참게 됩니다. 이때 두 가지 다 안 좋습니다.

조금 전에 말한 것과 같이 알아차릴 줄 아는 사람은 그때 일어나는 느낌을 즉시 알아차리면 잠깐만 알아차려도 즉시 사라집니다. 그래서 화나는 마음이 일어나는 것을 계속해서 자꾸 알아차리는 연습을 해야 합니다.

그렇게 하면 나중에는 이런 경우에 화나는 마음을 쉽게 알아차릴 수가 있습니다. 마음이 일단 편안해지면 그때는 굳이 꼭 이 아픔을 보지 않아도 됩니다. 이때는 아픔의 변화를 알아차려도 되고, 아니면 다른 아무것이나 내가 알아차리고 싶은 것을 알아차려도 상관없습니다.

통증이 있을 때는 먼저 통증 때문에 싫어하는 마음을 알아차리고 긴장을 풀고 통증을 알아차려야 합니다. 그러나 도저히 아픔 때문에 견딜 수 없을 때는 자세를 바꾸어도 됩니다. 다만 자세를 바꾸려는 마음을 알아차리고 자세를 바꾸는 것을 알아차리면서 천천히 바꾸어야 합니다.

좌선을 하다가 조금 아프다고 이리저리 신경질적으로 자세를 바꿔서는 안 됩니다. 먼저 충분한 알아차림이 있은 뒤에 어쩔 수 없을 때만 자세를 바꾸어야 합니다. 통증을 억지로 참으려고 하면 더 힘들어지고 통증이 더 증가됩니다. 이렇게 되면 통증을 느낌으로 알아차릴 수가 없습니다.

예를 들면 자동차를 운전할 때 이상한 소리가 날 때는 고장의 우려가 있으므로 계속해서 달려서는 안 됩니다. 일단 멈춰 서서 왜 소리가 나는지 알아보고 고친 뒤에 달려야 합니다.

이와 마찬가지로 마음이 몹시 못 견뎌 할 때는 마음을 차분하게 가라앉힌 다음에 일을 해야 합니다. 마음을 가라앉히는 것이 바로 못 견뎌 하는 마음을 알아차리면 됩니다.

마음이 잔뜩 긴장되어 있으면 대상을 알아차릴 수가 없습니다. 수행은 아픈 것을 없애려고 알아차리는 것이 아닙니다. 통증이 나타나면 통증의 자연적인 성품이 무엇인지, 그것 때문에 마음이 어떻게 반응했는지를 알아차리기 위해서 하는 것입니다.

우리가 어떤 사람에 대해 알고 싶으면 어떻게 해야 하겠습니까? 다짜고짜로 내가 하고 싶은 대로 요구해야 하겠습니까?

아닙니다. 그 사람이 하는 것을 그냥 있는 그대로 지켜보면서 어떻게 말하고 어떻게 행동하고 있는지 알아차려야 합니다. 말할 때마다 지켜보면 결국은 그 사람이 어떤 습관이 있고, 그 사람이 어떻게 말과 행동을 하는지 자세하게 알게 될 것입니다.

수행을 하는 것도 이와 같이 그저 모든 것을 자연적인 상태대로 두고 자연스럽게 진행되는 것을 알아차려야 합니다. 마치 옆에서 지켜보듯이 그

런 식으로 지켜보아야 합니다. 내가 하고 싶은 대로 어떻게 되게 하려고
하지 말고, 없애려고도 하지 말아야 합니다.

수행자는 나타나는 대상에 자신의 의견을 개입시키지 말아야 합니다.
단지 일어나는 것을 일어나는 그대로 두고 알아차리기만 하면 됩니다.

3. 경행

경행을 할 때도 마음이 알아차리는 일을 해야 합니다. 그래서 처음에는
움직임을 알아차리면서 걷도록 해야 합니다. 어디를 가든지 항상 걸을 때
마다 알아차리면서 걸어야 합니다. 온몸 전체에 알아차림을 두어도 됩니
다. 어디를 알아차리든지 상관이 없습니다.

꼭 발에만 알아차림을 두어야 하는 것이 아니라 온몸에서 일어나는 느
낌이면 됩니다. 손이 움직이면 손이 움직이는 것을, 고개가 움직이면 고개
가 움직이는 것을, 발이 움직이면 발이 움직이는 것을 알아차리면 됩니다.
무릎이 움직이는 느낌을 알아차려도 되고, 엉덩이뼈가 움직이는 것을 알아
차려도 되고, 온몸 전체의 어떤 느낌이라도 상관이 없습니다.

그러나 이때에도 주 대상은 있어야 합니다. 그래서 경행을 할 때는 주
대상이 발이 되어야 합니다. 그리고 발이 아닌 다른 대상이 나타났을 때
그것을 알아차린 뒤에 다시 마땅한 대상이 없을 때는 가장 움직임이 큰 발

로 돌아오면 됩니다.

경행을 할 때는 일단 마음이 몸에 가 있으면 됩니다. 그래서 중요한 것은 지켜보는 것입니다. 마음이 어디를 가든지 항상 알아차리도록 해야 합니다. 대상이 아주 선명하게 잘 느껴지는 것은 적절한 알아차림이 있을 때 가능합니다. 어디를 가든지 간에, 계단을 올라갈 때나 내려갈 때도 항상 알아차리도록 해야 합니다.

자, 손을 바닥에 대 보십시오.
어떻습니까? 무엇을 알 수 있습니까?

수행자 차가운 것을 알 수 있습니다.
　　　 단단한 것도 있습니다.

그렇습니다. 여러 가지 느낌이 있습니다. 차고 딱딱하고 그리고 팔목과 팔에도 느낌이 있습니다. 지금 마음을 어디에 두고 있습니까? 마음이 가는 곳에 알아차림이 있습니다. 이것이 알아차림입니다.

자, 다시 알아차리면서 손을 위로 천천히 들어올려 보십시오.

조금 높게 들어올려 보십시오.

이제 손을 천천히 내려보십시오.

이렇게 들어올릴 때 들어올리는 것을 알아차리고, 내릴 때 내리는 것을 알아차리면 됩니다.

자, 묻겠습니다.
들어올릴 때의 느낌은 어떻고, 내릴 때의 느낌은 어떻습니까?

수행자 들어올릴 때는 가볍고 내릴 때는 무겁습니다.

그렇습니다. 경행을 할 때도 이와 같습니다. 발을 들어올릴 때는 가볍고 내릴 때는 무겁습니다. 그리고 바닥에 닿았을 때는 차갑거나 단단한 느낌이 있습니다. 경행을 할 때는 바로 이런 것들을 알아차리는 것입니다.

움직일 때는 마음이 움직이려는 의도가 있습니다. 그러면 바람의 요소가 일어나면서 움직임이 일어납니다. 이때 있는 것이라고는 움직이려는 의도와 움직임만 있습니다. 그리고 이것을 아는 마음이 있습니다. 이 움직임을 아는 것이 느낌입니다. 그래서 이때 가볍고 무겁고 단단하고 한 것을 알 수 있습니다. 이처럼 의도와 움직임과 이것을 아는 마음만 있지 내가 움직이거나 내가 아는 것이 아닙니다. 단지 이런 현상만 있을 뿐입니다.

움직일 때는 처음에는 발에다 마음을 붙여서 처음부터 끝까지 계속해서 알아차려야 합니다. 오른발을 움직일 때는 오른발을 알아차리고, 왼발을 움직일 때는 왼발을 알아차려야 합니다. 그리고 차츰 발목, 종아리, 무릎 등을 알아차릴 수 있습니다.

걸을 때 처음에는 발이 바닥에 '닿음'을 알아차려도 좋습니다. 그런 뒤에 차츰 알아차리는 힘이 생기면 '오른발, 왼발'의 움직임을 알아차립니다. 그리고 다시 발 하나에서 '들어서, 놓음'을 알아차립니다. 집중력이 더 생기면 발 하나에서 '들어서, 앞으로, 놓음'을 알아차립니다. 처음에는 움직이는 것에 초점을 맞추고 차츰 움직임의 느낌을 알아차리도록 하십시오. 쉬운 것부터 시작해서 다음 단계로 느낌을 알아차리는 것이 법의 성품인 실재를 아는 것입니다.

이때 발의 움직임에 명칭을 붙일 필요는 없습니다. 단지 그냥 들 때 드는 것을 알아차리고, 놓을 때 놓는 것을 알아차리면서 자연스럽게 걸어가면 됩니다. 특별하게 천천히 움직일 필요 없이 자신의 보통의 걸음 그대로 걷되 단지 알아차리기만 하면 됩니다.

손은 한정된 공간에서 할 때는 앞으로 모으거나 뒷짐을 지거나 자연스럽게 하십시오. 다만 걸을 때 손을 흔들고 걷지는 마십시오. 우선 마음이 한 걸음, 한 걸음 걷는 것을 분명하게 알아차리는 것이 중요합니다.

마음이 밖으로 나가 있으면 알아차리지 못합니다. 그래서 걸을 때는 항상 발에다 마음을 두고 느낌을 알아차리면서 걸어야 합니다. 어디를 가든지 이런 식으로 자연스럽게 걸으면서 알아차리도록 하십시오.

경행을 할 때는 몸에서 일어나는 느낌도 알아차리고, 마음으로 의도가 일어나는 것, 그리고 마음이 움직이는 대상을 알아차리기 위해 왔다 갔다 하는 것을 다 알아야 합니다. 마음이 이쪽 발에 가면 이쪽이 움직이는 것을 알고, 저쪽 발에 가면 저쪽 발이 움직이는 것을 알 수 있으면 더 좋습니다.

마음이 오른발, 왼발을 왔다 갔다 하는 것은 마음을 기울여야만 알 수 있지 마음이 다른 곳에 가 있으면 알 수 없습니다. 그래서 가장 중요한 것이 마음이 일을 하는 것입니다. 수행을 한다는 것의 핵심이 바로 마음이 일을 하는 것이며, 이것이 바로 알아차린다는 것입니다.

경행을 할 때는 자신의 행동을 억제해서 억지로 하지 말고 자연스럽게 하면서 알아차림을 지속해야 합니다. 행동을 억제하면 긴장하게 되고 하루 종일 그렇게 계속하다 보면 나중에는 너무나 피곤해서 지치게 됩니다.

마음이 긴장했다 싶으면 일단 먼저 긴장한 마음을 풀어줘야 합니다. 마음이 긴장하면 몸도 긴장합니다. 또한 몸이 피곤하면 마음도 풀어져서 알아차림을 할 수가 없습니다. 수행하는 마음은 절대 긴장해서는 안 됩니다. 마음이 차분하고 평화로우며 편안하고 자유로워야 합니다.

수행자가 해야 할 일은 알아차리는 것 단 한 가지뿐입니다. 다른 것은 아무것도 없습니다. 어느 때나 어느 곳에서나 알아차려야 합니다. 완전하게 매 순간 알아차림을 지속하십시오.

4. 음식 먹기

음식을 먹을 때 어떤 마음으로 먹어야 합니까?

^{수행자} 알아차리면서 먹어야 합니다.

알아차리는 것도 중요합니다. 그러나 먼저 무슨 마음으로 먹느냐 하는 것이 더 중요합니다. 대개의 사람들이 먹을 때는 항상 탐심을 가지고 먹습니다. 그러므로 먼저 음식을 먹을 때 먹고 싶어 하는 마음을 알아차리도록 해야 합니다.

그래서 '지금 무슨 마음으로 먹는가'를 알아차린 뒤에 먹어야 합니다. 만약 탐심이 있다면 먹는 것을 중지하고 다시 그 마음을 알아차린 뒤에 먹어야 합니다. 이렇게 한 뒤에 다시 '지금 무슨 마음으로 먹는가'를 알아차려서 탐심이 없을 때 식사를 시작해야 합니다. 그렇지 않으면 음식을 먹는 것이 아니고 탐심을 먹는 것입니다.

이처럼 먹을 때 먹는 것을 알아차리는 것도 필요하지만 '탐심으로 먹는가', '성급한 마음으로 먹는가', 아니면 '편안한 마음으로 먹는가'를 알아차려야 합니다. 꼭 공양하는 시간에만 알아차리는 것이 아니라 방에서나 또는 다른 곳에서 음식을 봤을 때, 과자를 먹을 때, 그럴 때마다 내가 먹고 싶어 하는 마음을 알아차려야 합니다.

그렇게 되면 먹을 때 '성급한 마음이 일어나는가', '탐심이 일어나는가', '더 먹으려고 하는가', '배가 부른데도 많이 먹고 싶어 하는 마음이 있는가' 하는 것을 알 수 있습니다.

수행자 알아차리면서 먹는 것이 쉽지가 않습니다.

알아차리는 습관은 약하고 탐심은 아주 강하기 때문에 그렇습니다. 알아차려서 마음이 일단 편안해졌을 때는 탐심도 없고, 성급한 마음도 없고, 들떠 있는 마음도 없고, 긴장하는 마음도 없을 때입니다. 먹는 것은 이때 먹어야 합니다.

그래서 이런 마음이 있는 것을 먼저 보고 난 뒤에 이런 마음이 없어지면 그다음에는 음식을 뜰 때 뜨는 것을 알고, 들어올릴 때 들어올리는 것을 알고, 입에 넣을 때 넣는 것을 알고 먹습니다.

식사를 시작할 때 발우나 그릇에 음식을 알맞게 담아야 하고, 식사를 할 때, 수저를 들 때, 음식을 가져올 때, 입에 넣을 때, 그리고 한 입 한 입 씹을 때, 씹고 난 후에 삼키는 것까지 모두 알아차려야 합니다.

공양하면서도 자주자주 마음을 알아차리도록 해야 합니다. 성급한 마음이 있으면 알아차릴 수가 없습니다. 그렇기 때문에 마음을 자꾸 점검해 주어야 합니다. 마음속이 편안한가, 긴장해 있는가 하는 것들을 자꾸 점검해 봐야 합니다.

공양할 때 마음을 음식에 두지 말고 내 몸에 두도록 해야 합니다. 눈과 코와 혀에 마음을 두고 먹어야 합니다. 음식에 마음이 팔리면 자꾸 탐심이 일어나고, 성급하게 먹으려는 마음이 생깁니다. 이걸 먹고 나면 또 뭘 먹겠다, 뭐 또 다른 걸 먹겠다 하는 그런 생각이 자꾸 일어나서 제대로 알아차릴 수가 없습니다.

이럴 때는 젓가락을 들고 이것저것을 집기 위해 망설이면서 탐색하기도 합니다. 음식을 많이 떠서 가져올 때 밥상에 흘리기도 합니다. 또는 몇 번 씹지도 않고 성급하게 삼키거나 아직 씹지도 않았는데 다시 음식을 입에 넣기도 합니다. 또한 남에게 할당된 양까지 자기가 가져다 먹습니다. 이 모두가 탐심을 가지고 먹는 것입니다.

이처럼 음식을 탐심으로 먹지 말아야 하고, 음식의 모양을 먹지 말아야 합니다. 닭고기, 돼지고기, 과일 등 음식의 모양이나 이름을 먹어서는 안 되고 음식의 맛을 먹어야 합니다. 닭고기는 관념이고 맛은 실재하는 것입니다. 위빠사나 수행자들은 실재하는 맛을 먹어야 합니다.

이 말은 맛을 탐하라는 말이 아니고 음식이 가지고 있는 맛이라는 성품을 알면서 먹으라는 말입니다. 그러면 닭고기라는 명칭을 먹지 않으므로해서 탐심이 생기지 않습니다. 이와 같이 음식의 맛을 먹을 때는 맛의 변화에 주목해야 합니다.

음식에 따라 내가 좋아하는 음식이 있을 수 있습니다. 좋아하는 음식이 있으면 탐심이 일어납니다. 그러나 싫어하는 음식이 있을 때는 바로 싫어하는 마음이 듭니다. 이때 이런 마음이 일어나는 것을 알아차릴 수 있어야 합니다. 그래서 좋아하는 마음을 내도 안 되고, 싫어하는 마음을 내도 안 됩니다.

단지 일어나는 마음을 있는 그대로 알아차리기만 하면 됩니다. 알아차리기만 하면 좋거나 싫거나 하는 마음 없이 차분하게 먹을 수 있습니다. 그러면 법을 알아차리면서 먹게 되고, 적당히 알맞게 먹게 될 것입니다.

5. 일상의 알아차림

수행자에게 일상의 알아차림은 매우 중요합니다. 좌선과 경행을 할 때만 수행을 하는 것이 아닙니다. 이외에 일어나는 모든 일이 일상의 알아차림에 속합니다. 그날그날의 평범한 일상 중에서 몸과 마음이 하는 모든 일들을 알아차려야 합니다.

말을 할 때도 말하려는 의도를 분명하게 알아차리고 말을 해야 합니다. 어떤 행동을 하거나 하고 있는 것을 분명하게 알아차리면서 해야 합니다. 수행센터에서 수행을 할 때 일상의 알아차림은 방 안에 있을 때가 더 중요합니다. 방 안에 있을 때는 알아차림을 더 놓치기 쉽기 때문에 더욱 알아차리도록 노력해야 합니다.

아침에 잠에서 깨면 마음이 고요한가, 들떠 있는가, 깨끗한가, 깨끗하지 않은가 하는 것들을 알아차리도록 해야 합니다. 그러고 나서 호흡을 알아차린 뒤에 일어납니다. 일어날 때부터 내 몸이 움직이는 느낌들을 하나하나 보도록 해야 합니다. 이때는 행동을 알아차리는 것이 아니고 느낌을 알아차려야 합니다.

저녁에 잠자리에 들어서도 일어날 때의 방법과 마찬가지로 먼저 마음을 알아차린 뒤에 호흡을 주시하면서 잠을 자야 합니다.

잠자리에서 일어난 뒤에 모기장을 걷고 나오는 것, 문을 열고 닫는 것, 화장실에 가는 것, 세면장에서 양치질과 세수를 하는 것, 목욕을 하는 것을 모두 알아차려야 합니다. 또한 걷거나 서거나 앉거나 눕거나 주위를 둘러보거나 할 때, 옷을 입거나 말하거나 침묵하거나 먹고 마시고 대소변을 볼 때까지도 그 순간순간에 하고 있는 어떤 형태의 것이든 모두 알아차리면서 해야 합니다.

지금 마음이 무엇을 알고 있는가? 그것을 계속 알아차려야 합니다. 무엇 하나도 그냥 놓아버려서는 안 됩니다. 현재의 몸과 마음에 마음을 항상 붙여서 몸과 마음이 하는 일을 다 알아차리면서 해야 합니다. 이런 것 외에 달리 마음집중을 계발하거나 어떤 특별한 다른 수행을 할 필요는 없습니다. 자신이 하는 일이 무엇이든지 단지 알아차리면서 마음을 집중하기만 하면 됩니다.

선원에서 수행을 할 때는 성급하게 할 필요가 없습니다. 성급하게 하면 더 알아차리지 못합니다. 여기서는 아이들을 학교 보내는 것도 아니고, 밥을 지어야 할 일도 없고, 아무것도 할 일이 없습니다. 그냥 단지 수행만 하면 되기 때문입니다.

그리고 어디를 가는 것도 그렇게 중요한 것이 아닙니다. 꼭 빨리 가야 한다는 그런 생각을 하지 말고 알아차리고 걷는 것이 필요합니다. 수행자는 언제나 현재를 알아차리는 것이 중요합니다. 그래서 꼭 법당에 가서만 수행을 하는 것이 아닙니다. 지금 내가 어디에 있든지 그것은 중요하지 않습니다. 수행은 언제나 어느 곳에서나 지금 있는 곳에서 계속하는 것입니다.

6. 면담

질문이 있으면 말씀하시기 바랍니다.

수행자 좌선 중에 마음이 이곳저곳으로 왔다 갔다 합니다. 그래서 알아차리기가 어렵습니다.

괜찮습니다. 마음이 어디에 있든지 이걸 알아차리다가 다시 다른 것을 알아차릴 수 있습니다. 호흡을 알아차릴 때도 배를 보다가 또 가슴을 보다가 이렇게 해도 상관이 없습니다. 중요한 것은 알아차리는 것이고 알아차림이 이어지는 것입니다. 이것 알고, 저것 알고, 계속 알고, 알고 하기만 하면 됩니다. 대상이 바뀌는 것은 중요하지 않습니다. 아는 것이 중요합니다.

수행자 그렇게 하면 집중이 되는 건가요? 그러면 집중한 후에는 어떻게 됩니까?

지나치게 집중할 필요는 없습니다. 강하게 집중을 하면 긴장하게 됩니다. 한 군데만 딱 집중하면 한 가지만 알지 다른 것은 알지 못합니다. 그러나 한 군데를 주 대상으로 하는 것은 좋습니다. 그렇더라도 다른 것이 느껴지면 다른 것을 알아차리면 됩니다. 위빠사나 수행은 어떤 것 한 가지만 계속 봐야 된다는 전제가 있는 것이 아닙니다.

수행자 이것저것을 왔다 갔다 하다 보면 알아차릴 수가 없습니다. 그래서 어떻게 집중을 할 수 있을까 생각하게 됩니다.

왜 알 수 없습니까? 알 수 있습니다. 그러나 너무 집중을 하면 알지 못합니다. 너무 집중하지 말고 이것 알아차리고, 저것 알아차리고, 그냥 왔다 갔다 하면서 알아차리면 다 알 수가 있습니다.

내가 대상을 볼 때는 보는 줄을 알아야 합니다. 마음이라는 것이 하도 빨라서 보는 것과 동시에 '아, 무엇이구나' 하는 것을 알게 됩니다. 그러므로 알아차리는 것에 너무 집중할 필요가 없습니다. 그냥 단지 가볍게 알면 됩니다. 처음에는 아주 미세한 부분까지 다 알 필요가 없습니다. 그냥 느껴지는 대로, 알아지는 대로만 알면 됩니다.

 고요함이 올 때 거기에 빠지지 말고 다시 알아차려야 합니까?

거기에 빠지면 안 좋습니다. 단지 빠지고 있다는 것을 알고 있으면 됩니다. 고요함 속에서 어떤 대상을 알고 있으면 됩니다. 그러나 고요한 상태에서 대상 없이 그냥 거기에 머물러 있는 것은 안 됩니다.

무엇 때문에 계속 알아차림이 이어져야 한다고 말하는가 하면 계속 알고, 알고, 알고 하는 거기에서 집중력이 생길 뿐만 아니라 나중에는 아는 마음을 알게 됩니다.

수행자 지금 질문하신 수행자가 사마타 수행을 하는 분이기 때문에 하는 질문이었습니다.

아, 그렇습니까? 너무 대상에만 집중을 하면 고요함만 있을 뿐이지 거기에선 아무런 지혜도 나지 않습니다. 그래서 아무런 이익이 없습니다. 고요한 그 상태를 너무 오래도록 보지 말아야 합니다. 수행을 할 때 내가 뭘 알고 있는가 하는 걸 느낌으로 알 수 있습니다. 내가 고요한 상태에서 고요함 그 자체를 느낌으로 알 수 있습니다.

이처럼 그 느낌을 알면 괜찮은데 그게 아니고 그냥 그 고요함 그 자체에 빠져 있으면 안 됩니다. 어떠한 느낌이라도 알고 있으면 상관이 없습니다. 중요한 것은 깨닫기 위해서 수행을 하는 것입니다. 고요하게 하기 위해서 수행하는 것이 아닙니다. 지금 뭐가 어떻게 되고 있는가를 알기 위해서 수행을 하는 것입니다.

수행자 그 시점에서 너무 고요해서 표상작용이 나타날 때는 어떻게 해야 합니까?

어떤 형상이 나타나면 그것은 보지 마십시오. 좌선 중에 나타나는 그런 것은 보지 말아야 합니다. 예를 들어, 부처가 나타났다거나 보살이 나타났다거나 하는 것은 다 이미지입니다. 이미지라는 것은 관념적인 것이고 내가 생각으로 만들어 내는 것입니다. 그래서 실제로 있는 것이 아닙니다. 모두 마음이 만들어 내는 것입니다. 그것은 실재하는 것이 아니기 때문에 그럴 때는 실재하는 몸의 느낌을 보도록 해야 합니다.

고요해지면 더 알아차림을 해야 합니다. 아는 것을 더 많이 빨리 알아차릴 수 있도록 해야 합니다. 고요해지면 몸 전체를 알아차려야 합니다. 마음을 어디에 두든지 몸 전체를 알아차리는 것이 좋습니다. 몸의 여기도 보고, 저기도 보고, 이렇게 하면서 수행을 하십시오.

마음의 성질은 고요해지면 쉬고 싶어 합니다. 쉬고 싶어 하기 때문에 이미지의 현상들이 나타나는 것입니다. 모양들이 나타나고, 빛도 나타나고, 어떤 형상들도 나타나고, 갖가지 것들이 다 나타납니다. 눈을 감고 있는 상태에서 나타나는 모든 현상들, 빛이나 어떤 색깔이나 모양들, 이런 것들은 다 내가 생각으로 만들어 낸 것들이란 것을 알아야 합니다.

그것은 두려워할 일도 아니고 기뻐할 일도 아닙니다. 수행 중에 갖가지 모습이 나타날 수 있습니다. 두려운 현상도 나타날 수 있고, 아주 좋은 현상도 나타날 수 있습니다. 그러나 그것을 두려워하지도 말고, 기뻐하지도 말고, 그냥 단지 알아차리기만 하고 다시 대상으로 돌아오도록 해야 합니다.

우 떼자니아 사야도의 수행문답

우 떼자니아 사야도의 수행문답

2004년 12월 한국 명상원의 수행자들이 미얀마의 쉐우민 센터에서
집중수행을 할 때 우 떼자니아 사야도와 가진 개별면담이다.
집중수행 기간 동안 이틀에 한 번씩 수행자 모두가 면담을 한 내용이다.

첫 번째 면담

수행자 좌선을 할 때 등이 많이 아픕니다. 원래부터 등이 아팠지만 그래도 알아차리려고 하니 지겨움이 일어납니다. 그래서 메스껍고 토할 것 같기도 했습니다. 이것을 자세하게 보려고 해도 잘 안 됩니다. 몇 번이고 알아차리려고 시도해 보다가 그것을 별로 알고 싶어 하지 않는 것을 알았습니다.

사야도 먼저 마음가짐을 바꿔 줘야 합니다. 아플 때는 아픈 것을 보는 것보다는 우선 마음가짐을 바꿔 주고 '아파도 괜찮다, 어디 아픈 것을 한번 보자' 하는 마음가짐으로 알아차리도록 해야 합니다. 아픈 것 때문에 반응하는 마음, 싫어하는 마음, '지겨워하는 마음을 알아차려야 합니다. 그리고 이런 마음으로 인해 가슴에 느낌이 생깁니다. 바로 이 느낌을 알아차리는 순서로 수행을 해야 합니다.

처음에 마음을 보려고 해도 보기가 힘들 때는 그때의 느낌을 알아차려야 합니다. 지겨워할 때의 가슴의 느낌, 아니면 아플 때 못 견뎌 하는 느낌, 또는 가슴이 답답하다든지, 안절부절못한다든지 그런 느낌이 있습니다. 이렇게 아픈 느낌을 그냥 받아들여서 알아차리도록 해야 합니다.

수행자 경행을 할 때 긴장을 하지 않고 걸었는데 의식이 밝아지는 것을 느꼈습니다. 별로 치중하지도 않았는데 밝아졌습니다.

사야도 그렇게 계속해서 알아차리면 됩니다. 그렇게 알아차리기만 하십시오.

수행자 경행을 할 때 구간을 짧게 해서 왔다 갔다 하면서 의도를 보려고 해도 안 됩니다. 그렇게 짧게 해도 안 되니 욕심이 생기고 긴장이 됩니다.

사야도 억지로 의도를 보려고 하지 말아야 합니다. 보이는 대로 보도록 하십시오. 억지로 의도를 보려고 애를 쓰면 힘만 듭니다. 알아차릴 수 있는 만큼만 알아차리고, 그 알아차림이 계속 이어지도록 해야 합니다. 알아차릴 수 없는 것을 억지로 알려고 노력하면 힘들기만 합니다. 그래서 이런 때는 알아차림이 이어지는 것이 중요합니다. 알 수 있는 만큼만 계속 알아나가다 보면 저절로 의도가 탁 보일 때가 있습니다. 힘이 있을 때, 알아차림이 계속 이어질 때는 알려고 하지 않아도 의도가 저절로 알아집니다.

수행자 일상생활에서는 밥 먹기 직전에 급하게 일어나는 마음이 있고 긴장을 하게 됩니다. 그리고 사람을 만났을 때 많이 긴장합니다.

사야도 그것을 자꾸 알고, 알고 하도록 하십시오. 그렇게 자꾸 알아서 그것을 기억해 두어야 합니다. '아, 내가 이럴 때 이렇게 긴장을 하는구나', '이렇게 성급한 마음이 있구나' 하고 알아차리면 성급한 마음이나 긴장한 마음 때문에 느낌이 있을 것입니다. 가슴의 느낌이나 몸이 딱 굳어진다든지, 아니면 성급한 마음 때문에 동요하는 느낌들이 있습니다. 그것을 계속 알아차리도록 하십시오. 그러면 차츰 줄어들 것입니다.

수행자 어제는 수행이 안 되었습니다. 하늘과 땅이 맞닿는 지평선이 있는데, 내 마음이 지평선의 중턱에 걸려서 아무리 알아차리려고 해도 그대로 정지되어 있었습니다. 그래서 움직이려고 해도 마음이 움직여지지 않고 지평선에 머물러 있습니다.

사야도 처음에 뭘 알고 있었습니까?

수행자 처음에는 몸의 쑤심을 보다가 그리고 배의 움직임을 보다가 위로 올라왔습니다.

사야도 왜 올라왔습니까?

수행자 수행을 할 때 배를 보다가 집중이 되면 앞에다 두고 보는데 지평선이 있어서 아무리 해도 움직여지지가 않았습니다.

사야도 사실은 대상을 놓쳐버린 것입니다. 대상을 놓쳤기 때문에 안 되는 것입니다. 그렇게 대상을 놓쳤을 때는 다시 배로 오든지 해야 됩니다.

수행자 몇 번을 시도해도 움직이지 않고 지평선 그 자체에 그대로 있었습니다.

사야도 지금 이 호흡을 보고 있지 않습니까? 그걸 계속 보고 있으면 됐습니다.

수행자 위로 올라가는 것에 내 마음이 '한번 와 봐라' 하고 스스로 명령을 해본 것입니다. 그래서 안 가고 탁 멈춰 있는 것입니다. 그러니 허리가 아프고 몸이 자꾸 움직여지고 했습니다.

사야도 그때 뭘 보았습니까?
이것을 볼 때 뭘 알고 있었습니까?

수행자 회색의 빛으로 아주 무미건조한 것을 보았습니다.

사야도 그것은 관념을 대상으로 봤기 때문입니다. 관념적인 것은 실재하는 것이 아닙니다. 관념적으로 본다는 것은 내 생각에서 나타나는 현상, 만들어 낸 현상을 보는 것입니다. 그래서 이런 경우에 더 좋은 것은 배의 일어남 꺼짐 한 가지만 볼 것이 아니고 다른 것을 알아차리는 것입니다. 그럴 때는 아예 처음부터 머리에서 발까지 온몸 전체 어디든지 느낌이 있는 것을 알아차려야 합니다.

수행자 다른 데도 보라는 말씀이십니까?

사야도 그렇습니다. 전체를 돌아가면서 머리의 느낌도 보고, 얼굴의 느낌도 보고, 어깨의 느낌, 가슴의 느낌, 허리의 느낌, 다리의 느낌, 발의 느낌

등 전체를 훑어가면서 느낌들을 보아야 합니다. 그리고 소리가 들리면 소리가 들리는 것도 알아차려야 합니다.

이렇게 여러 가지 대상을 알아차리면 그렇게 되지 않습니다. 지금 수행자가 대상을 하나 잡으면 거기에 너무 집중을 해버립니다. 집중을 해버리니까 관념적인 대상이 나타난 것입니다. 전에 수행자가 자꾸 한 가지를 잡는 그런 습관을 들여놓았기 때문에 하나를 잡으면 아주 집중하는 그런 습관이 있습니다. 너무 깊게 집중해서 그렇습니다. 그렇게 되면 근본삼매의 상태가 되어 아무것도 움직이지 못하게 된 것입니다. 그런 상태는 고요하긴 한데 지혜가 나지 않습니다.

수행자 무미건조합니다.

사야도 그렇게 아는 것도 다행입니다. 그렇게 무미건조하다는 것을 아는 것은 지혜가 있는 것입니다. 그래도 지혜가 있기 때문에 정말로 무미건조하다는 것을 아는 것입니다.

수행자 소리도 없고 냄새도 없고 맛도 없고 무미건조합니다.

사야도 그것은 고요한 것을 그냥 알고 있기 때문입니다. 고요한 것만 보고 있기 때문입니다. 마음이 자꾸 일을 하도록 시켜야 합니다. 마음이 한 군데만 알아차리지 말고 여기저기 돌아가면서 알아차려야 합니다. 머리부터 발끝까지 한번 쭉 훑어보고 다시 발끝에서 다시 머리끝까지 보고 이런 식으로 자꾸자꾸 돌려가면서 보도록 하십시오. 일상에서도 손으로 잡거나 놓거나 일어서고 앉고 일을 할 때, 빨래를 하거나 컵을 씻고 할 때, 이럴 때도 항상 알아차리면서 하도록 해야 합니다.

마음이 지금 뭘 알고 있습니까? 어떤 느낌이 있습니까? 이렇게 알면 내가 뭘 알고 있는가를 자꾸 알아차리도록 해야 합니다.

수행자 석가모니 부처님의 가피력에 대해 어떻게 생각하시는지 좀 알고 싶습니다. 확실하게 말씀해 주시면 좋겠습니다.

사야도 부처님은 아무것도 가피력을 내려줄 수가 없습니다. 다만 부처님이 가르쳐 주신 그 법을 내가 그대로 따라서 행하면 그것으로 인해 내가 열반에 이를 수 있습니다. 그것뿐입니다.

이렇게 될 때 법이 나를 지켜주게 됩니다. 부처님께서 나를 지켜준다거나 가피를 내려주신다고 하는 것은 내가 부처님을 생각하면 좋은 선업의 공덕을 짓는 마음을 일으킬 수 있다는 것입니다. 그것으로 인해서 내가 그런 공덕을 짓게 되고, 공덕을 지음으로써 내가 선업을 짓게 되니까 그것의 공덕을 받게 되는 것입니다. 그것이 부처님의 가피력을 입는다고 말할 수가 있는 것이지 그 외에 다른 것을 부처님이 해줄 수 있는 것은 아닙니다.

부처님께서 뭐라고 하셨는가 하면 법에 의지하고 내 자신에게 의지하라고 하셨습니다. 내 자신에게 의지하라고 하는 것은 무슨 말인가 하면 나의 믿음, 알아차림, 집중, 노력, 지혜 그리고 나의 선업의 공덕에 의지하라는 말입니다.

수행자 법등명, 자등명을 말하는 것입니까?

사야도 그렇습니다. 부처님께서는 그 외에 어느 누구에게도 의지하지 말라고 하셨습니다.

수행자 생각하는 것은 알겠는데 마음은 잘 모르겠습니다. 코의 대상을 알아차리다가 마음을 보려고 하면 마음이 잘 안 보입니다. 어떤 생각이 일어나자마자 지금 마음을 봐야 한다고 생각은 하는데 마음이 보이지 않습니다.

사야도 마음이라는 것이 뭘 말하는가 하면, 안경을 쓰고 안경을 찾는 것과 같습니다. 지금 생각이 일어난 것이 그게 바로 마음인데 생각이 일어난 것은 안 보고 마음을 또 찾고 있습니다. 지금 그 생각하는 것이 마음입니다.

수행자 생각하고 마음하고 똑같습니까?

사야도 그냥 생각한 것을 한번 알아차리면 마음을 한번 알아차린 것입니다. 마음을 보는 것에는 세 가지가 있습니다. 느낌을 통해서 마음을 알아차릴 수 있고, 다음으로 생각을 할 때 그 마음을 알아차릴 수가 있고, 행위를 할 때 행위를 하게 한 의도하는 마음을 알아차릴 수 있습니다. 이 세 가지가 모두 마음의 작용입니다.

마음이 작용하는 것은 아주 미세하고 섬세해서 그것은 금방 바로 보려고 하면 보이지 않습니다. 그럴 때는 마음으로 인해서 나타나는 그 느낌이나 감정을 알아차려야 합니다. 이런 느낌은 누구든지 다 알아차릴 수 있습니다. 마음이 편안한가, 괴로운가, 긴장하고 있는가, 이런 것은 누구든지 다 알 수가 있습니다.

처음에는 먼저 이 느낌을 보도록 하십시오. 마음으로 인해 나타나는 느낌, 화가 났을 때 속에서 불이 나는 느낌이 있을 것입니다. 그것을 보아야 됩니다. 마음이 작용하는 것을 보려고 할 때 망상을 하는 것이 가장 큰 대상이 되기 때문에 보기가 쉽습니다. 망상을 할 때 망상을 하는 마음을 보는 것이 마음을 보는 것입니다. 거칠게 느껴지는 그런 망상이 바로 마음을 볼 수 있는 대상입니다.

그러니까 망상을 보도록 하십시오. 망상을 할 때는 마음속에서 말을 하는 것을 듣도록 하십시오. 마음이 망상을 하면서 뭐라고 말하는가, 이렇게 마음이 말하는 것을 잘 들어보십시오. 망상을 할 때 마음이 뭐라고 하는 말을 들어 보았습니까?

수행자 못 들어 봤습니다.

사야도 누구한테 못마땅한 마음이 있을 때는 마음이 이런저런 말을 합니다. 때로는 욕을 하기도 합니다.

수행자 예, 그것을 못 느꼈습니다.

사야도 이런 현상이 있지만 마음이 못 느끼고 있을 뿐입니다. 그게 바로 마음입니다. 마음이 말을 하는 것입니다. 그래서 망상하는 것을 아는 것이 중요합니다.

수행자 배의 호흡을 보면서 배 안의 느낌을 보면 배가 아파 옵니다. 그래서 코의 호흡을 보아도 다시 배가 아픕니다.

사야도 마음을 너무 집중하고 알아차려서 그렇습니다. 너무 집중을 해서 보니까 아픈 것입니다. 그냥 편안하게 가만히 지켜만 보도록 하십시오. 앉으면 바로 코나 배를 보려고 하지 말고 가만히 앉아서 내 마음 상태를 먼저 보십시오.

내가 지금 편안한가, 몸과 마음이 다 편안한가, 긴장해 있는가, 들떠 있는가 하는 상태를 먼저 점검하고 난 뒤에 긴장을 하고 있거나 들떠 있으면 그것을 한참 알아차려야 합니다. 이때 이것들이 가라앉으면 그때 배를 보든지 코를 보든지 하십시오.

지금 한번 해보십시오. 그냥 마음을 편안하게 갖고 일어남과 꺼짐을 한번 알아차려 보십시오. 그냥 편안하게, 그냥 가만히 지켜보기만 해보십시오. 배가 일어나고 꺼지는 것을 억지로 하려고 하지 말고 그냥 가만히 지켜보십시오.

지금, 알겠습니까?

수행자 편안하게 보입니다.

사야도 지금처럼 그냥 그대로 보면 됩니다. 거기다 조금 힘을 줘서 보려고 하면 아프게 느껴집니다.

수행자 어제 저녁에 좌선을 할 때 머리 깎은 스님이 눈을 감고 자고 있어요. 그래서 깨웠더니 사라지더라고요. 그래서 끝까지 사라지는 것을 보았습니다. 그리고 다시 호흡으로 왔습니다. 그런데 그때 내 마음을 어떻게 했는가 하면 '아, 명상을 할 때 사라지는 것을 보라고 하더니 이것을 본 것이구나' 했습니다. 그리고 혼자 들떠 있었습니다. 이때 들뜬 마음을 봐야 하는데 그 마음이 안 보였습니다.

사야도 눈을 감고 앉아 있을 때 보이는 모든 것은 다 내 마음이 만들어 낸 형상입니다. 그러니까 그것은 실재라고 생각하지 말고 그 대상을 보지 말아야 합니다. 실재가 아닌 대상이 나타나면 보지 말고 그냥 내 몸의 느낌 중에 코의 호흡을 보든지 배의 호흡을 보든지 몸의 느낌을 알아차려야 합니다. 대상을 놓치게 되니까 그때 생각이 들어온 것입니다. 생각이 들어오니까 그 모양이 나타난 것입니다. 그러니까 그것은 실재가 아닙니다. 그건 하나의 내 생각이다, 망상이다, 라고 아십시오.

지금 수행자의 한국에 있는 집 모양을 아십니까? 수행자가 사는 집 모양을 기억할 수 있겠습니까? 눈을 감고 집 생각을 한번 해보십시오. 집 모양이 나타납니까?

수행자 예, 나타납니다.

사야도 그와 마찬가지입니다. 이것은 아무것도 아니고 단지 생각입니다. 그런 것이 나타날 수 있습니다. 부처님이 나타날 수도 있고, 스님이 나타날 수도 있고, 뭐든지 나타날 수 있습니다. 때로는 빛이 나타날 수도 있고, 갖가지 것들이 나타날 수 있는데 그렇게 나타나는 모든 것은 다 내 마음이 만들어 낸 것이라는 걸 알아차리도록 하십시오.

수행자 대상을 놓쳤을 때 그런 것이 보인다는 말씀입니까?

사야도 그렇습니다. 수행자가 아까 들떠 있는 마음을 보려고 했는데 그게 안 보인다고 했죠? 그 장소를 찾으려고 하지 마십시오. 마음이라는 것은 장소가 없기 때문에 들뜬 느낌이 있을 때 들떴다는 것을 알아차리고 그것을 그냥 보면 됩니다.

마음의 느낌, 감정에서 일어나는 그 어떤 느낌을 알면 그 느낌이 일어나는 장소를 보려고 하지 마십시오. 내가 어디에 있는지를 찾으려고 하지 말고 알면 그것으로 됐습니다. 몸은 어디 장소를 정해서 볼 수가 있지만 마음은 장소를 정해서 볼 수 없습니다. 내가 들떠 있는 것을 알 수 있으면 그것으로 족합니다. 그걸 보는 습관이 자꾸 많아져서 오래되면 그때는 가슴이

나 장소 하나를 정해서라도 볼 수 있는데 아직은 그렇게 볼 수가 없습니다.

지금 현재 내가 들떠 있구나, 아니면 긴장해 있구나 하고 알면 계속 그 상태로 보도록 하십시오. 그러면 긴장한 것, 들떠 있는 것, 그런 것들이 가라앉는 것 같은 느낌이 들 것입니다. 그러면 이제 다른 것을 보면 됩니다.

수행자 경행을 할 때 마음이 조금 급해지면서 발이 닿는 걸 알아차립니다. 이렇게 알아차려서 집중이 되어 상쾌해지고 가뿐해져야 하는데 집중이 안 됩니다. 그래서 스님들이 가사를 입고 왔다 갔다 하는 것이 보입니다.

사야도 마음이 내 몸에 와 있어야만 합니다. 밖에 있는 대상은 필요가 없습니다. 바깥의 대상을 자꾸 보려고 하지 말고, 보는 줄 알았으면 바로 또 내 몸으로 돌아오도록 하십시오. 그리고 몸의 느낌을 알아차려야 합니다.

걸을 때 처음에는 마음을 내 발에 두거나 마음을 내 몸에 두었지만, 그 마음이라는 것이 항상 여기에만 있는 것이 아닙니다. 자꾸 달아나기 마련입니다. 내 마음이 바깥으로 달아났을 때에 내 마음이 어떤가, 내 마음이 어떤 반응을 하는가, 그것을 자꾸 보도록 하십시오. 대상을 봤을 때 마음이 반응하는 것이 있을 것입니다.

알겠습니까? 어떻게 하고 싶다, 좋다 나쁘다, 별 마음이 다 일어날 것입니다. 그것을 보면 자연히 마음이 다시 돌아오게 됩니다. 그렇게 자꾸 습관을 들여야 합니다.

지금까지 계속해 온 일이라는 것이 마음이 바깥에 있는 대상에 가도록 한 일입니다. 그런 습관이 들어 있기 때문에 마음이 자꾸 바깥으로 달아나려고 합니다. 만약에 내가 소리를 들었을 때 소리를 들으면 내가 어떻게 반응을 하며 어떻게 느끼는가, 그 소리를 가지고 어떻게 생각을 하고, 어떻게 반응을 하는가, 그것을 자꾸 보도록 하십시오. 소리를 들을 때나 무엇을 볼 때나 역시 마찬가지입니다. 어떤 바깥의 대상을 봤을 때 어떻게 반응을 하는가를 알아차려야 합니다.

수행자 마음이 왔다 갔다 하니까 내 자신이 산만하다고 느끼고 자신에게 채찍질을 하기도 합니다.

사야도 마음을 가라앉히려고 하지 말고, 그것보다는 내가 지금 현재 산만한 줄 알면 됩니다. 알면 자연히 마음이 가라앉게 됩니다. 그럴 때에 산만한 것을 산만하지 않게 하려고 일부러 노력할 필요는 없습니다.

수행자 호흡을 따라가다 보면 긴장되는 것을 느끼고 그것을 이완시키려고 숨을 크게 쉬기도 합니다. 그러다가 배의 호흡에 어느 정도 집중을 하고 시간이 지나면 호흡이 미세해집니다.

사야도 아주 미세하게 되었을 때에 그것을 계속 볼 수가 있습니까?

수행자 예.

사야도 그다음에는 대상이 사라져 버립니까?

수행자 흩어집니다.

사야도 대상이 더 미세해지거나 더 거칠어지거나 그건 상관이 없습니다.
그게 중요한 것이 아닙니다. 그 대상을 좋아하고 싫어하는 마음이 중요한
것입니다.

왜 대상이 미세해졌는가 하면 마음이 고요해지니까 자연히 대상이 미세
해지는 것입니다. 미세해지면 그다음에 내가 좋아하는 마음이 생깁니다.
좋아하는 마음이나 싫어하는 마음이 생기면 대상이 거칠어집니다. 좋아하
는 마음 때문에 마음이 동요하니까 거칠어지는 것입니다. 그런 때는 좋아
하는 마음, 싫어하는 마음, 그것을 보는 습관을 길들여야 합니다.

수행자 망상을 알아차리다가 지루한 마음이 일어나기도 합니다.

사야도 내가 좋아하는 마음이 있는가, 싫어하는 마음이 있는가, 그것을
알아차리도록 하십시오. 사실은 지루한 마음이 생기는 것은 미세한 대상이
사라지니까 지루한 마음이 생기는 것입니다. 지루한 마음은 성내는 마음입
니다.

수행자 망상을 할 때 혼자서 말을 하고 있는 것을 알 때가 있습니다.

사야도 그게 바로 마음이 말하는 것입니다. 그때 망상하는 것을 알아야 하고, 그리고 그 망상 때문에 감정이 일어납니다. 그 느낌을 보도록 하십시오. 대개 가슴에 느낌들이 있습니다. 거기에 문제되는 것은 좋아하는 마음, 싫어하는 마음입니다. 아주 고요하고 미세해졌을 때 그것을 좋아하는 마음 때문에 문제가 된 것입니다.

처음엔 그것을 볼 수가 없을 것입니다. 그러나 자꾸 보다 보면 점점 미세해지고 그때 다시 좋아하는 마음이 일어나면 그것 때문에 거칠어진다는 것을 알아야 합니다. 바로 그 좋아하는 마음을 알아차리지 못할 때는 거칠어지는 느낌을 알아차려야 합니다. 그렇게 하다 보면 다시 또 고요해집니다.

수행자 지금까지 마음이 좋아하는 것을 더 많이 좋아하고 살아온 것 같습니다. 그러다 보니 한동안 싫어하는 것이 더 많아진 것 같습니다.

사야도 그건 당연한 것입니다. 좋아하는 것이 많으면 싫어하는 것도 많습니다. 저울추와 같이 한쪽은 좋아하는 것, 한쪽은 싫어하는 것이 있습니다. 만약에 내가 좋아하는 쪽이 무겁다면 그쪽이 내려가면서 싫어하는 반대쪽이 올라갑니다. 또다시 한쪽이 무거워지면 다른 쪽이 위로 올라가게 됩니다. 그러니까 완전 반대로 되는 것입니다. 그러므로 탐심 때문에 성냄이 일어나는 것입니다.

수행자 몸과 마음이 긴장하고 사는 터라 그것을 이완시키려고 노력하고 있습니다.

사야도 그것을 이완시키려고 하지 말고 그냥 알아차리면 됩니다. 이렇게 알아차리게 되면 차츰 줄어듭니다. 좋아하는 것이 문제가 되는 것을 알게 되면 '아, 내가 좋아하고 있구나' 하는 것을 알게 되어 좋아할 수가 없습니다. 많이 좋아하면 마음의 고통을 많이 받게 되고, 조금 좋아하면 고통을 조금만 받게 됩니다. 뭔가 대상을 좋아하는 마음이 생기면 그때 내 마음을 알아차리도록 하십시오. 그래서 마음을 알아차리는 것이 중요하다고 말하는 것입니다.

수행자 호흡을 조용히 천천히 하면 발 디딤이 천천히 되고, 마음이 빨라져서 호흡이 빨라지면 걸음도 빨라집니다.

사야도 마음이 고요해지면 호흡도 천천히 쉬어지고, 마음이 급하면 숨쉬는 것도 빨라집니다. 그래서 걸음걸이도 빨라집니다. 마음 상태를 자주 보라고 하는 것이 바로 그것 때문입니다. 마음이 편안한가, 성급한 마음이 있는가, 들떠 있는가, 긴장하고 있는가, 이런 마음 상태를 보라고 하는 것이 바로 그것 때문입니다. 그렇게 자꾸 알아차리다 보면 몸과 마음이 서로 작용하는 것의 연관관계를 볼 수 있습니다.

수행자 일상생활에서 많이 걷기는 하는데 걷는 것을 싫어하는 마음이 계속 일어납니다.

사야도 그게 바로 기회입니다. 내 마음을 볼 수 있는 기회니까 그때 싫어하는 마음이 일어나는 것을 보도록 하십시오. 그리고 그때 가슴의 느낌을 보도록 하십시오. 싫어하는 마음 때문에 내 몸이 어떻게 반응하는가? 그럴 때 마음가짐을 바꾸도록 하십시오. 이것은 나한테 좋은 기회가 된 것입니다. 바로 내 마음을 볼 수 있는 기회가 된 것입니다. 그러므로 화나는 마음을 볼 수 있는 좋은 기회라고 받아들이고 알아차리도록 하십시오.

수행자 저녁에는 시끄러워서 수행을 못하겠습니다. 그래서 밤 열두 시까지 수행을 해야 했습니다.

사야도 그건 그렇게 중요하지 않습니다. 열두 시까지 하고 안 하고가 중요한 것이 아닙니다. 마음을 알아차리는 것이 중요합니다. 그렇게 성냄이 일어날 때 내가 무엇 때문에 화를 내는가를 자꾸 봐야 합니다. 그게 잠자고 싶어 하는 탐심 때문에 성냄이 일어나는 것입니다. 그 순간에 성냄이 일어날 때는 나쁜 것만 자꾸 생각을 하게 됩니다.

수행자 그런 것 같습니다.

사야도 그래서 점점 더 탐심이 일어납니다. 그럴 때는 자꾸 좋은 쪽으로 생각해야 합니다. 소리가 방해가 된다고 생각하지 마십시오. 방해가 되는 것이라고 생각하면 점점 더 싫어하게 됩니다. 소리는 제 할 일을 하고, 나는 내 할 일을 하면 된다고 생각하면 자연히 소리를 잊어버리게 됩니다.

배를 타고 배의 모터를 틀어놓고도 옆에서 잠을 자는 사람을 보지 못했습니까? 배를 운전하는 항해사나 선원들은 배를 오래 타면 그렇게 될 것입니다. 원양어선이나 상선을 타면 그럴 것 아니겠습니까? 그러니까 어떤 상황이든지 마음이 편안하면 잠도 잘 자게 됩니다.

수행자 한국에서는 떠드는 소리, 휴대전화 벨 소리 등등 방해가 많이 되는데 여기 와서는 모르는 다른 나라 말소리라서 입력이 안 되니까 별로 방해가 안 됩니다. 그러나 밤새도록 경전을 외우는 마이크 소리가 잡음으로 들려 방해가 됩니다.

사야도 수행에서는 그 소리가 주 요점이 되지 않습니다. 그 소리를 듣고 반응하는 내 마음이 요점이 되어야 합니다.

수행자 저는 배에서 호흡을 알아차리려고 하는데 잘 되지 않습니다. 배에서는 호흡이 잘 보이지가 않아서 집중이 안 됩니다.

사야도 어디서고 보이는 것만 보십시오. 안 보이는 것을 억지로 보려고 하지 말아야 합니다. 배의 일어남 꺼짐이 중요한 것이 아닙니다. 어떤 느낌이든지 느낌이 있으면 그걸 보면 됩니다. 느낌이 있을 때 마음을 거기다 딱 붙여서 볼 수가 있습니다. 안 보이는 것을 억지로 찾으려고 하면 안 됩니다.

수행한다는 것은 안 보이는 것을 찾아서 보려고 하는 것이 아니라, 보이는 것에다 알아차림만 딱 붙이면 되는 것입니다. 마음만 거기다가 갖다 두고 그냥 알아차리기만 하면 됩니다. 사람이 다 서로 다릅니다. 어떤 사람은 코의 호흡이 잘 느껴지고, 어떤 사람은 배의 호흡이 잘 느껴지고, 어떤 사람은 가슴의 호흡이 잘 느껴지는 것처럼 사람들마다 다 다릅니다. 수행은 자기한테 맞는 것을 골라서 하면 됩니다. 배가 안 보이면 뭐가 잘 느껴집니까? 무엇이 잘 보입니까?

수행자 가슴을 보면 가슴이 답답합니다.

사야도 당연히 답답할 수밖에 없습니다. 찾는 것이 안 보이니까 답답할 수밖에 없습니다. 마음이 답답해지면 미세한 대상을 잡을 수가 없습니다. 마음이 편안해야만 대상을 잡을 수 있습니다. 대상이라는 것은 온몸에 많이 있습니다. 그러므로 우선 걱정을 하지 말아야 합니다. 대상이 없다고 걱정할 것이 아니라 마음을 편안하게 하는 것부터 해야 합니다. 아무것도 걱정하지 말고, 아무것도 원하지 말고, 그냥 단지 있는 느낌을 그대로 알아차리면 됩니다.

배를 알아차리는 것도 자연스럽게 해야 합니다. 숨을 들이쉬고 내쉬고 할 때마다 불룩하게 만들어서는 안 됩니다. 그냥 저 스스로 일어났다 꺼졌다 하는 자연스러운 느낌을 보라는 것입니다. 코의 호흡도 알아차리기 어렵고 배의 호흡도 알아차리기 어려우면 손이 서로 닿아 있는 느낌을 알아차릴 수도 있습니다. 어떤 느낌이든지 하나의 대상을 선택하여 그 느낌을 알아차리면 됩니다.

수행자 마음으로 보려고 하는데 마음을 찾을 수가 없습니다.

사야도 마음을 처음부터 바로 찾을 수 없습니다. 처음에는 잘 안 보입니다. 그래서 처음에는 몸을 알아차리는 것부터 시작해서 자꾸 알아차리는 습관을 들이다 보면 나중에 마음이 저절로 보입니다. 그러므로 처음부터 안 보이는 마음을 보려고 애쓰지 마십시오.

수행자 경행을 하려고 생각은 하는데 알아차리지 못하고 그냥 가게 됩니다. 처음에는 느낌을 알고 가는데 가다가 보면 다 잊어버리고 아무 생각 없이 그냥 가게 됩니다.

사야도 그런 줄 알면 다시 또 알아차리도록 하십시오. 발 한 군데만 마음을 두지 말고 몸 전체를 알아차려도 좋습니다. 머리의 느낌, 고개를 구부리는 느낌, 팔을 흔드는 느낌 등을 봐도 됩니다. 또 허리를 구부렸다 폈다 하는 것이나 다리가 움직이는 것이나 엉덩이뼈가 움직이는 것이나 무릎이 움직이는 것이나 설 때에 장딴지가 단단해지는 느낌 등등 갖가지 느낌이 많습니다. 그런 많은 느낌들을 봐야 합니다. 느낌이 중요한 것이 아니고 그것을 내가 알아차리느냐, 알아차리지 못하느냐 하는 것이 중요한 것입니다. 수행자는 알아차리는 것을 잊어버리지 않는 것이 중요합니다.

수행자 알아차림을 하고 다니기는 합니다.

사야도 그러니까 항상 내가 지금 알고 있는가 하는 것을 봐야 합니다. 마음이 자기 자신에게 자꾸 물어야 합니다. 내 마음이 지금 밖에 가 있는가, 내 몸 안에 있는가, 자꾸 자신에게 물어 보십시오.

수행자 그러면 알아차림을 입으로 염불을 하듯이 물어 봐야 하나요?

사야도 그냥 단지 마음속으로만 해보라는 것이지 입으로 말을 하면서 물어 보라는 것이 아닙니다. 지금 단지 마음이 뭘 알고 있는가, 그걸 그냥 보면 되는 것입니다. 뭘 알고 있는가 하고 입으로 말을 해가면서 볼 필요는 없습니다. 이때 명칭을 붙일 필요도 없습니다. 아프면 '아픔, 아픔' 하고 명칭을 붙일 필요 없이 단지 그 느낌을 알면 됩니다.

수행자 배의 호흡을 지켜보는 수행을 합니다. 예전에는 마음이 긴장하고 상당히 애를 쓰면서 했는데 이제는 긴장하지 않고 지켜보고 있습니다. 지금은 이것저것들이 함께 일어나고 사라지는 것을 알 수 있습니다.

사야도 그렇게 되면 이제는 아는 마음에다 알아차림을 두도록 하십시오.*

* 쉐우민 선원에서는 마음을 알아차리는 수행을 할 때 단계가 있다. 처음에는 마음을 알아차리도록 한다. 그리고 충분하게 마음을 알아차리는 단계에 이르면 다음으로 아는 마음을 다시 알아차리는 수행을 하도록 지도한다. 그래서 알아차림이 더욱 분명해지도록 이끈다.

수행자 일어남, 꺼짐의 호흡을 알아차릴 때 쉼의 순간에 마음이 한가롭게 쉬고 있는 것을 보았습니다. 이것을 지켜보면 좋아하는 마음도 안 보이고 싫어하는 마음도 보이지 않습니다. 이런 상태로 계속 유지가 됩니다.

사야도 호흡과 호흡 사이가 매우 짧은 순간인데 그 상태가 유지된다는 말인가요?

수행자 아닙니다. 고요한 상태가 유지됩니다. 고요한 상태에서 그 순간순간을 보면 마음이 한가하게 쉬고 있는 것이 보입니다. 이 상태에서는 호흡을 하는 것도 없어지고 고요한 상태가 오래갈 때가 있습니다.

사야도 멈춰 있는 상태를 너무 오래 보지 마십시오. 그것은 오래 볼 필요가 없습니다.

수행자 오래 보지 않습니다. 순간순간 한 번씩 일어납니다.

사야도 그렇게 보던 습관이 있어서 자꾸 그렇게 보게 되는데 그렇게 봐서는 안 됩니다.

수행자 한국에서 경행을 할 때 몸이 무거울 때는 화가 나고, 땀이 날 때는 싫어하고 그랬는데 이젠 그렇지 않습니다. 그냥 대상하고 마음하고 함께 왔다 갔다 하고 있습니다. 그리고 소리가 들리면 금방 동시에 알아차리고 돌아오고 그런 식으로 하고 있습니다.

사야도 만약에 아는 마음을 다시 알아차리면 많은 대상을 한꺼번에 볼 수 있습니다.

수행자 경행을 할 때 주로 들고 나가고 놓을 때 사대四大의 특성이 같이 일어나고 시작과 중간과 끝이 자동적으로 같이 일어납니다.

사야도 그럴 때는 알아차리는 것을 계속 이어지게끔 하도록 하십시오. 대상이 서로 다르다면 아는 마음도 서로 다르다는 것을 알면 됩니다.

수행자 질문해서는 안 될 것 같긴 한데, 그냥 말씀드리겠습니다. 평소에 말을 안 하기가 가장 어렵습니다. 그래서 말을 많이 하게 됩니다. 그리고 먹는 습관에 대해서도 문제가 있습니다. 여기서나 집중수행을 할 때는 잘 지켰는데 집에서 할 때는 군것질을 하는 습관이 있어서 도저히 못 참겠습니다. 그리고 또 한 가지는 물건이 꼭 필요한 것이 아니더라도 좋아하는 마음이 생기면 꼭 사는 버릇이 있습니다. 비싼 것은 아닙니다만 그런 것을 알아차리면서도 안 되고 있습니다. 이럴 때는 어떻게 해야 하겠습니까?

사야도 그 마음을 이기지 못하기 때문에 그렇습니다. 마음을 볼 줄 모르기 때문에 그래서 이기지 못하는 것입니다. 말하고 싶어 하는 마음, 먹고 싶어 하는 마음, 물건을 사고 싶어 하는 마음, 그 싶어 하는 마음을 자꾸 보면 안 하게 됩니다. 뭔가를 한 가지 하고 싶어 할 때는 마음이 들뜨게 됩니다. 그 들뜨는 것을 가만히 보면서 바로 행동하지 말고 지켜보도록 하십시오.

수행자 그냥 지나가기도 하는데 나중에 조건이 되면 그걸 기어이 하게 됩니다.

사야도 만약에 내가 저 물건을 사서 꼭 갖겠다는 생각을 하면, 그 갖겠다고 하는 것만 생각하기 때문에 결국은 갖게 되는 것입니다.

수행자 그 마음이 이미 일어나 버립니다. 어떻게 조심을 해야 할까요?

사야도 자꾸 그것만 생각하니까 결국은 갖게 되는 것입니다. 그런 때는 가슴의 느낌을 보도록 하십시오. 갖고 싶어 할 때에 가슴의 느낌을 보도록 하십시오.

수행자 그런 습성이 상당히 오래되었는데 그것이 잘 안 됩니다.

사야도 또 하나는 선원에 있을 때만 수행을 하는 것이 아니라 대상을 만났을 때 그때 바로 수행을 해야 되는 것입니다. 대상과 부딪혔을 때 그럴 때마다 자꾸 알아차림을 놓아버리기 때문에 내가 지는 것입니다. 졌기 때문에 어떤 대상과 만나면 그냥 그대로 하고 싶어지는 것입니다.

그래서 이 수행은 선원에서만 해야 하는 것이 아니라 집에 가서도 계속해야만 합니다. 계속 수행을 했을 때에 보는 힘이 강해집니다. 보는 힘이 강해지면 어떤 대상과 만났을 때 그 대상을 딱 알아차리면 사라집니다. 그러면 그 마음이 없어집니다. 그런데 그런 힘을 길러놓지 않으면 보는 힘이 약하니까 대상과 부딪혔을 때 지는 것입니다. 마음이 지니까 조그만 불꽃이 커진 것과 마찬가지가 되는 것입니다. 커지면 그때는 물은 조금이고 불은 커지고, 그래서 불을 끌 수가 없습니다.

번뇌에 불이 일어났을 때에 거기에 기름을 부을 건가요, 물을 부을 건가요? 무엇을 부을 건가요?

수행자 물을 부어야 합니다.

사야도 그런데 지금 현재 어떻게 되어가고 있나요? 지금 기름을 붓는 것과 같습니다. 기름을 부으니까 점점 더 커져서 거기에 가서 물건을 안 사고는 안 되는 것입니다.

수행자 심한 것은 아니지만 그 고비만 넘어가면 조금 좋아질 것 같은데 잘 안 됩니다.

사야도 그 고개만 넘어간다는 것은 어떤 고개를 넘어간다는 뜻입니까?

수행자 제가 지금 고민하고 있는 것이 말을 많이 억제하는 것입니다. 그렇다고 나쁜 말을 하는 것은 아닙니다. 그러나 말을 많이 하게 되는 것 때문입니다. 사람과 사람 사이에서 가정이든 이웃이든 친구 사이든 무슨 일이 일어났을 때 절대적으로 좋은 말로 호응합니다. 스스로 마음을 굉장히 넓게 생각해서 누구와도 부딪히지 않겠다는 생각을 합니다. 그러나 말을 많이 하는 것이 고민스럽습니다.

사야도 그렇게 자꾸 하고 싶어 할 때, 말하고 싶어 하고, 먹고 싶어 하고, 무엇을 사고 싶어 할 때, 그때 일어나는 마음을 보도록 하십시오. 그러면 말하고 싶어 하는 그 마음이 얼마나 강한가, 약한가 하는 것을 볼 수가 있습니다.

수행자 굉장히 강한 것을 알 수 있습니다.

사야도 보는 습관을 많이 들여놓지 않았기 때문에 그렇습니다. 그런 습관이 있으면 진짜 큰일이 있을 때는 도저히 이겨 낼 수가 없습니다. 정말 중요한 시기에 가서는 그것을 못 보게 됩니다.

수행자 제 마음으로는 그런 것을 쉽게 넘어가고 싶습니다.

사야도 만약 밥을 먹을 때 밥상에 김치가 나오면 김치를 먹기 전에 그 마음을 보십시오.

수행자 여기서 먹는 것은 욕심을 안 부립니다. 집에 가서 군것질 때문에 그렇습니다.

사야도 그것은 내 집이기 때문에 그렇습니다. 내 집이면 사람이 자유롭게 완전히 잊어버리고 그냥 놓아버리고 살게 됩니다. 알아차림을 놓아버리고 살기 때문에 항상 제자리에 머무는 것입니다. 그래서 항상 알아차리는 생활을 할 때 수행이 되는 것입니다.

여기에 와서는 단지 방법을 배우는 것뿐입니다. 실제로 해야 할 곳은 바로 집입니다. 여기서 아무리 수행을 많이 했다 할지라도 집에 가서 생활할 때에 내가 그걸 조절할 수 없으면 안 됩니다.

수행자 네, 그것을 해야 되는데 그것이 지금 안 됩니다.

사야도 하지 않으니까 그렇습니다. 집에서 보려는 마음을 안 가지니까 그런 것입니다.

수행자 집에서 새벽에 앉아 있습니다. 그러나 그것을 좋아하다 보니 보지 않으려고 무시해서 그런 것 같습니다.

사야도 번뇌를 없애는 데는 두 가지가 있습니다. 하나는 알아차림과 집중력이 좋을 때 그 번뇌가 일어나는 마음을 알아차리면 바로 사라집니다. 또 한 가지는 지혜가 있어서 지혜로써 보았을 때 그때 바로 사라집니다. 알아차림이 있는 사람은 항상 지혜가 같이 따라오게 마련입니다. 그래서 어떤 대상을 봤을 때 이렇게 하면 이익이 있는가 없는가, 적당한가 적당하지 않은가, 그것을 항상 생각해야 합니다.

그렇게 생각을 해서 적당하고 옳으면 하고, 적당하지 않거나 옳지 않으면 하지 않는 것이 바로 지혜입니다. 필요치 않다는 것을 아는 것이 지혜입니다. 그런데 그걸 못 이기고 그쪽을 따라가면 그것이 번뇌입니다. 그런데 지금 수행자가 그게 필요치 않다는 것을 아는 지혜는 조금 있는데, 아직 그것을 이기지 못하는 단계에 있습니다. 그래서 사람이 소를 채찍질해 가면서 끌고 가야 하는데 지금은 소가 사람을 끌고 가는 형국입니다.

수행자 오늘은 좌선을 하는 중에 조금 집중해서 앉아 있는데 한 시간 조금 더 앉아 있었습니다. 미얀마 스님께서 법당에서 법문을 하고 계셨어요. 처음에는 스님께서 법문을 조금만 하고 나가실 줄 알았어요. 그런데 두 시간이 다 되어서야 끝이 났습니다. 이때 처음에는 모기장 안에 있으면서 마음이 일어났다 사라지면서 좋아했습니다. 모기장 속에 있는 공간이 분리되어서 좋아했거든요. 그런데 법문을 오래 하시니까 그 안이 감옥이 되는 거예요. 그러니까 두 시간 동안 마음이 좋았다 싫었다, 좋았다 싫었다, 계속 일어났습니다. 미얀마 스님의 법문 소리를 못 알아든잖아요. 그 소리도 처음엔 그냥 넘기면서 좌선을 했는데 나중에는 머리를 막 때리는 거예요. 화가 났어요. 그러다 나중엔 스님이 두 시간 동안 법문을 하시니 얼마나 머리가 아픈지 그만 포기를 하고 말았습니다.

사야도 마음을 바꿔줌으로써 달라집니다. 마음가짐이 바르면 마음이 차분하게 가라앉는데 마음가짐이 잘못되면 계속 반응을 하고 독려되고 그렇습니다. 그럴 때에 '아, 내가 어쩔 수 없다, 그냥 들리면 들리고, 말을 하시면 하시고, 내 공부만 하겠다' 이렇게 생각하고 하면 됩니다. 이것이 선업이며 대상을 받아들이는 관용입니다.

위빠사나는 대상을 없애는 것이 아니라 대상을 보고서 일어나는 번뇌를 없애는 것입니다. 어떻게 번뇌를 없앨 수 있는가. 내 귀가 멀쩡하고, 눈이 멀쩡하고, 코가 멀쩡하면 자연히 소리가 있으면 소리가 들리고, 냄새가 있으면 냄새가 나기 마련이고, 눈이 있으니 보이게 마련입니다. 그러므로 대상을 없앨 수는 없습니다. 그 대상이 일어났을 때에 마음에 번뇌가 일어나지 않도록 하는 것이 바로 위빠사나 수행입니다.

^{수행자} 경행을 할 때는 발목하고 발바닥이 많이 아팠습니다. 그냥 걸을 때는 다 아프다고 생각했는데 걸으면서 마음을 알아차리니까 걸을 때만 아팠습니다. 발걸음을 뗄 때만 아프고 서면 또 괜찮고 그랬습니다. 가면서 뭉뚱그려서 아팠는데 조금 빨리 걸으니까 발목이 아프다고 생각했는데 발목과 연결된 허벅지, 엉덩이 있는 곳까지 다 아팠어요. 빨리 걸어가니까 다 알 수 있었습니다.

^{사야도} 그대로 다 알아차리십시오.

^{수행자} 법당 앞에 있는 대리석 바닥이 낮에는 시원하고 저녁에도 온도는 똑같은데 시원하면 좋고 차가우면 싫어하고, 이렇게 마음이 계속 싫어하고 좋아하고 하였습니다. 대리석을 밟을 때마다 마음이 변하는 것을 알았습니다.

^{사야도} 좋습니다. 그렇게 알아차리십시오.

^{수행자} 그렇게 알아차리니까 마음이 좋아하고 싫어하고, 좋아하고 싫어하고 이것밖에 안 하는 것을 알았습니다.

^{사야도} 본래 마음이라는 것이 그렇습니다.

^{수행자} 한 가지 여쭤볼 것이 있는데요. 제가 잠자는 숙소의 복도가 지저분해서 처음에는 청소를 했습니다. 두 번째 바닥을 쓸 때 내가 무슨 마음으

로 이걸 하고 있는가 하고 알아차렸어요. 그랬더니 한국에서 들은 말이 생각났어요. 선업의 공덕을 쌓으면 수행이 잘 된다는 말이 생각났어요. 그래서 이것을 해 가지고 어떻게 수행을 잘 해볼까, 하고 생각하는 것을 알았습니다. 그런데 다시 이 마음이 탐심이 아닐까 하는 생각이 들었습니다.

사야도 어떤 절에서는 그렇다고 합니다. 화장실 청소를 많이 하면 법을 빨리 얻는다, 그게 공덕이 최고다, 그러니까 사람들이 서로 화장실 청소를 하려고 뺏어서까지 한다고 해요. 그런 집착도 있습니다.

수행자 처음에는 지저분해서 쓸었지만 나중에 보니 탐심이 아닌가 생각했어요. 그런데 좌선을 할 때 수행이 잘 되기를 바라는 것도 탐심이잖아요. 그래서 청소를 하는 것도 탐심이 아닌가 생각했습니다.

사야도 사실은 그때에 빗질을 한 것은 선업의 마음입니다. 선업의 마음으로 하는 것은 맞습니다. 선업의 마음으로 하는 것은 수행도 잘 되고 좋은데, 그러나 그 원하는 마음이 있고, 수행이 잘 되기를 바라는 마음이 강하면 그것은 탐심의 마음입니다. 법을 위해서도 탐심이 일어납니다.

수행자 경행을 할 때는 마음이 가라앉는 것을 알겠습니다. 그런데 경행을 많이 하면서 바닥이 딱딱한 걸 느끼고 좀 아프다는 것을 알았어요. 좌선을 할 때는 집중이 잘 되었습니다. 약 한 시간 반 정도를 앉아서 한 것 같은데, 따뜻한 기운이 올라오는 것을 느꼈고, 엉덩이 부분이 딱딱하다는 것을 느끼면서 마음이 서글프다고 느끼면서 눈물이 나왔어요. 그래서 그 뒤에 보니까 너무 좋다는 느낌을 가지고 그 자리에서 일어나기가 싫어서 오래 앉아 있었습니다.

사야도 그렇게 슬픈 마음이 들 때는 그 마음을 보도록 해야 합니다. 울지 말고 그때의 마음을 알아차리도록 해야 합니다. 그런 때는 마음을 알아차리는 습관을 자꾸 길들여야 합니다. 막 눈물이 나려고 할 때 가슴이 울컥하는 느낌이 있을 것입니다. 그걸 알아차리도록 하십시오.

수행자 네, 그렇게 보고 있으니까 그 마음이 계속되면서 눈물이 났는지 몰랐는데 나중에 보니까 눈물이 흐르고 있었습니다.

사야도 그럴 때도 알아차리십시오.

수행자 들이마시고 내쉬는 호흡을 길을 따라 알아차리는데 배에서는 인위적으로 하는 것 같았습니다. 그리고 가슴에서도 들어가고 나오는 것을 많이 봤습니다. 배의 호흡을 볼 때도 있는데 인위적으로 하는 것이 아닐까 해서 가슴의 호흡을 보았습니다.

사야도 호흡을 자연스럽게 알아차려야지 억지로 하지 마십시오. 그리고 길을 따라 보지 마십시오. 억지로 숨을 들이쉬고 내쉬고 해서 나왔다 들어갔다 하게 하려고 하지 마십시오. 그냥 단지 그 느낌만 알아차려야 합니다. 가만히 있으면 숨은 저절로 쉬어지는 것 아닙니까? 그 느낌만 그냥 보도록 하십시오.

수행자 호흡을 볼 때 들어갔다가 나갔다가 하는 것이 억지로 되는 것 같아서 관념적이라는 생각이 들었습니다.

사야도 그러면 가슴을 보도록 하십시오. 마음을 가슴에만 두고 보도록 하십시오. 꼭 배의 일어나고 꺼짐만을 봐야 하는 것은 아닙니다. 배의 호흡이 중요하다고 생각하니까 억지로 자꾸 하게 되는 것입니다. 배만 일어나고 꺼지는 것이 아니라 가슴도 일어나고 꺼지고 합니다.

수행자 좌선을 할 때에 어떤 현상이 있었습니다. 하늘이 갑자기 까맣게 되었다가 금방 순간적으로 갑자기 하얗게 되는 거예요. 그것이 두 차례나 계속되었습니다.

사야도 밝아지고 까맣게 되고 하는 것은 중요한 것이 아닙니다. 마음이 고요해지면 그럴 수가 있습니다. 그것을 보지 말고 그때에 일어나는 느낌을 보도록 하십시오.

수행자 검어지고 환해질 때 그 느낌을 알아차리라는 말씀이신가요?

사야도 검고 환해지는 그것을 보라는 것이 아니라, 그때 몸에서 일어나는 느낌을 보십시오. 그리고 호흡을 알아차리거나, 아니면 다른 대상을 알아차리십시오.

수행자 오른쪽 다리에 근육통이 생겨서 다리가 아파서 앉지를 못하는 거예요. 그래서 불편하게 앉아서 좌선을 하니까 삼십 분 정도 지나면 힘들어서 다시 자세를 바꿔야 되는데, 이런 경우에 어떻게 해야 되는지 모르겠습니다. 여기 와서 어제부터 생긴 현상입니다.

사야도 그건 상관없습니다. 알아차리면서 바꿔 주면 됩니다. 다리를 바꿔 주기 전에 마음속에 조금 못 견뎌 하는 마음을 알아차리도록 하십시오. 이렇게 알아차리고 난 뒤에 정 안 되겠으면 알아차리면서 바꿔 주십시오. 다리를 펴면 얼마나 아픈 것이 줄어드는가 하는 것을 알아차리면서 하십시오. 그런데 앞쪽을 향해서 쭉 벌리지는 마십시오. 옆으로 모아서 앉으십시오.

수행자 경행을 할 때 어깨가 상당히 아팠습니다. 이것을 알아차렸는데도 없어지지 않는 거예요. 그래서 자세를 바꾸었습니다. 그러고 나서도 새로 자세를 바꾸고 싶은 생각이 났습니다.

사야도 어떻게 하든지 그건 상관없습니다. 이렇게 하든지 저렇게 하든지 자기가 하고 싶은 대로 해도 됩니다. 그러나 너무 자주 바꾸지는 마십시오. 중요한 것은 내가 지금 이렇게 하거나 저렇게 하거나 하는 것을 알아차리면서 하면 됩니다.

수행자 경행을 할 때 왼발 오른발을 떼어놓으면서 알아차리는데 왼발이 나갈 때 의식이 오른발에 있는 거예요. 그런데 빨리 걸을 때는 그냥 닿는 느낌만 있습니다. 그러나 천천히 경행을 할 때는 한쪽 발이 나가는데 의식은 반대편 발에 가 있는 거예요. 그래서 '아, 내가 이걸 잘 알아차리지 못하고 있구나' 하고 스스로를 자책했습니다.

사야도 그게 잘못된 게 아닙니다. 마음이 어느 발에 가 있든지 마음이 가 있는 발의 느낌을 알면 됩니다. 마음이 어디에 있는가를 알면 그것으로 됩니다. 마음이 가 있는 부분에 느낌이 있습니다. 그렇게 봤을 때 진짜 자연스럽게 보는 것입니다.

수행자 좌선을 할 때 자연의 소리에 대해서는 그냥 흘려버리고 지나갔는데, 예를 들면 비행기 소리라든가 좌선 할 때 재채기를 하거나 방귀를 뀔 때 그 소리가 거슬립니다. 특히 어제 같은 경우에 비행기가 머리 위를 지나갈 때 몸에서 갑자기 열이 확 나면서 몸 전체가 뜨거워지는 느낌이 있었습니다.

사야도 그럴 때에 마음이 반응을 하면 반응하는 것을 알아차리도록 하십시오. 열이 나면 열나는 것을 알아차리십시오.

수행자 좌선을 하다가 다리가 너무 아파서 바꾸는데 자주 바꾸는 것 같습니다. 그래서 그것을 지켜보았는데 나중에는 사라졌습니다. 그런데 알아차림이라고 하는 것이 혹시 억제하는 것이 아닌가 하는 생각을 했습니다.

사야도 내가 그냥 알아차려서 사라지는 것은 상관없습니다. 내가 억제한다는 것은 마음을 그냥 막 눌러서 하는 것을 억제한다고 말하는 것입니다. 그냥 다리가 아픈 것을 알아차려서 없어지는 것은 상관없습니다.

수행자 앞에서 인터뷰를 할 때 여러분들이 너무 오래 하니까 지루한 마음이 생겼습니다. 그래서 빨리 끝났으면 하는 욕심이 생겼습니다. 또 하나는 식사할 때에 먹고 있는데 벌써 다음 먹는 것을 위해서 숟가락이 나가곤 했습니다.

사야도 그런 때 알아차림을 두십시오.

수행자 미얀마의 선원에 와서 느낀 것이 있는데, 한 가지 질문을 하겠습니다. 우리나라 절에서는 곳곳에 부처님이 계신데 여기는 부처님이 안 계시고 큰스님 사진만 있어서 신심이 안 나고 이상하게 생각했습니다. 그래서 한국 수행자에게 물었더니 이층에 부처님이 계신다고 해서 확인했더니 이층 법당에 계셨습니다. 그때서야 비로소 기분이 좋고 마음이 편안해졌습니다.

사야도 미얀마에 어떤 외국 작가가 와서 어느 절에 가서 글을 썼습니다. 그런데 아무리 봐도 부처님이 안 계시기에 나중에 가기 전날 못마땅한 마음이 생겼습니다. 그래서 도대체 왜 부처님이 안 계시느냐고 물어 보니까, 그 스님이 하시는 말씀이 부처님은 내 마음속에 조성해 놓았다고 말씀하시더랍니다.

우리 큰 사야도께서도 항상 부처님은 자기 마음속에다가 조성하라, 어디 가서 불상을 보고 절하고 불상을 친견하려고 하지 말고 내 마음에다 부처님을 건립하라고 말씀하셨습니다. 부처님 상호가 너무 많으면 그만 마음이 지나쳐 버리거나 넘쳐버리게 됩니다. 그래서 안 좋습니다. 법을 보았을 때만 비로소 부처님을 볼 수가 있습니다. 부처님께서 그렇게 말씀하셨습니다.

부처님 당시에 어떤 스님 한 분이 매일 부처님 모습만 보고 너무 좋아했습니다. 매일 수행도 안하고 부처님 모습만 보고 좋아하고 있었습니다. 그래서 나중에 부처님께서 내 모습만 봐서 뭐 할 것이냐고 말씀하시면서 가서 수행을 하라고 쫓아버렸습니다.

인도네시아에는 아주 큰 불상이 많이 있습니다. 그렇지만 부처님의 법은 없습니다. 그래서 겉으로 불상만 모셔 놓는 것은 그렇게 중요하지 않습니다.

수행자 제가 전에는 한 시간을 앉아 있지 못했습니다. 그런데 이제 한 시간을 앉아 있게 되니까 의기양양해졌습니다. 그래서 그때는 그것이 좋았는데 뒤돌아보니까 한 시간 앉은 것에 대한 자만심이 생겼다는 것을 알았습니다. 그러나 그 당시에는 그런 알아차림이 없었습니다. 지금 와서 그런 알아차림이 생긴 것입니다.

사야도 그것도 자만심입니다. 내가 해냈다고 하는 나라는 생각 때문입니다. 그러나 나라고 하는 것은 잘못된 생각입니다. 그래서 나라는 생각 없이 그냥 하도록 해야 합니다. 그것도 아만심이라고 생각해야 합니다.

두 번째 면담

수행자 좌선을 할 때 그간 심하게 아프던 것이 많이 사라졌습니다. 좌선을 하면서 손이나 몸을 움직이지 않고 하고 있습니다. 그러다 오늘 아침에는 망상을 하는 것을 알아차리다가 눈물이 났습니다.

사야도 왜 눈물이 났습니까?

수행자 슬퍼서 눈물이 났습니다. 가족에 대한 것, 그 외 여러 가지가 있습니다.

사야도 그때 가슴의 느낌을 보았습니까? 슬픈 것으로 인한 느낌을 보니까 어땠습니까?

수행자 마음이 많이 아팠습니다.

사야도 그 느낌을 단지 느낌으로만 생각하고 있어야 합니다. 그 느낌이 어떻게 변하는지 알아차려야 합니다. 더 이상 생각하지 말고 느낌을 알았으면 그냥 느낌으로만 알아차리면 됩니다.

수행자　짧게 느낌으로 보다가 빠지다가 하는 것을 반복했습니다. 그러다가 인터뷰 과정에서 이것을 보고하는 것을 생각했습니다.

사야도　슬픈 마음이 일어났으면 그 마음을 계속 알아차려야만 됩니다. 거기에 대한 생각을 하고, 또 하고 그럴 것이 아니라 그 느낌을 계속 알아차려야 합니다. 알아차림을 계속하다 보면 생각과 느낌이 어떤 연관관계가 있다는 것을 알게 됩니다. 그러면 바로 이 생각 때문에 가슴에 이 느낌이 생기는 것을 알 수 있습니다. 즉, 마음이 이런 생각을 하니까 몸이 이런 고통을 받는다는 것을 알게 됩니다.

계속해서 생각하면 이 느낌이 점점 더 강해집니다. 그래서 생각을 하지 않고 그냥 단지 보기만 하면 이 느낌이 점점 줄어듭니다. 번뇌가 일어났다면 그건 바로 불이 난 것입니다. 불이 났을 때 기름을 부을 것입니까, 물을 부을 것입니까? 어떻게 할 것입니까?

이럴 때 사람들은 기름을 붓는 경우가 많습니다. 지금 현재 일어나는 것을 알아차림과 지혜로써 봐야 합니다. 이렇게 알아차리면 나중에는 그런 마음으로 인해서 감정이 일어났을 때 지혜로써 보게 됩니다. 그래서 내가 이런 생각을 하니까 이런 느낌이 있고, 내가 그것을 어떻게 보니까 어떻게 된다는 것을 알게 됩니다.

마음과 몸이 서로 연관관계가 있는 것을 알아야 합니다. 어떤 마음으로 보느냐에 따라 이것이 달라지는 것을 알아야만 합니다. 좋아한다면 무엇 때문에 좋아하는가, 무엇을 좋아하는가, 그리고 만약에 내가 싫어한다거나 못마땅해 한다면 무엇 때문에 싫어하고 무엇을 못마땅해 하는지 그것을 확실하게 알아야만 합니다. 지금 그것을 대상으로 볼 수 있는 그런 습관을 길러 두어야 합니다. 그래야만 나중에 번뇌가 일어나면 바로 볼 수가 있습니다.

사람들이 번뇌가 일어나면 자꾸 생각을 일으켜서 그걸 점점 더 키워 나가지 지혜로 그걸 봐서 사라지게 할 줄을 모릅니다. 왜 그런가 하면 아직 보는 습관이 들어 있지 않기 때문에 그렇습니다. 그래서 알아차림과 지혜로써 보는 힘을 길러 놓으면 나중에 어떤 일이 생겼을 때 바로 그걸 보고 제어할 수 있습니다. 감정이 일어나는 것, 감정을 봄으로써 마음을 보게 됩니다. 감정 때문에 일어나는 느낌을 보다 보면 저절로 마음을 볼 수 있게 됩니다.

여기에서 감정이 일어날 때마다 가슴의 느낌을 보라고 하는 것은 자꾸 자꾸 보는 습관을 키우도록 하기 위해서입니다. 그렇게 자꾸 알아차리면 나중에 지혜로써 마음을 다스릴 수 있습니다. 사람들이 뭔가 하나가 일어나면 대개 거기에 빠져서 즐기고 있는 경우가 많습니다.

^{수행자} 그런 면이 있었던 것 같습니다. 예전에 비해 좋아지기는 했습니다. 그래서 한편으로는 반갑기도 하고, 다른 한편으로는 괴롭기도 합니다.

^{사야도} 수행을 하면 그런 것이 생각나고 일어나는 것은 당연한 것입니다.

마음이 조금 고요해지면 자연히 내가 마음속에 간직해 두었던 일들, 옛날에 품었던 그런 생각들이 자연히 튀어나오게 마련입니다. 못마땅한 것들, 화를 냈던 일, 꾹 눌러놓고 발산하지 못했던 일, 그런 것들이 자연히 다 나오게 마련입니다. 그런 생각이 지금 일어난 것은 좋습니다. 속에 간직해 두었던 것, 옛날부터 참고 억눌러 놓았던 것들이 튀어나오면 그것을 보면서 사실을 사실대로 알아차리면 됩니다.

사람들은 고통스런 일들을 당하면서도 그냥 꾹꾹 눌러놓습니다. 그런데 그걸 자꾸 봄으로써 나는 그때 이렇게 생각했는데 실제로 지금 이걸 다시 한 번 생각해 보니까 그게 그런 것이 아니구나 하고 알게 됩니다. 아니면, 이것이 어째서 이렇게 되었구나 하는 해답을 얻게 됩니다. 그럼으로써 바로 해결할 수 있게 됩니다. 그러므로 그런 것이 한번씩 나올 때마다 지혜로써 이걸 알아차려서 해결할 수 있습니다.

수행을 할 때는 있는 그대로를 보는 것이기 때문에 일어나면 바로 그냥 있는 그대로 보도록 하십시오. 그러면 사실을 사실대로 알게 됩니다. 그런 감정이나 그런 생각들을 봄으로써 거기서 지혜가 나도록 해야 합니다.

수행자 여기 와서 담배를 끊고 있습니다. 밖에 있었으면 피웠을 텐데 피우지 않게 되어 기쁩니다.

사야도 그 대상이 없어서 그렇습니다. 그러니까 피울 담배가 없으니 어떻게 피우겠습니까? 그래서 담배가 없으니 피울 수도 없고, 담배를 구할 수도 없고, 그러니 보는 수밖에 없는 것입니다. 그래서 아직은 끊지 못했습니다. 실제로 담배가 있었을 때 그때 봐야 압니다.

수행자 지금 피고 싶은 마음이 있으면 피우겠다 하는 생각을 어제도 그제도 했습니다. 지금 같은 경우에 밖에 있었으면 피웠겠다 하는 생각을 했습니다.

사야도 그것도 습관입니다. 그래도 한 삼사 일 정도 안 피우고 나면 피우고 싶은 마음이 없어지게 됩니다. 중요한 것은 내 마음을 자꾸 알아차려서 내 마음을 이길 수 있을 때 제어가 될 것입니다. 이렇게 피우고 싶은 마음이 일어나는 것을 계속 알아차리면 차츰 피우기가 싫어집니다. 그래서 마음을 알아차리는 습관을 들이도록 하십시오. 계속 마음을 알아차리는 것을 반복해서 실습하십시오.

수행자 저는 좌선을 하는 중에 일부러 집중하는 것을 피했습니다. 그래서 마음이 몸으로 가서 알아차렸습니다. 그런데 어제 오후부터 몹시 허리가 아팠습니다. 도저히 몸을 움직이지 못할 정도로 아팠습니다. 그래서 아픈 걸 계속 보면 그것이 가시지 않을까 해서 자꾸 허리를 봤어요. 그런데 낫지를 않습니다.

사야도 허리 아픈 것만 봐서는 안 됩니다. 그때 마음을 알아차려야만 됩니다. 통증을 싫어하는 마음을 알아차려야 합니다. 그리고 좀 나으려나 하고 바라는 그 마음을 봐야 합니다. 그동안 수행자가 근본집중을 하다가 이제야 비로소 제대로 된 대상이 나타난 것입니다. 그래서 대상이 나타났을 때 자꾸 그걸 알아차려야 합니다. 그래야만 거기서 지혜가 납니다. 그동안 집중을 해서 고요한 상태에 있는 것보다는 지금 오히려 그것이 더 의미가 있는 것입니다. 아프면 마음이 어떻게 동요하는가, 어떻게 느끼고 있는가, 어떤 감정이 일어나는가, 어떤 마음가짐이 일어나는가를 알아야 합니다.

지금 없애고 싶은 마음이 있었죠?

수행자 예, 있었습니다.

사야도 없애고 싶은 마음이 있으면 더 아픕니다. 그것을 스스로 알아야만 됩니다. 그리고 이것이 사라질 건가, 하고 사라지기를 바라는 마음으로 보면 그것은 탐심으로써 보는 것입니다. 보는 마음가짐이 바르다면 일어나는 대로 그냥 단지 보게 됩니다. 이렇게 보면 없어진다 하는 생각을 갖지 말고 그냥 단지 보도록 하십시오. 허리가 아프면 지금 어떤 마음이 일어나는가, 어떻게 반응을 하는가를 보도록 하고, 그 마음이 일어나는 것을 알아차려야 합니다. 그래서 이때 가슴의 느낌을 알아차려야 합니다.

수행자 경행을 할 때는 조금 집중이 되는 것 같습니다. 그래서 바닷물을 걸어 올라가는 것 같은 기분을 느꼈습니다. 나도 모르게 집중이 되는 것 같았으며 차츰 발걸음이 더 빨라지는 것 같았습니다. 그러자 앞에 있는 비구니 스님이 절 제재했습니다. 왜냐하면 옷에 달린 열쇠가 걸을 때마다 딸가닥거렸기 때문입니다. 저는 그 열쇠 소리를 못 들었습니다. 그냥 재미가 있어서 한없이 걸어간 것입니다. 그 비구니 스님이 말씀하시기를, 소리가 나면 다른 사람들에게 방해가 된다고 했습니다. 그래서 죄송합니다. 제가 지금 물 위를 걸어가고 있어서 몰랐다고 하였습니다. 그때 파란 바닷물 위에서 사뿐사뿐 걸어가고 있었습니다. 그 기분이 너무너무 좋았습니다.

사야도 그런 이유로 집중을 하면 아무것도 알지 못합니다. 지금 알고 있는 것 같지만 실제로 현재 내게 일어나는 것은 알지 못하고 있습니다. 그래서 사실 바닷물은 있지도 않은데 바닷물 위를 걸어가는 것같이 느낍니다. 그러니까 너무 집중을 하지 말고 그냥 이렇게 지켜보면서 내가 어떤 느낌을 알고 있는가를 보면서 가십시오. 경행하는 것도 알고, 닿는 것도 알고, 소리도 알고, 다 알아차려야만 됩니다. 그렇게 빨리 걸을 때면 이렇게 빨리 걷는 것이 무엇 때문에 빨리 걷고 있는가, 과연 이렇게 빨리 걸을 필요가 있는가, 하는 것을 생각해야 됩니다. 너무 깊게 집중을 하지 말도록 하십시오.

수행자 좌선 중에 대상을 잡으려고 하면 졸음이 오고, 다시 대상을 잡으려고 하면 졸음이 오고 정신을 차릴 수 없을 정도로 졸음이 왔습니다. 그래서 정신을 바짝 차려서 내가 이렇게 미얀마까지 와서 자려고 하는구나 하고 생각했습니다. 그러자 저도 모르게 그냥 화가 치밀면서 열이 치밀어 오르고 땀과 눈물이 막 흘러내렸습니다. 그래서 마음을 가라앉히고 마음을 좀 봐야 되겠다 하고 화나는 마음을 가만히 들여다보니까 상대방을 원망하는 마음이 보이더라고요. 그래서 이 원망하는 마음을 계속 들여다보니까 정말 수행을 잘해야겠다는 욕심 때문에 그런 생각이 든 것을 알았습니다.

사야도 그렇게 아는 것은 좋습니다. 그렇게 앎이 생기게 하기 위해서 수행을 하는 것입니다. '아, 내가 지금 남을 원망하는 것도 나의 탐심 때문이구나' 하고 아는 것이 좋은 것입니다. 그걸 알면 그다음부터 원망을 안 하게 됩니다.

졸음이 올 때에 졸음을 물리치려고 하지 마십시오. 오히려 졸음에 관심을 가지고, 졸음이 올 때 지금 어떤 상태인가를 알아차리려고 노력해 보십시오. 졸음이 올 때에 졸음의 성질이 어떤 것인가를 보면 머리가 무거워지고, 몸이 나른해지고, 하는 것이 있을 것입니다. 그것을 그냥 가만히 알아차려야만 됩니다. 그걸 없애고 싶은 마음으로 보면 그걸 이기지 못합니다. 만약에 아무리 알아차려도 도저히 안 될 경우에는 눈을 떠도 됩니다. 그나마 눈을 떠도 도저히 졸음이 와서 견딜 수 없을 때는 일어나서 경행을 하도록 하십시오.

화를 낼 필요가 없습니다. 이것을 없애고 싶은 마음이 있으니까 자꾸 못마땅한 마음이 생기는 것입니다. 따라서 '아, 누구 때문에 이렇게 됐구나' 하는 생각도 일어나는 것입니다. 무겁고 나른한 것도 역시 법의 자연적인 성품을 보는 것입니다. 사람들이 좋은 것만 원하고 잘 안 되거나 좋지 않은 것은 안 보려고 하거나 싫어한다면 그것은 법이 아닙니다. 이것은 수행하는 마음가짐이 제대로 되어 있는 것이 아닙니다. 좋고 나쁜 그것이 중요한 것이 아닙니다. 뒤에서 보는 마음이 좋아하는 마음인가, 싫어하는 마음인가, 그것을 알아차리는 것이 중요합니다.

수행자 경행 중에 오른발 왼발 하면서 닿은 것을 알면서 걷다 보면 벽이 있어서 부딪히기 때문에 딱 서게 됩니다. 이때 서 있는 줄을 알고 있는 찰나에 오른쪽 어깨가 돌려고 하고, 돈다는 것을 알게 되었습니다. 그래서 제 생각에 틀림없이 성품이 있을 텐데, 그리고 좀 더 수행을 해야 하나 하고 혼자 답을 했다가 물었다가 했습니다.

사야도 그때 그 순간에 마음가짐이 바르기 때문에 어깨가 돌고자 하는 의도가 있다는 것을 안 것입니다. 그렇기 때문에 거기서 더 뭔가를 보려고 하면 안 보입니다. 만약 그때 법의 성품을 보려고 하면 아예 더 안 보이게 됩니다. 바로 바라는 마음이 있기 때문에 그렇습니다. 그러니까 그냥 있는 그대로 알아차려야 합니다. 생각이 들어가지 말고 그냥 알아차려야 합니다. 지금 그 상태가 아주 적당한 상태입니다.

수행자 공양 도중에 제일 알아차림이 안 됩니다.

사야도 아직 습관이 안 들어 있어서 그렇습니다. 보는 습관을 자꾸 들이면 차츰차츰 될 것입니다. 공양을 할 때마다 공양하기 직전에 바로 먹지 말고 가만히 자기 마음을 보고 난 뒤에 마음이 착 가라앉으면 그때 알아차리면서 먹어야 합니다.

마음을 음식에 두지 말고 알아차리면서 먹어야 합니다. 그릇에 담긴 음식에 두면 이것 먹고 저것 먹겠다 하는 것을 생각하면서 먹느라고 그만 아무것도 알지 못하고 먹게 됩니다.

부처님께서 당부하신 것이 탐심으로 먹어서는 안 되고, 성냄으로 먹어서도 안 되고, 어리석음으로 먹어도 안 된다고 하셨습니다. 이렇게 탐진치로 먹으면 안 됩니다. 그래서 알아차리면서 부처님이 좋아하시는 대로 먹어야 합니다. 탐진치로 먹지 않고 알아차리면서 먹는 것이 부처님께서 가장 좋아하시는 것입니다. 그렇게 되면 먹으면서도 법을 얻을 수 있습니다.

수행자 수행 중에 몸에 가끔 진동이 일어납니다. 눈은 안 뜨고 있는데 기분 좋은 진동이 계속됩니다. 그래서 내가 이걸 즐기는 것이 아닌가 하고 긴장을 하고 지켜보면 멈추게 됩니다. 그러다 어느새 또 진동이 시작되곤 합니다.

사야도 그건 당연한 것입니다. 그걸 왜 억지로 멈추려고 합니까. 몸 전체에 그런 진동이 있습니다. 단지 그냥 일어나는 대로 알아차려야만 합니다. 마음이 고요해지면 아주 미세한 그런 진동들이 온몸에 많이 일어납니다. 그러니까 그냥 단지 일어나는 대로 알아차려야 합니다.

수행자 경행을 할 때는 걸음걸음이 일정하지가 않습니다. 어느 때는 뚜벅뚜벅 걷다가 어느 때는 쓰러질 듯이 걷게 되는데 이것이 마음의 상태에 따라서 그렇게 되는 건지 잘 모르겠습니다.

사야도 마음의 상태와 연관이 있습니다. 마음이 가벼우면 알아차림과 집중력이 좋아져서 몸도 가볍게 느껴집니다. 마음 상태가 좀 무거우면 몸도 무겁습니다. 알아차림이 없으면 휘청거리게 됩니다. 알아차림에 가속도가 붙으면 그렇게 흔들리지 않는데 처음에 조금 경행을 시작할 때는 휘청거리게 됩니다. 자연스럽게 그냥 걸을 때는 휘청거리지 않습니다. 조금 천천히 걸으니까 걷는 가속도가 아직 붙질 않아서 휘청거리는 것입니다.

수행자 점심을 먹을 때는 여전히 많이 먹으려고 하고, 또 급하게 먹으려고 합니다.

사야도 우리 쉐우민 큰 사야도께서 법문하신 법을 이야기해 드려야겠습니다. 탐심으로써 먹으면 아귀가 먹는 것과 같습니다. 아귀는 항상 배가 고픕니다. 굶주려 있기 때문에 항상 많이 먹고 싶어 합니다. 만약에 지금 막 먹고 싶어 하는 급한 마음으로 죽으면 항상 굶주리는 아귀가 됩니다. 화나는 마음, 성내는 마음, 못마땅한 마음, 이런 마음으로 먹으면 지옥 중생들이 먹는 것과 똑같습니다. 어리석게 아무것도 알지 못하고 그냥 먹으면 축생들이 먹는 것과 마찬가지입니다. 사람이 먹는 것이라면 사람은 알아차리면서 먹어야 합니다. 그래야 사람이 먹는 것이라고 말할 수 있습니다. 그러니 사람으로 먹을 수 있도록 하십시오.

수행자 좌선 중에 파리가 와서 앉아서 '아, 왔구나' 하고 바라보고 있었는데 계속 와서 간지럽게 하니까 싫어하는 마음이 생기는 것을 봤습니다. 재채기가 나오려고 코가 간질간질해서 봤더니 재채기가 나오려다 사라지는 것을 알 수 있었습니다.

사야도 어떤 대상이 한 가지 나타나면 내 마음속에서 어떤 마음이 일어나는가, 그걸 자꾸 보는 습관을 길러야 합니다. 그리고 느낌을 느낌으로 생각하면 그렇게 많이 간지럽거나 싫어하는 마음이 안 일어나는데 파리라고 생각하니까 싫어하는 마음이 생기는 것입니다. 파리다, 모기다, 개미다, 하고 생각을 하면 화가 납니다. 단지 느낌을 느낌으로만 생각하면 그것이 바른 마음가짐으로 본다고 말할 수 있습니다. 그런 마음가짐으로 단지 느낌을 느낌으로 보아도 마음이 반응을 하면 그때는 다시 반응하는 마음을 알아차려야 합니다.

수행자 좌선을 할 때 망상도 없고 졸음도 없는데 아무 느낌도 없이 앉아 있을 때가 많습니다. 그럴 때 뭔가를 찾아봐야 하는 건지 그냥 앉아 있어야 하는 건지 알 수가 없습니다.

사야도 대상을 찾아야 됩니다. 마음을 대상에 갖다 두고 알아차려야 합니다. 그것은 마음이 쉬고 있는 것입니다. 마음이 일을 안 하고 휴식하고 있는 것은 알아차리지 않고 놀고 있는 것입니다. 그러니까 대상을 찾아서 마음을 대상에 갖다 두어야 합니다. 마음을 주 대상인 호흡에 갖다 두든지, 아니면 다른 선명한 대상이 있으면 그 대상에 두어야 합니다.

수행자 좌선할 때 앉아 있는데 통증이 굉장히 심했거든요. 그래서 세 번만 참자, 참자, 하면서 있었어요. 그리고 세 번째 참을 때는 그때의 가슴을 봤더니 가슴이 벌렁벌렁하면서 답답함을 느꼈습니다.

사야도 그렇게 억지로 참지 마십시오. 세 번만 참자, 네 번 참자, 그런

생각은 하지 말도록 하십시오. 몇 번이라고 정해 놓으면 마음이 더 답답해
지고 긴장하게 됩니다. 그래서 내 생각을 거기에 개입시키지 말아야 합니
다. 한 시간을 꼭 참고 앉겠다 하는 생각을 하지 말고 그냥 하는 대로 하십
시오. 그냥 일어나는 대로 알아차림을 하겠다, 그리고 정 안 되면 그때는
바꾸든지, 아니면 일어나게 되면 일어나고 상관없다, 라고 생각해야 합니
다. 내가 얼마만큼만 참겠다고 생각하고 억지로 참는다면 그 이상은 참을
수가 없게 됩니다.

수행을 하는 것은 모든 것의 자연적인 성품을 관찰하는 것입니다. 그것
을 그냥 알도록 공부하는 것이지 억지로 억제해 가면서 하는 것이 아닙니
다. 아프면 마음이 어떻게 반응을 하고, 어떻게 느끼는가를 알아차리십시
오. 없애고 싶은 마음도 갖지 말고, 그냥 없어지려면 없어지고 말라면 말라
는 식으로 하고, 그러다 정 안 되면 바꿔 주면 되지, 라고 생각하고 그냥
알아차리십시오.

수행자 경행을 하는데 갑자기 배부터 가슴까지 매운 느낌이 들었습니다.
눈물이 핑 돌았는데 그 느낌만 알고 몸의 다른 느낌으로 가려고 했는데 깨
어나지 못하고 계속 그 자리에 있으면서 눈물이 나는 거예요. 한참 동안
헤어나지 못하고 계속 울다가 그쳤어요. 그 느낌이 어린애가 혼자 엄마에
게서 떨어져 있는 그런 느낌 같았어요.

사야도 그 슬픔을 계속 당하고 있었던 것입니다. 그때 슬픈 마음이 일어
나면 그것을 알아차려야 합니다. 알아차려야 되는데 그냥 슬퍼만 하고 있

었습니다.

수행자 보긴 봐야 하는데 어떻게 봐야 하는지 모르겠습니다.

사야도 그때 가슴에 콱 올라오는 그 느낌이 있죠? 그걸 알아차리십시오. 슬픈 감정은 아주 분명합니다. 올라오는 그 느낌을 그냥 가만히 보도록 하십시오. 슬픈 생각을 계속하지 말고, 그 내용을 자꾸 생각하지 마십시오.

수행자 대상을 알아차릴 때 몸을 가까이 보면 단단하게 느껴지고, 멀리서 바라본다고 생각하면 부드럽게 느껴집니다. 계속 단단하게 느껴질 때는 통증이 심하게 느껴져요. 아는 마음이 멀리서 바라볼 때는 그 단단함의 통증이 조금 이완되는 것 같아요.

사야도 그렇게 부드럽게 떨어져서 보는 것이 좋습니다. 이완된 상태로 그렇게 보는 것이 좋습니다. 너무 딱 붙어서 보면 단단한 느낌이 되고 통증이 생깁니다. 그러므로 그것이 당연한 것입니다. 마음에도 힘이 빠질 때가 있습니다.

수행자 경행을 할 때 전면에 화면으로 볼 때하고, 가까이 주시하며 천천히 걸을 때와 그 느낌이 많이 다른 것 같습니다. 다시 말하자면 경행할 때 주시 대상을 전면에 전체적으로 두고 가슴을 쫙 펴고 걸을 때하고, 고개를 숙이고 앞에만 딱 주시하고 걸을 때와 다른 것 같습니다.

사야도 그렇게 앞에다 두고 알아차리십시오.

수행자 면담을 하기 위해 뒤에 앉아 있는데 도우님이 앞으로 가라고 해서 화가 났습니다. 그럴 때 내 맘대로 하고 싶은데 왜 날 앞으로 가게 하는가, 하는 그 마음 때문에 화가 치밀어 올랐습니다. 그러니까 일상에서 그렇게 알아차림을 하고 있는데 어떻게 해라, 이렇게 말할 때는 성내는 마음이 막 일어납니다.

사야도 그건 수행자의 성질입니다. 자신의 성질이기 때문에 그것이 일어날 때마다 알아차리는 것이 중요합니다.

수행자 누가 지시를 하는 것을 싫어하는 것 같습니다.

사야도 평생 동안 다른 사람이 말하는 것을 듣고 살았기 때문에 그렇습니다. 그래서 그게 자연적으로 습관이 되어버렸습니다. 그래서 누가 말을 하면 그냥 싫어하는 것입니다. 자신의 성향이 그러므로 그럴 때마다 알아차려야 합니다. 그런 성향으로 인해 괴로움을 겪는 것은 자신입니다. 자신이 그렇게 강하면 자신도 괴롭고 가까이에 있는 남도 괴롭습니다. 남이 좋은 말을 하면 받아들이십시오. 남의 선의를 불선으로 받아들이는 것은 바람직하지 않습니다.

수행자 저는 이번 수행이 처음입니다. 그래서 뭐가 뭔지를 몰랐는데 스님이 마음을 봐라, 마음을 봐라, 해도 마음 자체를 보는 것을 잘 몰랐는데 어제부터는 조용하게 호흡이 보였어요. 그런데 본다고 생각하면 배의 호흡이 또 금방 막 뛰는 거예요. 조용하게 들숨날숨을 하면서 알아차리다 보면 벌써 막 뛰어요. 그냥 그런 걸 느낀 것 같아요.

사야도 가슴이 뛰는 것을 알아차리는 것은 아직 마음이 아닙니다. 마음이 고요해진 것, 차분하게 가라앉는 것이 마음입니다. 마음을 봐라, 마음을 봐라 해도 마음을 못 본다고 했는데 고요해진 것, 그것이 바로 마음입니다.

수행자 오늘부터 경행을 할 때 알아차리는 마음을 갖고 하니까 다리가 가벼웠습니다. 그간에는 모르고 왔다 갔다 했는데 이제 마음을 가지고 가니까 가볍고 정신이 산란해지지 않고 모든 마음이 한데 뭉쳐 있는 것 같습니다.

사야도 좋습니다. 그것이 바로 알아차리는 것입니다. 계속 그렇게 알아차리십시오.

수행자 먹을 때 수행하는 사람들이 천천히 먹는 것을 보고 뭘 생각하면서 먹나 하고 생각했습니다. 알아차리면서 먹으라는 말씀은 들었지만 이것이 맛있구나 하는 것을 알면서 먹었지 다른 것은 모르겠습니다. 그래서 급히 먹고, 빨리 먹어야 맛있는 것을 먹겠구나, 하고 생각 없이 먹었습니다. 그런데 오늘 굉장히 우아하게 천천히 생각하면서 먹는다고 먹었는데도 잘 안 되어서 조심해서 먹었습니다.

사야도 알아차리면서 먹어야 합니다. 씹으면 씹는 줄 알고, 뜨면 뜨는 줄 알고, 입에 넣으면 넣는 줄 알고, 씹을 때 맛이 변하는 거 알고, 넘기면 넘기는 줄 알고, 그때 또 일어나는 마음도 알고, 긴장하는 마음도 알고 먹어야 합니다. 내가 입에 딱 넣었을 때 아, 이거 맛있다, 할 때 그 맛이 얼마나 오래가는지 그걸 알아차리십시오. 그렇게 오래가지 않습니다. 그렇게 오래가지 않는 그 맛에 집착해서 자꾸 맛있다, 맛있다 하고 먹는 것입니다. 그 맛이 사라지고, 사라지고 하는 것을 보면 자꾸 먹고 싶어 하는 그 마음이 줄어들게 됩니다. 그래서 탐심이 줄어들게 됩니다.

수행자 어제 저녁에는 좌선이 꾸준하게 잘 진행됐는데, 일곱 시에서 여덟 시 사이의 한 시간이 상당히 지루한 걸 느끼면서 마음을 지켜봐도 봐지지가 않았습니다. 오늘 새벽에는 법당에서 스님이 법문을 하시는데 그 법문 하는 소리를 듣기 싫어하는 걸 한 시간 내내 느꼈습니다. 계속 졸리는 것도 아닌데 마음이 계속 도망가는 거예요. 그런 것을 알아차렸지만 법문이 무슨 소리인지 못 알아들으니까 괴로웠습니다. 그래도 인내하기 위해서 많이 노력했는데도 한 시간 내내 그러고 앉아 있었습니다. 그래서 그 시간 내내 화가 난 마음이 계속되었다는 걸 알아차렸습니다.

사야도 저녁에 그렇게 힘이 들고, 지루하고, 자꾸 하기 싫어지는 것은 하루 종일 너무 힘을 주어서 봤기 때문에 그렇습니다. 그래서 저녁엔 힘이 다 빠져서 하기 싫어지는 것입니다. 정말로 마음이 편안하다면 지루한 마음이 일어나지 않습니다.

소리가 일어나면 일어나는 대로 알아차리십시오. 그때 싫어하는 마음을 알아차리도록 하십시오. 그리고 그때 싫어하는 느낌이 있었죠? 그걸 계속 알아차리도록 하십시오. 그 소리를 듣지 말고 그때 싫어하는 마음의 느낌, 그것을 계속 알아차리도록 하십시오.

수행자 한 시간 내내 알아차리라는 말인가요?

사야도 그건 생각이 잘못되었기 때문입니다. 그 소리가 나를 방해한다고 생각하기 때문에 그렇습니다. 아침이 되면 잘 되는데 하는 그런 생각 때문에 그렇습니다. 그래서 잘 되는 것이 깨질까 봐 자꾸 소리를 싫어하는 것입니다. 어떻게 되고 싶어 하는 마음, 잘 되게 하고자 하는 마음이 일어나면 그때는 더 마음에다가 알아차림을 두어야만 합니다.

수행을 할 때는 여러 가지 상황이 있기 마련입니다. 꼭 자신한테 좋은 상황만 생기지 않습니다. 중요한 것은 어떤 상황이든지 그때 일어난 마음을 알아차리고 몸으로 와서 느낌을 주시해야 합니다. 마음을 알아차리고 난 뒤에 몸으로 오면 가슴에 느낌도 있고 호흡도 있고 알아차릴 것이 많이 있습니다.

수행자 오늘 아침에 굉장히 중요한 것을 하나 발견했습니다. 다른 때는 시계 소리가 들리면 '아, 세 시구나' 하는 생각이 일어나고, 그런 다음에는 배로 가는 것이 습관이 들어서 항상 유지가 되었습니다. 그런데 오늘 아침에는 배를 못 알아차리고 사람 소리를 먼저 듣게 되었어요. 그래서 마음이 깜짝 놀라서 갑자기 벌떡 일어나 버렸습니다. 평소에는 못 느꼈던 것을 오늘 느끼면서 아, 이렇게 알아차릴 수가 없구나 하고 생각했습니다.

다시 마음을 챙겨서 모기장을 걷고 불 켜고 서서히 진행하는데 항상 내가 생각한 만큼 만족스럽게 알아차리지 못합니다. 거기에 대해 고민하고, 상당히 오래전부터 신경을 쓰고 있는 데도 알아차림이 잘 안 됩니다.

사야도 할 수 있는 만큼만 하시면 됩니다. 되는 만큼만 알아차리도록 하십시오. 차츰 가속도가 붙으면 자연히 잘 될 것입니다. 알아차리는 것은 두 가지가 있습니다. 하나는 두는 알아차림이고, 또 하나는 있는 알아차림입니다. 처음에는 알아차림을 두도록 노력해야만 합니다. 그러다 나중에 가속도가 붙으면 일부러 알아차림을 둘 필요가 없이 항상 알아차림이 있게 됩니다.

수행자 알아차림이 자연스럽게 일어나는 것이 잘 안 되고 있습니다.

사야도 있는 알아차림을 하면 항상 알아차림이 됩니다. 위빠사나에서는 있는 알아차림이 더 중요합니다. 그러나 있는 알아차림을 위해서는 먼저 두는 알아차림을 계속해야 합니다.

수행자 좌선 할 때 망상이 참 많거든요. 처음에는 못 알아차렸는데 이제는 조금씩 알아차릴 수 있습니다.

사야도 이제 알았다 하면 알아차림이 좋아진 것입니다. 전에 할머니 한 사람이 처음으로 수행을 했습니다. 첫째 날에 무엇을 아느냐, 뭘 생각하느냐 하니까, 아무 생각도 없다고 했습니다. 두 번째 날에도 뭘 생각했느냐고 하니까 아무 생각이 없다고 했습니다. 세 번째 날 대답에는 무슨 생각이 그렇게 많은지 모르겠다고 했습니다.

그러니까 사실은 첫째, 둘째 날에도 생각은 계속했는데 자기가 생각하는지 모르고 있었습니다. 셋째 날에는 이제 알아차림이 조금 되니까, 내가 이렇게 생각을 많이 하는구나 하는 것을 알게 된 것입니다. 그래서 알았다는 것은 좋은 것입니다. 생각을 하는 것을 알든지 뭐를 알든지 간에 알았다는 것은 좋은 것입니다.

수행자 같은 망상이 뜨기 때문에 그때마다 망상을 하는 마음을 한번 보고, 가슴의 느낌을 보고 그렇게 합니다. 그런데 같은 망상을 하는 경우가 어떤 경우냐 하면, 수행을 하면서 인터뷰할 거리가 생기면 그것을 계속 망상하는 거예요. 그렇게 망상할 때마다 제 마음을 보니까 제가 그걸 좋아하고 있다는 것을 알았어요. 처음에는 마음이 왜 뜨지, 왜 뜨지 이랬는데 그걸 좋아하고 있는 거예요. 또 하나는 인터뷰 거리가 생겨서 내가 뭔가 볼게 생겼구나 하게 되었어요. 그래서 내가 좋아하고 있기 때문에 자꾸 망상을 하고 있는 것을 알았습니다.

사야도 망상을 하면 자꾸 알아차리고, 또 알아차리고 자꾸 그렇게 하십시오. 일단 생각하는 것을 알았다 하면 다시 주 대상으로 오도록 해야 합니다. 망상하는 것은 망상하는 마음이 할 일이고, 그걸 알아차리는 것은 내가 할 일입니다.

수행자 그러니까 알고 마음을 한번 보거든요. 그래서 내가 좋아서 그걸 하고 있는 줄 알았어요.

사야도 그렇게 알아지면 좋습니다.

수행자 오늘은 집중이 좀 되었는데 앉아 있다 보니까 손가락이 저절로 한 번씩 움직여집니다. 바늘로 찌르는 것 같은데 기분이 상쾌했어요. 퍼지는 것이 있는데 박하 향처럼 퍼져 나갔습니다. 그렇게 세 번 정도 퍼졌는데 제 마음을 보니까 좋아하는 거예요. 통증인데도 기분이 좋은 거예요. 그래서 아, 내가 이걸 좋아하고 있구나, 하고 알았습니다.

사야도 그냥 그렇게 알아차리면 됩니다.

수행자 오늘은 망상이 많이 줄었어요. 법당에 가기 위해 경행을 할 때 고양이가 자고 있는 것을 딱 본 거예요. 보자마자 고양이가 참 상팔자다, 하는 생각이 들었어요. 그 순간에 그러고 있는 것을 딱 알아차렸어요. 아, 내가 고양이한테 마음이 반응을 하고 있구나, 하고 알았습니다. 그리고 돌아서서 이쪽으로 걸어가는데 마음이 발에 갔다, 고양이한테 갔다, 이렇게 왔다 갔다 한 거예요.
그리고 두 번째 고양이를 봤을 때 나는 고양이를 싫어하는데 고양이를 부러워하고 있네 하는 생각이 딱 들었어요. 그리고 돌아서서 경행을 하는

데 다시 마음이 발에 갔다, 고양이한테 갔다가 그러다 세 번째 고양이를 딱 봤어요. 그 순간에 마음을 보니까 내가 고양이의 잠에 탐욕을 부리고 있구나, 하는 것을 알았어요. 내가 자고 싶으니까 저 고양이의 잠을 부러워하고 있구나, 하는 생각이 드는 거예요. 그러고 나서 다시 경행을 하면서 또 한 번 고양이를 봤을 때는 아, 고양이가 잘 자는구나, 하고 아무 반응이 없었습니다.

사야도 그렇게 알아차리게 되니까 반응하는 마음이 없어지는 것입니다. 원인을 알았기 때문에 반응하는 마음이 없어진 것입니다. 그래서 원인을 아는 것이 중요합니다.

수행자 제가 대상에 대해 반응할 때마다 제가 갖고 있는 어떤 조건 때문에 다르게 반응하는 것 같았습니다.

사야도 좋습니다.

수행자 아침 예불시간에 졸음이 왔어요. 그런데 졸려서 앉아 있으면 스님 목소리가 자장가처럼 너무 좋은 거예요. 스님 목소리가 부드럽고 좋았는데 그때 좋아하는 것을 처음 안 거예요. 그래서 졸리는 와중에도 아, 내가 좋아하고 있구나, 하고 알았어요. 그러나 조금 있다가 스님이 쿵쿵거리며 콧소리를 내는 거예요. 그래서 금세 아이 더러워, 하고 싫어지는 거예요. 제가 볼 때에는 똑같은 대상을 놓고 마음이 그렇게 변덕을 부리고 있었어요. 그것은 제가 대상에 휘둘린 것 같아요.

사야도 내 몸만 알아차리십시오. 내 몸과 마음에서 일어나는 것만 알아차려야 합니다. 상대방은 생각하지 마십시오. 그쪽을 아예 안 봤으면 그런 반응을 안 하는데 듣고 보고 그쪽에 관심을 갖고 마음이 거기 가 있으니까 그렇게 소리가 들렸고 그렇게 느껴진 것입니다.

세 번째 면담

수행자 좌선 시에 대상을 잘못 잡아서 헤매는 경우가 있습니다. 이제 앉아서 자세를 바꾸지는 않는데 대상을 찾아 헤매다가 소리가 나면 다시 소리를 대상으로 알아차립니다.

사야도 대상을 억지로 찾으려고 하지 마십시오. 대상이 보이지 않으면 가만히 지켜만 보고 있어야 합니다. 그러면 저절로 대상이 나타납니다. 찾는 데 골몰해서 억지로 찾으려고 하면 대상이 더 보이지 않습니다. 찾지 말고 그냥 가만히 지켜보고만 있어야 합니다. 대상은 항상 있습니다. 온몸 전체에 대상은 많이 있는데 마음이 고요하지 않아서 그 대상이 안 보이는 것입니다. 고요해지면 대상은 저절로 보이게 마련입니다. 그래서 어떤 대상이나 느낄 수 있습니다.

수행자 깜빡깜빡 조는 상태에서도 아랫배가 긴장합니다.

사야도 조는 것을 싫어하면 긴장하게 됩니다. 싫어하는 마음이 있기 때문에 그렇습니다. 졸음이 오는 것도 바로 대상입니다. 그것도 하나의 대상일 뿐이므로 졸음이 올 때 나른해지는 느낌, 머리가 무거워지는 느낌, 눈두덩이 무거워지는 느낌, 그 느낌을 가만히 지켜보도록 하십시오. 이때 싫어하는 마음을 내지 말고 그냥 알아차리도록 하십시오.

수행자 좌선을 할 때나 경행을 할 때는 힘이 듭니다. 그래서 경행을 오래 할 때는 힘을 덜 들이고 하려고 합니다. 바람이 불 때 차고 시원한 느낌이 금방 일어났다가 사라지고 합니다. 경행 중에도 담배 피우고 싶다는 탐욕이 금방 일어났다가 금방 사라지곤 합니다.

사야도 지금 편안하게 앉아 보십시오. 좌선을 할 때처럼 그냥 편안히 앉아 보십시오. 가만히 눈을 살짝 감아 보십시오. 뭘 알 수 있습니까?

수행자 지금 긴장하고 있는 것을 알겠습니다.

사야도 바로 그것을 알면 됩니다. 지금 시작할 때 긴장하고 있으면 긴장하고 있는 것을 알면 됩니다. 아무것도 보려고 하지 말고 가만히 눈을 감고 있어 보십시오. 그러면 무엇이 나타나는지 다시 한 번 알아차려 보십시오.

수행자 제가 뒤쪽에 앉아 있는 것을 알겠습니다.

사야도 바로 그걸 알면 됩니다. 그러면 되는데 그런 것은 대상이라고 생각하지 않고 다른 것을 찾으니까 없는 것입니다. 그냥 편안하게 가만히 앉아 있으면 저절로 느낌들이 나타납니다. 지금 엉덩이가 닿아 있는 느낌도 알아차릴 수가 있습니다.

위빠사나 수행은 마음가짐이 중요합니다. 내가 보고 싶어 하는 대상을 봐야 하는 것이 아니라 그냥 단지 보이는 것을 보는 것입니다. 그냥 가만히 지켜보고 있으면 저절로 이것이 나타났다, 저것이 나타났다, 여러 가지 대상들이 나타났다 사라지게 됩니다. 그걸 그냥 알아차리면 되는 것입니다.

수행자 아직도 담배를 피우고 싶은 생각이 일어났다가 사라집니다.

사야도 담배를 피우고 싶은 의도를 알면 안 피우고 싶어집니다. 그 의도가 얼마나 중요한지 모릅니다. 의도는 잠깐 일어났다 바로 사라집니다. 의도를 보고 있으면 금방 사라집니다. 의도란 담배를 피우고 싶어 하는 느낌을 알아차리는 것입니다. 그렇게 알면 담배 피울 필요가 없어집니다. 지금 담배를 많이 피워서 삐삐 마른 것 같은데, 담배를 안 피면 살이 좀 찔 것입니다.

수행자 어제 오후에 심장 위쪽으로 열기가 올라왔습니다. 그 열기를 자세하게 보았습니다. 열기가 막 올라오는데 그것을 가만히 지켜보니까 열기가 머리로 나가서 사라졌습니다. 그리고 열기가 나간 뒤에 땀방울이 맺혔습니다. 열기가 나가기 직전에 강력한 힘이 나오더라고요. 보이지 않는 강력한 힘이 제 몸 안에서 나왔습니다. 그리고 오늘 아침에는 일어나 앉아 있는데, 가족 생각은 안 나면서 갑자기 한국에 있는 손자를 '손자야! 손자야!' 하고 불렀습니다.

사야도 마음이 고요해지면 내 생각을 그걸 진짜라고 생각하고 거기에 빠저버립니다. 그래서 '손자야! 손자야!' 하고 부른 것입니다. 그것이 망상이라는 것을 알도록 하십시오. 일상에서도 알아차림을 둡니까?

수행자 네, 알아차리려고 합니다.

사야도 그것이 더 중요합니다. 일상에서 알아차림을 두는 것이 필요합니다. 뭔가 할 때마다, 움직일 때마다, 뭘 잡을 때마다 항상 알아차리면서 하도록 하십시오. 처음에는 내가 뭔가 하고 있다는 것을 알아야 합니다. 나중에 수행을 오래 하게 되면 내가 무엇 때문에 하는지, 왜 하는지, 이런 것을 알아야 합니다.

이것을 하면 이익이 있는가 없는가 하는 지혜가 뒤따라와야 합니다. 자꾸 알아차리는 습관을 많이 들인 사람들은 지혜의 힘이 좋아집니다. 신구의 삼업이 다 좋은 업을 지을 수 있게 됩니다. 나쁜 행동을 하지 않게 되고, 나쁜 말을 하지 않게 되고, 나쁜 생각을 하지 않게 됩니다. 온 가족이 다 그렇게 될 수 있으면 얼마나 좋겠습니까. 그러면 아무런 문제도 생기지 않습니다.

위빠사나 수행을 하는 사람들은 그렇게 됩니다. 위빠사나의 지혜가 아주 높아질 필요도 없이 이 정도로도 얼마든지 그렇게 될 수 있습니다. 그러니까 신구의 삼업을 짓지 않는 그 정도로도 위빠사나 수행이 훌륭하게 될 수가 있다는 말입니다. 내가 생각을 하는 것도 항상 이익이 있어야 하게 됩니다. 이익이 있을 것 같으면 하고, 이익이 없으면 생각하지 않게 됩니다.

내가 말하고 행동하는 것은 마음이 벌써 먼저 다 생각을 한 뒤에 하는 것입니다. 그러기 때문에 의도만 알면, 내 생각이 일어나는 것을 알면, 이 것이 옳은가 그른가 알아서 행동하고 말하게 됩니다. 그래서 항상 마음을 알아차리는 것이 중요합니다.

수행자 좌선을 할 때 대상도 제대로 못 잡고 망상도 제대로 못 잡고 그 가운데서 헤매는 것 같아요.

사야도 대상을 잘 잡는 것이 중요한 것이 아니라 대상을 아는 것이 중요합 니다. 좋은 대로 하면 됩니다. 생각이 너무 많으면 생각은 보지 말고 그냥 생각하는 줄만 알고 몸으로 다시 돌아오십시오. 마음이 조금 고요해졌을 때 생각이 일어나면 이때는 알아차려도 됩니다.

수행자 오늘은 실컷 망상을 즐겼습니다. 아이들도 보고 싶고 해서 망상에 빠졌다가 이것 한번 해보자 싶어서 망상하는 것을 봤습니다. 그랬더니 빨 리 수행을 하고자 하는 마음이 일어난 것을 알았습니다. 그리고 코의 느낌 을 알아차렸습니다. 그런데 그만 좌선시간이 다 되어버려서 일어났습니다.

사야도 괜찮습니다. 그럴 때는 그냥 계속 앉아서 알아차리면 됩니다. 더 앉아 있다고 해서 벌금을 내는 것도 아닙니다. 시간이 사람들을 지배합니 다. 그 시간만 되면 아무것도 생각 안 하고 그냥 끝내 버립니다. 수행을 더 하는 것이 좋은지, 끝내는 것이 좋은지를 전혀 생각해 보지도 않고 그 시간이 끝났다고 그냥 일어나 버립니다. 그럴 필요는 없습니다. 잘 될 때는 자기가 하고 싶으면 수행을 더 해도 됩니다.

사람이 시간을 지배해야 합니다. 여러 가지 상황을 고려하지 않고 무조건 시간이 되었다고 일어나지 마십시오. 시간은 지키되 상황이라는 것이 있다는 것을 알아야 합니다. 좀 더 앉아 있어야 될 상황이면 더 앉아서 수행을 해도 됩니다.

수행자 땀이 날 때 보니 여기서도 흐르고 저기서도 흐르는 것을 보았습니다. 그럴 때 마음을 보고 싶어서 알아차려 보니 화가 나고 열이 나는 것을 알았습니다. 발가락까지 열이 나는 것을 알았습니다. 그렇게 보는 중에 종이 울려서 끝이 나 버렸습니다.

사야도 그래도 보고 있는 중에 끝나서 조금 다행입니다. 보려고 하는데 끝난 것보다 그래도 조금 보고 있는데 끝나서 다행입니다.

수행자 좌선을 끝내고 경행을 하는데 순간적으로 다른 사람들이 경행을 하는 모습이 보였고, 조용, 조용히 걷는 모습들이 선녀처럼 아름답게 보였습니다. 그리고 경행을 하는 중에 갑자기 며느리가 보이고 아이들이 보이면서 택시를 타고 가는 것이 떠올랐습니다. 그리고 이 생각이 사라지지 않았습니다. 그러다 보니 감옥에 갇힌 것 같은 느낌이 들었습니다.

사야도 생각이 일어나면 생각이 일어나는 것을 알고, 그 마음 때문에 느낌이 일어나면 또 그 느낌을 알아차리고 자꾸 이렇게 알아차려야 합니다.

그런 생각이 나타날 때 잠깐만 알아차리면 그 마음이 사라집니다. 계속해서 생각하는 것을 허락하면 생각이 아주 강해질 것입니다. 강해지면 못 견디게 됩니다.

생각이 일어날 때 바로바로 알아차리도록 하십시오. 감옥에 갇혀 있는 것도 아닐 뿐더러 여기 와서 수행을 하는 것이므로 '아, 내가 꼭 감옥에 갇힌 것 같다, 어떻다' 하는 생각을 하지 마십시오. 그렇게 생각하면 점점 더 해집니다. 그럴 때 마음가짐을 바꿔 주면 됩니다. 아주 자유롭게 살던 사람들은 여기 와서 이렇게 수행을 하는 것을 못 견뎌 합니다. 그러니까 그때 일어나는 마음을 알아차려야 합니다. 그리고 지금은 수행을 하러 온 것이 아니냐 하고 마음가짐을 바꿔 주도록 해야 합니다. 그래서 그런 마음이 일어나면 알아차려야 합니다.

여기서 잠깐 동안만 법문을 듣고 수행을 하는 것입니다. 아직 3주도 안 되었고, 겨우 18일 동안 수행을 하는데 못 견뎌 하면 안 됩니다. 시간이 빨리빨리 가고 있습니다. 하루하루가 너무 빨라서 죽을 지경인데 싫증을 내면 안 됩니다.

^{수행자} 오늘은 또 날짜가 열흘밖에 안 남았다 생각하니까 마음이 바쁜 거예요. 그래서 수행을 더 잘해야 하는데 하는 생각이 들었습니다.

^{사야도} 생각이 마음과 연관되어 있으므로 내 생각을 좋은 쪽으로 하면 더 공부가 하고 싶고, 또 다른 쪽으로 생각하면 하기 싫어지고 이렇습니다.

그러니까 생각이 바른 것이 중요합니다. 또한 열흘밖에 안 남았다 해서 마구 열심히 하려고 하지 마십시오. 그냥 하는 대로 보통으로 하십시오. 열흘만 남은 것이 아니라 평생 동안이 남아 있습니다.

수행은 죽을 때까지 해야만 됩니다. 수행자는 어디를 가든지 항상 수행을 해야 합니다. 그래야만 바른 수행생활을 할 수 있게 되지 안 그러면 잘못된 생활을 하게 됩니다. 법답게 행동하십시오. 우리 큰 사야도께서는 항상 "법답게 살아라. 만약 법답게 살지 못한다면 그것은 잘못 사는 것이다"라고 말씀하셨습니다.

수행자 공양을 할 때 법이 있다 생각하고 감사한 마음으로 먹고 있습니다. 그런데 공양을 할 때 움직이는 걸 알아차리고, 먹는 것을 알아차리고, 넘어가는 것을 알아차리고, 그렇게 계속 알아차리는 것을 잘하면 저 같은 사람도 법을 볼 수가 있을까요?

사야도 볼 수 있습니다. 노력하면 됩니다.

수행자 좌선 중에 계속 망상을 하고 있는 것 같아요. 공사를 하는 곳에서 망치 소리, 드릴 소리가 났어요. 그 드릴의 시끄러운 소리 속에서 어느 순간에 시끄럽다는 마음이 사라지고 고요함을 느꼈어요. 뭐라 형용할 수 없었습니다. 그리고 배를 알아차리고 있는데 이제 아무 잡념도 안 들어오고 오직 배를 보고 있었습니다. 그런데 이따금씩 바깥에선 소리가 나고, 또 나 혼자 그냥 여기에 앉아 있다는 것을 느꼈어요. 그리고 뭘 느꼈느냐 하면 아기가 새근새근 잠자고 있는 것처럼 제 숨소리가 느껴지더라고요.

사야도 그럴 때 계속해서 알아차리도록 하십시오. 계속 알아차리지 못하면 졸게 됩니다.

수행자 잠은 안 자요. 경행 중에도 집중해서 하니 잘 되었고, 좌선도 두 시간을 앉아서 했습니다. 그런데 잡념이 또 들어올까 봐 배에 힘을 주고 알아차리니까 배가 너무 아팠습니다. 지난 시간에 새근새근하는 제 숨소리를 알아차렸는데 잡념이 들어오지 않을까 해서 배에다 힘을 주고 계속 앉아 있었어요. 그래서 아프면서도 잡념을 막아야겠고, 주인공을 찾아야겠다고 생각하고 있는데 아픈 곳에 마음을 두고 있었더니 사라지는 것을 알았습니다. 이것이 밀물이 썰물이 되어 나가는 느낌을 알았습니다.

사야도 마음가짐이 잘못됐습니다. 조금 전 내가 잘 된 상태, 그것을 계속 유지하려고 하는 마음을 가지고 있었습니다. 그래서 숨을 쉴 때 아주 힘을 줘서 하는 것은 바로 탐심이고, 또 망상이 일어날까 봐 생각하는 것은 성냄입니다. 망상이 일어날까 봐서 억지로 숨쉬고 있는 것은 성냄입니다. 그러니까 탐심하고 성냄으로 수행을 한 것입니다. 그렇게 억지로 하니까 배가 아픕니다. 억지로 하지 말고 그냥 일어나는 대로 보기만 하십시오.

위빠사나 수행은 주인공을 찾지 않습니다. 위빠사나 수행은 특별히 무엇을 찾지 않고 현재 있는 몸과 마음을 대상으로 알아차릴 뿐입니다. 이때 몸과 마음은 대상이고 이것을 마음이 알아차리는 것뿐입니다. 모든 것은 조건 지어진 것이지 어떤 주인공이 있지 않습니다. 나라는 것이 있어도 이것이 순간의 나일뿐이며 조건 지어진 나일뿐이지 항상 존재하는 나는 없습니다. 그래서 무아라고 말하는 것입니다.

수행자 좌선 중에 평소에 한번도 못 보던 마음을 보려고 했습니다. 그런데 마음을 보려고 하는데 갑자기 통증이 나타났습니다. 그래서 먼저 통증을 알아차리고 나니 어느 순간 항상 배로 하던 호흡이 갑자기 가슴에서 나타났습니다. 그래서 가슴을 보니까 그 통증이 너무 쉽게 사라지더라고요. 어, 이상하다, 그러면서 계속 가슴을 보니 그런 반복이 대여섯 번 정도 일어났습니다.

통증이 사라지는 것이 너무 빨랐습니다. 금방 통증이 일어났는데 가슴의 호흡을 알아차리면 그 통증이 금방 사라지고 그랬습니다. 평소에 통증에다 마음을 두고 알아차릴 때는 항상 길게 갔거든요. 그런데 가슴을 보니까 통증이 빠르게 사라지는 것이 너무 신기해서 행복한 느낌이 있었습니다.

한참을 그렇게 하다가 제 마음에 생각이 하나 들어왔습니다. 이럴 때 가슴에 통증이 심한 것이 나타나서 그걸 한번 느껴 보았으면 좋겠다는 마음이 일어났습니다. 그런데 얼마 안 있어서 개미가 굉장히 심하게 물었습니다. 너무 깜짝 놀라서 순간 정신없이 손이 가다가 '아, 아니지' 하고 가던 손을 멈추면서 가슴으로 다시 빨리 돌아왔습니다. 그러면서 물린 곳이 한참 따끔따끔 해도 그냥 가슴에다 마음을 두었습니다. 그렇게 가슴에 마음을 두고 보고 있으니까 가슴이 두근거리지도 않았습니다. 고요한 상태인데 마음이 벌레가 문 곳으로 갔다가 다시 가슴으로 왔다가 이렇게 반복했습니다. 그러다 조금 있으니까 또 사라져요. 나중에는 벌레가 팔 있는 데로 내려와서 또 물더라고요. 틀림없이 벌레가 있다는 걸 느끼고 그걸 자연스럽게 지켜봤는데 그때도 역시 가슴을 보니까 또 그 느낌이 사라졌어요.

그때 통증이 있을 때 가슴을 보면 사라진다는 말씀이 생각났습니다. 엊그제 사야도께서 말씀하신 대로 통증을 보지 말고 마음을 봐라, 그리고 가슴을 봐라, 이렇게 말씀을 하셨거든요. 그 생각이 나서 마음이 빨리 가슴으로 갔습니다. 그런데 가슴만 보면 그 느낌이 사라지는 것이 너무 신기해서 계속 그렇게 앉아 있었습니다.

그러나 궁금한 생각이 들어서 물린 곳을 살펴보니 벌레가 들어와서 문 것이 아니었습니다. 만약 벌레가 물었다면 그 자리가 아파야 되는데 전혀 아픔이 없었습니다. 그래서 이런 현상이 너무 신기했습니다. 이런 거짓말 같은 일을 생전 처음으로 느낄 수 있었습니다.*

* 수행 중에 집중력이 생기면 기쁨이라는 현상이 몸에 느낌으로 나타난다. 이때의 느낌은 찌르는 것, 물결처럼 퍼지는 것, 전율, 몸의 움직임 등 여러 가지 형태로 나타난다. 이것을 삐띠piiti라고 한다.

사야도 가슴을 보고, 가슴에 있는 어떤 느낌을 알았습니까?

수행자 가슴을 보기는 봤는데 가슴에 호흡만 일어나고 사라지고 하는 것밖에는 다른 아무것도 없었습니다.

사야도 대상을 바꿔 주니까 마음에 성냄이 없어진 것입니다. 성냄이 없었기 때문에 빨리 사라진 것입니다. 그전에는 마음이 아픈 곳을 보니까 마음이 반응을 한 것입니다. 그러니까 안 사라지고 있었는데 지금은 여기를 보

지 않고 가슴을 보아서 대상을 바꿔 주니까 화가 안 나기 때문에 빨리 사라
지는 것입니다.

사실은 가슴을 보라고 하는 것이 마음에 무슨 마음이 일어나는가를 보
라고 하는 것입니다. 만약에 아무 마음도 일어나지 않았다면 가슴에 아무
느낌도 일어나지 않는다는 사실을 알아야만 합니다. 그때 마음이 그런 현
상에 반응을 하지 않았기 때문에 통증이 빨리 사라진 것입니다. 만약 마음
이 좋거나 싫거나 한 것으로 반응을 하면 반응하는 것도 알아차려야 하고,
반응하지 않았을 때는 반응하지 않은 것도 알아차려야 합니다.

수행자 그 뒤로도 계속 그렇게 열기나 통증이 사라지는 것을 보면서 너무
행복했고 그 행복한 마음도 알아차렸습니다.

그리고 경행을 하다가 무심코 창 밖을 보니까 열 마리도 넘는 소 떼가
있었습니다. 그래서 '아, 마음을 열 번이나 빼앗겼네' 하는 마음이 일어났습
니다. 그렇게 알고 경행을 계속해서 한 바퀴 돌고 와 보니 그 소 떼가 없어
졌어요. 그때 무슨 생각이 들었냐 하면 '아, 그 소 떼가 과연 몇 마리였을
까' 하는 어리석은 생각이 들더라고요. 그리고 다시 살펴보니까 저 멀리 소
떼가 하나로 뭉쳐져 있었어요. 가까이 보니까 열 마리 정도였는데, 저 멀리
가 있는 모습이 무더기로 보이는 거예요. 이때 이것이 한 번 보는 건가?
하는 생각이 들었습니다. 그렇게 마음이 열 번 이상 뺏기는 것이 맞는지,
아니면 무더기로 한 번 본 것이 맞는지 그것이 궁금했습니다.

사야도 사실은 한 번 놓친 것이 아니라 많이 놓친 것입니다. 볼 때 소를

봐야 하는 것이 아니라 내가 보는 이 눈에다가 마음을 두고 봐야 합니다.

수행자 무심코 그렇게 보았습니다.

사야도 그러니까 마음이 밖으로 나간 것입니다.

수행자 네, 나간 것은 맞습니다.

사야도 그래서 나가 있으니까, 벌써 그건 몇 번씩 놓친 것입니다.

수행자 네, 많이 놓친 것이 맞습니다.

사야도 바깥으로 나갔으면 벌써 그건 마음을 놓친 것입니다. 그것을 가지고 몇 번 놓쳤다, 어쨌다, 이렇게 말할 수는 없습니다. 단지 놓친 줄을 아는 것이 중요합니다. 지금 불필요한 것에 마음을 빼앗기고 있습니다. 그래서 불필요한 것을 생각하고 있습니다. 그것은 생각하는 것이지 수행을 하는 것이 아닙니다. 보이는 것이나 내가 보는 것이나 자꾸 그걸 알아차리는 습관을 들여야 합니다. 생각을 할 때는 일단 알아차림을 놓친 것이며, 생각이 생각을 낳습니다. 그래서 불필요한 것을 잡고 있게 됩니다.

지금 앞을 보십시오. 볼 때 어떻게 알아차림을 두십니까?

수행자 마음을 눈에다 두고 안에서 보기도 합니다만 방금 전처럼 밖에다가 마음을 빼앗겼다는 것을 알아차리기도 합니다. 마음이 항상 바깥으로 도망가지 않고 이 안에서 많이 알아차리고 있는 편인데, 놓쳤을 때는 놓친 걸 알고 대상이 일어나면 대상이 일어난 걸 알고, 계속 그렇게 수행을 하고 있습니다.

사야도 내가 지금 보고 있을 때, 어떤 대상을 볼 때에 보는 눈에다가 마음을 두고 그렇게 볼 줄 알아야 합니다. 마음을 눈에다 두고 보아야 합니다. 그렇게 보면서 보는 그 자체, 보는 것의 특성을 알아야 합니다. 볼 때는 보는 것의 성질을 알도록 해야 합니다.

수행자 소를 보는 그 순간에는 좋아하는 것도 싫어하는 것도 없이 단지 그냥 그걸 봤습니다. 과연 저걸 열 번 봤으면 열 번 마음을 뺏긴 건가 하는 생각이 들어서 물어 본 것입니다.

사야도 몇 번 뺏겼다 하는 것은 생각입니다. 그런 것은 의미가 없습니다. 몇 번이라는 숫자가 무슨 소용이 있습니까? 그것은 관념적인 것입니다.

그건 아닙니다. 눈을 감으면 안 보였다가 눈을 뜨면 보이고, 감으면 안 보였다가 다시 눈을 뜨면 보이는 그 자체, 그것을 알아야 합니다. 여기에다가 사진을 한 장 딱 붙여놓은 것처럼 그렇게 봐야 합니다. 그러므로 그런 생각을 했으면 한 줄을 알아차려야 합니다.

수행자 좌선을 할 때 눈을 감고 있는데 갑자기 굉장히 밝아져서 눈을 확

떠버렸어요. 그걸 알아차리지 못하고 뜬 뒤에 '아, 놓쳤구나' 했습니다. 그런데 이런 현상이 한참 뒤에 또 한 번 나타났습니다. 그래서 그때는 눈을 뜨지 않고 가만히 알아차렸는데 한참이나 환하게 있으니까 눈을 뜨고 싶더라고요. 그런데 눈을 뜨지 않고 가만히 있었더니 환한 것이 사라졌습니다. 그래서 나중에 밖이 밝은지 어두운지를 살펴봤습니다.

사야도 밝을 때에 밝은 것은 보지 말아야 합니다. 밝은 것을 보지 말고 느낌을 보아야 됩니다. 마음이 조금 고요해지면 이런 밝은 것이 나타나기 마련인데 그 밝음은 보지 말고 느낌을 보십시오.

수행자 공양을 할 때 수저를 가져가는 것, 움직이는 자체, 그런 것을 알아차리면서 하는 습관이 생긴 것 같습니다. 그러면서 음식도 적당하게 가져오고 욕심이 일어나면 일어나는 것을 알아차립니다. 그리고 이것이 맛이 있겠구나, 그러면 '아, 탐욕이 일어나는구나' 하고 조정을 해가면서 알아차림을 합니다. 또 음식을 가져다가 먹을 때도 언제나 공양 게송을 하고 먹기 때문에 탐욕으로써 먹지는 않게 됩니다. 그래도 급한 마음은 항상 있는 것 같습니다.

사야도 먹는 그 자체에는 탐심이 없는데 행동하는 데에는 탐심이 있습니다. 조급한 마음이 일어났다는 것은 행동하는 것에 탐심이 일어났다는 것입니다.

수행자 몸에서 더운 느낌이 일어나는 것이 세 가지로 관찰이 됩니다. 두려움을 느낄 때는 가슴에서 뜨거운 것이 나타납니다. 좋아하는 것이 대상일 때는 저 밑에서부터 뜨거운 것이 올라옵니다. 그리고 부끄러운 것일 때는 얼굴에서 뜨거움이 일어납니다. 여기까지만 알아차려야 되는지, 아니면 원인을 알아야 하는지 모르겠습니다.

사야도 그냥 그런 줄 알면 됩니다.

수행자 어디서 이런 것이 생겼는지요?

사야도 그런 것은 생각할 필요 없이 그냥 알아지는 대로만 알면 됩니다. 어떤 마음이 일어나나, 어떤 느낌이 있는가, 그것만 알면 됩니다. 뭐가 어떠니까 뭐가 어떻더라고 생각하는 것은 또 하나의 고정관념을 만드는 것입니다. 그러므로 어떤 느낌이 있으면 그냥 그 느낌을 알아차리는 것으로 그쳐야 합니다. 분석해서 정리를 하려 들지 마십시오. 그러면 사유에 빠집니다.

수행자 경행 할 때 왼쪽다리 뒤에서 착지하는 것이 여전히 불안정합니다.

사야도 그냥 알면 됩니다. 불안정하면 불안정한 줄 알면 됩니다. 일단 안다고 하는 것은 좋은 것입니다.

수행자 고요한 마음을 얻기 위해서 경전을 생각하고 있습니다. 그래서 『라훌라경』을 생각합니다. "라훌라야! 땅을 닮아라" 하는 경을 쭉 생각하면서 바람과 물과 땅의 요소를 생각합니다. 그러면 마음이 잔잔해지고 고요해집니다.

사야도 일단 마음이 고요해지게 하는 것이 중요합니다.

수행자 잠을 자다 일어나서 여기가 미얀마라는 것을 알았습니다. 그때 심한 악몽을 꿨는데, 그 순간 심한 악몽을 염려하는 그 마음이 아주 증폭하는 걸 느꼈습니다. 울컥 올라오는 그 마음을 보는 순간 알고 말아야지, 알고 말아야지 하고 알아차렸습니다. 그러자 잔잔한 마음이 서서히 일어났습니다.

사야도 아는 것이 중요합니다. 그 내용을 계속해서 생각하지 말고 그냥 단지 그 순간에 일어나는 느낌을 알면 됩니다.

수행자 제가 한국을 떠나올 때 입시생이 있었는데 이제는 각각 잘할 수 있겠구나, 하는 마음이 들었습니다. 이제 네가 어디 가서 무엇이든지 할 수 있을 것이다, 하고 생각했습니다. 그런 마음으로 스스로에게 말하기를 '염려하지 말고 미얀마에 가라' 하고 한국을 떠나왔거든요. 그래서 그런지 새벽에 상당히 강하게 증폭되는 걸 느꼈어요. 오늘 종일 알아차림을 하다 보니 힘들어지는 것 같습니다. 아련하게 온몸이 쑤시고 아픈 것 같은 느낌이 계속됩니다.

사야도 그 생각하고는 아무 상관이 없습니다. 꿈이라는 것은 그냥 꾸고 싶으면 꾸는 것입니다. 그런 것하고는 아무 상관이 없으니까 그 생각 때문에 어떻게 된다 하는 그런 생각은 하지 마십시오. 꿈이라는 것은 망상입니다. 망상이라는 것은 지금 일어났다가 금방 사라지는 것입니다. 꿈도 마찬가지이니 꿈을 가지고 집착하지 마십시오.

수행자 좌선을 하면서 가슴이 답답한 것을 알았습니다. 그런데 뭔가 쑤시는 것 같은 느낌이 들었는데 한숨이 푹 쉬어지면서 내려가는 것 같았습니다. 그런 다음에 느낌을 보니까 뭔가 쌓인 것이 많아서 그런 것이 아닌가 하는 생각을 했습니다.

사야도 너무 힘을 줘서 보면 그럴 수도 있습니다. 그냥 자연스럽게 숨을 쉬면서 그걸 알아차리도록 해야 합니다. 힘을 줘서 막 집중하다 보면 힘이 들어서 그렇게 한숨을 쉬게 됩니다. 쌓인 것이 있어서 그런 것만은 아닙니다.

수행자 경행을 할 때 빨리 걸어야 한다는 생각이 있어서 알아차리고 적당한 속도로 걷는데 닿는 걸 느끼면서 경행을 많이 하는 편입니다.

사야도 경행 중에 아는 것이 이어지는 것이 중요합니다. 알아차림이 자꾸 이어지도록 해야 합니다. 그렇게 해야만 한국에 가서 수행을 할 때마다 항상 알아차릴 수가 있습니다.

수행자 경행을 할 때 닿는 느낌이 위로 올라옵니다. 그러다 닿는 소리가 점점 위로 올라와 귀를 때리는 거예요. 그러다가 갑자기 '시끄럽다!' 이런 소리를 들었거든요. 제대로 하고 있는 것인지 모르겠습니다.

^{사야도} 맞습니다. 그럴 수 있습니다. 싫어하는 마음 때문에 시끄럽다고 그랬습니다. 본래 발이 닿으면 탁 하고 닿는 그 느낌과 동시에 탁 하고 치는 소리가 자연히 들리게 마련입니다. 본래가 그런 것입니다. 너무 시끄러우면 조금 살살 걸으면 됩니다. 그럴 때는 소리가 좀 덜 나게 걸으면 됩니다. 그냥 그대로 탁탁 걸으니까 퉁퉁 하고 소리가 납니다.

^{수행자} 좌선을 할 때, 어제 같은 경우에는 수행 자체가 하기 싫었어요. 몸도 너무 많이 피곤한 것 같고, 지루하고, 짜증나고, 앉아 있어도 대상을 알아차릴 수 없었습니다.

^{사야도} 그럴 수도 있습니다. 그렇게 생각이 일어나면 그냥 일어나는 줄 알아야 합니다. 억지로 막 앉아야 된다, 앉아야 된다, 하고 생각하지 마십시오. 그냥 가만히 일어나는 마음, 하기 싫어하는 마음, 그 마음들을 가만히 지켜보도록 하십시오. 그러면 차츰차츰 그 마음이 줄어들어서 고요해집니다. 지금 자꾸 하기 싫다, 하기 싫다, 그렇게 생각하면 더 하기 싫어집니다. 가만히 지켜보면 하기 싫어하는 마음도 그냥 가만히 있지 않고 변합니다.

처음에는 수행하는 것이 힘들다는 생각이 듭니다. 알아차리는 것이 아주 힘들게 느껴집니다. 그러나 수행을 한 지 오래된 사람들은 오히려 알아차림을 놓치면 힘들어합니다. 알아차렸을 때 편안하고, 알아차리지 못하면

오히려 힘이 듭니다. 그러나 처음 수행을 시작하는 사람은 알아차리는 것이 힘들게 느껴질 것입니다. 알아차림이 있으면 마음도 편하고 지내기도 훨씬 편한데, 알아차림이 없으면 마음도 복잡하고 모든 것이 다 힘들게 느껴집니다. 오히려 몸도 피곤해집니다. 이것을 알아야 합니다.

처음에는 어리석음 때문에 알아차리는 것이 힘들다고 생각하게 되고 하기 싫어지고 그렇습니다. 그러나 자꾸 수행을 하다 보면 나중에는 지혜가 나고, 그렇게 되면 알아차리는 것이 오히려 편하고 좋아집니다. 이것이 법의 힘으로 알아차리는 것입니다. 그렇게 되도록 노력해 보십시오.

^{수행자} 좌선 중에 계속 심란한 거예요. 다른 생각은 아무것도 나지 않고 심란하기만 했습니다. 좌선시간이 끝나고 경행을 하러 밖에 나갔거든요. 법당에서 이쪽으로 오는 철문이 있잖아요. 거길 딱 봤는데 마음이 뛰어넘어 갔다 온 거예요.

그리고 경행을 하는 한 시간 내내 마음이 그 망상덩어리 때문에 편치 않아서 그냥 걷기만 했습니다. 그다음에 좌선을 하러 들어갔는데 그 심란한 마음덩어리가 저를 덮어버렸습니다. 그리고 좌선을 하는 중에 갑자기 저도 모르게 눈물이 흐르는 거예요. 그때 가슴의 느낌을 봤는데 부모님도 생각하고, 형제들도 생각하고 그리고 너무 잘하려고 하는 탐심이 있었습니다.

^{사야도} 그런 때는 마음에 일을 시켜야 합니다. 그냥 내버려두면 생각이 일어나는 대로 할 것입니다. 부처님께서는 마음은 나쁜 것을 생각하면 오히려 거기에 푹 파묻혀서 즐거워한다고 말씀하셨습니다. 그것을 즐기고 있

다고 말씀하셨습니다. 그래서 자기 마음에 알아차림을 둬야 합니다.

지혜가 있는 사람은 마음을 고통스럽게 하는 그런 생각은 하지 않습니다. 뭘 하면 더 이익이 있는가를 생각합니다. 마음을 그냥 내버려두니까 더 괴로운 것만 생각하게 됩니다. 마음을 괴롭히는 생각을 하면 그걸 알아차리고 바로 멈추도록 하십시오. 더 이상 생각하지 마십시오. 그리고 내 몸의 느낌에 알아차림을 갖다 두어야 합니다. 처음엔 누구나 다 그렇습니다.

수행자 그렇게 쉽게 마음이 조절이 잘 안 돼요.

사야도 어떻게 그것이 쉽게 되겠습니까? 노력을 하십시오.

수행자 좌선할 때 삼십 분 앉아 있기가 힘이 듭니다. 편하게 자세를 바꾸라고 하셨는데 삼십 분, 이십 분, 십오 분, 점점 이렇게 자세를 빨리 바꾸게 되는 거예요. 조금만 아프면 내 맘대로 자세를 바로 바꾸는 거예요.

사야도 참을 수 있으면 참는 것이 좋습니다. 그러나 불가피하다면 바꿔도 됩니다. 단지 괴로워하지 마십시오. 괴로워하지 말고 알아차리면서 바꾸십시오. 마음을 일단 편하게 한 뒤에 알아차리도록 하십시오. 그렇게 수행을 해나가면 됩니다.

수행자 어제와 오늘 일곱 시부터 여덟 시 넘게까지 명상을 할 때였습니다. 어제는 망상이 많이 줄어서 한 시간 정도 지나니까 상당히 고요해졌습니다. 몸과 마음이 모두 고요해졌습니다. 처음 한 시간 정도는 망상이 일어나고, 알아차리고 하다가 한 시간이 지나니까 굉장히 고요해졌어요. 그럴 때 뛰는 진동 같은 것이 있었습니다. 맥박 같기도 하구요. 옆구리, 발 여기저기가 떨렸습니다. 처음에는 한 군데씩 떨리다가 나중에는 한꺼번에 다 떨리는 것이 보일 때도 있었습니다.

그걸 계속 보면 생겼다 없어지고, 생겼다 없어지고, 그랬습니다. 그런데 하루 종일 생겼다 없어지고 했던 그 생각이 계속 떠오르는 거예요. 경행을 할 때도 그랬습니다. 망상도 생겼다 없어지고, 통증도 생겼다 없어지고, 걸음도 없어지는 거잖아요. 경행을 할 때도 닿고 떼고를 계속하게 되니까 그만 마음이 서글퍼지는 거예요. 이때 가슴을 보니까 많이 무거워요.

보통 망상을 할 때는 망상을 알아차리고, 가슴을 보면 가슴이 그냥 콩닥콩닥하다가 점점 줄어드는데, 이렇게 생각이 계속 들 때는 아래쪽에서 굉장히 무거운 상태로 움직여요. 그러면서 없어지는 데도 한참 걸렸어요. 그러고 나서도 그것이 완전히 가셔지지가 않고 자꾸만 계속되었어요. 그러니까 의지할 데가 없어지는 것 같은 그런 마음이 드는 거예요.

사야도 서글퍼하지 말고 그 마음을 알아차리도록 하십시오.

수행자 계속 보는데도 잘 안 없어져요.

사야도 보면 됩니다. 그것은 아직 거친 마음밖에 못 봐서 그렇습니다.

수행자 그렇게 두 시간 정도 집중하고 일어나면 일어날 때 마음이 어디로

가는 건지 보여요. 일어나서 나갈 때 마음이 법당의 저 구석까지 가야겠다 하는 의도하는 마음이 보입니다.

사야도 마음이 어디로 가겠다 하는 것을 생각하는 마음을 알아차린 것은 의도를 본 것입니다. 그렇게 의도가 있어서 행동한다는 것을 알아차리십시오.

수행자 경행을 할 때 매일 발이 아픈 것만 보다가 치마가 닿는 느낌을 처음 알았어요. 이것도 촉감이구나, 하고 알아차렸습니다.

사야도 많이 아는 게 좋습니다.

수행자 여기 와서 공양을 할 때 계속 식욕이 없었거든요. 수행을 하려면 먹어야 하고 먹고 나면 또 내보내야 되니까 평상시에 먹는 양보다 조금 오버해서 먹어요. 조금 먹으면 못 내보내니까요. 식당 앞에서 줄서 있을 때 음식 냄새가 나도 그렇게 음식이 당기지는 않아요. 그런데 딱 한번 저희가 공양청을 올릴 때 스님들 밥상에 찰밥이 있었어요. 제가 찰밥을 좋아하거든요. 그때 갑자기 동공이 커지고, 침이 막 고이고, 위가 막 움직이면서 먹고 싶은 욕구가 올라오더라고요. 그래서 바로 알아차렸어요. 그때 내가 좋아하는 것에는 이렇게 빨리 반응을 하는구나 하는 것을 알았습니다.

사야도 한국 사람들은 찰밥, 김치, 두리안, 아보가도, 망고, 그런 걸 그렇게 대단히 좋아합니다. 항상 알아차리십시오.

네 번째 면담

수행자 며칠 전에는 몸이 아파서 좀 잤었고, 오늘은 잠을 좀 즐기면서 아침부터 잤습니다. 식사할 때 탐심이 일어나는 것은 탐심이다 하고 좀 객관적으로 볼 수 있는 힘이 생깁니다. 그런데 잠을 알아차리는 것에 대해서는 아직 힘이 약한 것 같습니다. 식사할 때처럼 알아차릴 수가 없습니다.

사야도 자고 싶어 하는 마음을 알아차리십시오. 몸이 안 좋으면 누워도 되지만 몸이 괜찮을 때는 눕지 않도록 하십시오.

수행자 모기장 걷을 때도 잠에 대한 미련이 좀 남아 있었습니다.

사야도 알아차리도록 하십시오. 그때 일어나는 그 마음을 알아야 합니다. 잠에 대한 미련이나 이런 것을 알아차리도록 하십시오.

수행자 식사할 때, 수박을 먹을 때나 바나나를 먹을 때, 수박을 먹는다고 생각하지 않고, 바나나를 먹는다고 생각하지 않고 그냥 담담하게 먹으니까 잘 모르겠습니다. 그릇을 씻을 때 뒤에 있는 사람이 기다리니까 급한 마음으로 씻게 됩니다. 그러나 혼자 시간을 두고 빨래를 할 때는 마음이 급해지지 않고 평온하게 할 수 있었습니다. 전에는 수박을 먹을 때나 바나나를 먹을 때나 쫓기는 기분이 있었는데 이제 알아차리니까 쫓기지는 않습니다.

사야도 급한 마음이 생기면 급한 마음을 자꾸 알아차리면서 하도록 하십시오. 만약에 정말 빨리 하지 않으면 안 될 경우에는 조금 빨리빨리 움직여 주면서 급한 마음을 알아차려서 그런 마음 없이 하고, 그렇지 않으면 그냥 편안하게 하도록 하십시오. 성급한 마음 때문에 자꾸 알아차림을 놓치게 되는 것입니다. 상황이 아주 급한 상태면 빨리빨리 해주기는 하되, 성급한 마음 없이 해야 합니다.

수행자 경행 중에 한참 걷다 보면 대부분의 시간에 망상이 많이 일어납니다. 그러나 잘 될 때는 발자국마다 느낌이 다르게 느껴집니다. 가슴을 보다가 마음을 보려고 하면 발자국이 닿는 느낌이 모두 달라지기 때문에 심장이 밟히는 것처럼 느껴집니다. 발자국의 모양을 실제로 보듯이 나타났다 사라지고, 나타났다 사라지고 합니다.

사야도 만약에 심장이 조이거나 답답하거나 하는 느낌이 있으면 먼저 그것부터 우선적으로 알아차리도록 하십시오. 그 이미지가 느껴질 때에 가슴이 아프다 했던가요?

수행자 네, 가슴으로 아픈 느낌이 올라오려고 합니다.

사야도 그러면 그 가슴의 느낌을 먼저 알아차리십시오. 좌선은 편안하게 잘하십니까?

수행자 좌선은 망상이 많이 들어오는데 대상을 분명하게 갖고 있지 못합니다. 긴장하면 긴장하는 대로 그냥 대상으로 삼고 하기 때문에 덜 아픈 편입니다. 지금은 가슴 쪽이 좀 따가운 느낌이 있습니다.

사야도 그대로 알아차리십시오.

수행자 마음을 알아차리려고 한 것이 십여 일이 지났습니다. 예전에 하던 수행방법과 달리 새로 배우는 것이라서 그런지 마음을 알아차리기가 어렵습니다. 사야도께서는 마음을 알아차리라고 하시지만 내 마음이 어디 있는지 알 길이 없습니다.

사야도 처음에는 몸을 먼저 알아차리도록 하십시오. 마음을 알아차리려고 하지 말고 몸의 느낌을 먼저 알아차리도록 하십시오. 그리고 몸을 알아차리다가 만약에 마음이 긴장했거나 답답하거나 할 때에는 느낌이 있습니다. 그런 것이 있을 때 그걸 알아차리도록 하십시오.

그리고 생각이 일어날 때 마음이 말을 합니다. 무슨 생각이 일어날 때마다 마음이 혼자서 말하는 것을 알 수 있습니다. '아, 뭐 해야 되겠다' 하고 말하지 않습니까? 그게 다 마음입니다.

이런 것을 마음의 작용이라고 합니다. 마음의 작용은 세 가지가 있습니다. 감정 같은 걸로 인해서 나타나는 느낌, 답답하다거나 불이 난다거나 안절부절못하는 느낌, 이런 것들은 감정으로 일어나는 느낌입니다. 이처럼 마음으로 인해 나타나는 느낌이 있습니다. 그리고 생각하고 기억하고 인식 하여 표상작용을 하는 것이 있습니다. 그다음에 마음이 말한다거나, 아니 면 마음이 하고자 하는 의도 같은 것이 있습니다. 이것들이 모두 마음과 함께 일어나는 마음의 작용에 속합니다.

마음이 지금 어디에 가 있습니까?

수행자 여기 있습니다.

사야도 그렇게 알면 됩니다. 그게 바로 마음입니다. 마음이 지금 여기 자 신에게 있다가, 내가 말하면 나에게 마음을 기울이는 것, 바로 그것이 마음 입니다. 여기 왔다, 저기 갔다, 아는 것, 마음을 기울이는 것, 뭘 하고 싶어 하는 것, 그것이 다 마음입니다. 먹고 싶어 하는 마음, 무엇을 하고 싶어 하는 마음, 그런 것들도 마음입니다. 그리고 공양을 할 때에 '아, 이거 먹어 야겠다', '저거 먹어야겠다' 하고 고르지 않습니까? 그것도 모두 마음입니 다. 이해하시겠습니까? 거기다 알아차림을 두십시오.

수행자 어저께 저는 차분하게 마음을 본다고 생각했는데, 오늘은 하루 종 일 망상하고 싸우느라고 어깨가 내려앉는 것처럼 무겁고, 이것도 안 되고 저것도 안 됩니다.

사야도 망상하고 싸우는 상태가 되면 더 망상을 합니다. 망상이 문제가 된다고 생각하지 마십시오. 도우님이 어제처럼 잘 되고 싶어 하는 마음이 있기 때문에 망상이 일어나는 것을 못마땅해 합니다. 그래서 싫어하는 것입니다. 그래서 더 망상을 하는 것입니다. 망상이 너무 많으면 그냥 내버려두십시오. 망상을 그냥 내버려두고 알아차려 보십시오. 망상이 일어나면 알아차리고, 또 일어나면 알아차리고, 그렇게 하면 됩니다. 그 망상을 문제 삼고 '아, 이것 때문에 공부를 못하는구나'라고 하면 더 생각을 많이 하게 됩니다. 그래서 자꾸 없애려고 하는 마음 때문에 더 많은 망상이 일어납니다.

수행자 그래서 그냥 잤어요.

사야도 자고 나면 다시 또 시작하십시오.

수행자 어제는 알아차림이 좀 되었습니다. 오늘 새벽부터는 앉아서 좌선을 하고 있는데 마음이 계속 배로 안 가고 가슴으로 갔습니다. 제가 그렇게 하려고 그런 게 아닌데 자꾸 가슴으로 가져서 알아차렸습니다. 그랬더니 가슴의 호흡이 일어나고 사라지고, 일어나면 사라지고 하는 것만 계속 보였습니다. 일어나면 앎과 동시에 사라지고, 일어나면 앎과 동시에 또 사라지고 계속 그것만 계속되었습니다. 오늘 오전 열한 시 넘어서까지 굉장히 맑게 깨어 있는 상태로 있었습니다. 어떤 생각이 일어나면 알아차려서 금방 없어져버리고 일어나고 사라지는 것만 계속되었습니다. 그래서 가슴의 호흡을 주 대상으로 하고 있습니다.

사야도 가슴을 통해서 그냥 전체적으로 알아차리면 됩니다.

수행자 그러면 예를 들어 배가 일어날 땐 배를 보고, 가슴에서 일어날 때는 가슴으로 가서 보는 것을 자유스럽게 해도 상관없겠군요.

경행을 할 때 발이 땅에 닿는 특성만 알아차리면서 걷고 있습니다. 그런데 경행을 하다가 생각이 일어나잖아요. 그럴 때 생각을 무시하고 오직 발에만 마음을 두었는데, 생각이 일어나면 일어나는 대로 알아차리고 그 생각을 주시해도 괜찮은지 그것이 궁금했습니다.

사야도 생각이 일어나면 일어난 줄 알고 발로 다시 오면 됩니다. 만약에 생각이 일어난 것을 알아차리고 싶으면 알아차려도 됩니다. 내가 알아차릴 수 있는 힘이 있을 때는 알아차려도 되는데 망상 자체에 빠져 들어가는 것은 안 됩니다. '이 생각이 무슨 생각인가?', '내가 못마땅해서 이런 생각들이 일어나는가?' 아니면 '무슨 마음이 일어나는 건가?' 이렇게 알아차리고 싶으면 알아차려도 됩니다.

마음이 말을 하는 것을 아는 것이 중요합니다. 몸만 보고 마음을 보지 못하면 완전하지 못합니다. '지금 무슨 마음으로 가고 있는가' 하는 것이 더 중요합니다. 그리고 '지금 무슨 마음으로 수행을 하고 있는가' 하는 것을 아는 것도 중요합니다. 내가 탐심으로 수행을 하면서도 탐심으로 수행하고 있는 줄 알지 못하면 아무것도 아닌 것이 됩니다.

수행자 여기서는 면담하는 것이 자유롭고 너무 편안합니다. 참으로 감사하게 생각하고 있습니다.

수행자 코에서 나오는 바람을 알아차리고 움직이는 걸 보다 보니 마음이 알아차리고 있는 것을 알았습니다. 그리고 시간가는 줄 몰라서 기분이 참 좋았습니다.

사야도 바르게 하느라고 그런 것입니다. 관심을 가지고 재미있게 보면 시간이 금방 갑니다. 재미있게 알아차리면 시간이 언제 갔는지도 모릅니다.

수행자 어제는 경행 중에 내가 기분이 좋으니까 제 자신이 모델이 되어서 걷는다는 생각이 들었습니다. 그래서 막내 수행자만 만나면 장난을 치고 싶은 마음이 일어났습니다.

사야도 그 장난치고 싶어 하는 본래의 마음을 알아차리도록 해야 합니다. 그렇게 많이 알게 되면 아주 기분이 좋아집니다. 그래서 마음이 바빠야만 됩니다. 마음이 바쁘게 내가 알아야 할 대상들을 계속해서 알고, 알고 그렇게 하는 것입니다.

수행자 오늘은 어제 같은 그런 느낌이 기다려지기도 했습니다.

사야도 처음에 수행을 할 때는 한번 좋은 것이 나타나면 그다음에는 그걸 다시 바라는 마음이 생깁니다. 그렇게 하면 그다음엔 수행이 안 됩니다. 그때 탐심이 들어갔기 때문에 수행이 잘 안 되는 것입니다. 탐심과 성냄이 괴로움을 가져다줍니다.

그래서 좌선을 할 때 알아차리기 전에 먼저 내 마음을 보도록 해야 합니다. '내 마음이 어떤 마음가짐으로 수행을 하려고 하는가?' 이걸 먼저 보도록 하십시오. 뭔가 바라는 마음이 있고 그렇게 되고자 하는 마음이 있으면 수행이 잘 안 됩니다. 잘 되고자 하는 마음이 있어 억지로 되게 하려고 하니까 더 안 되는 것입니다.

어제 잘 될 때 그렇게 잘 되리라고 미리 생각을 했었나요? 안 했잖아요. 전혀 그런 마음 없이 그냥 했잖아요. 그러니까 잘 된 것입니다. 그냥 단지 내가 할 일 있으면 하고, 볼 일이 있으면 보고, 그렇게 하면 저절로 잘 됩니다. 그러니까 내가 볼 것이 있을 때 보면 됩니다.

수행자 경행시간 중에 침대에 가서 잠깐이라도 누웠다 나오고 싶은 마음이 있어서 침대에 누우려고 하는 순간에 '지금 내 마음이 무엇을 하는가'를 알아차렸습니다.

사야도 그게 바로 마음가짐이 바르게 변한 것입니다. '내가 지금 뭘 하고 있는가', '뭘 어떻게 해야 되는가'를 알아차려야 합니다. 어떻게 하면 이익이 있는가를 생각하는 것은 그 속에 지혜가 들어 있는 것입니다. 몸이 아프다고 할지라도 누워서라도 마음을 알아차려야만 합니다. 정 힘들 때는 가서 누워 있더라도 마음은 계속 자지 말고 알아차리도록 해야 합니다. 몸이 안 좋을 때는 마음이 어떻게 반응하는가를 관심을 가지고 알아차리도록 하십시오. 마음이 '아이고, 아파, 아이고, 아파' 하면서 끙끙거리고 있는가, 아니면 마음이 뭘 어떻게 하는가를 알아차리도록 해야 합니다. 알아차림이 없으면 마음이 더 끙끙 앓고 괴로워합니다. 끙끙 앓게 되면 점점 더 아프게 느껴집니다.

　　수행자 목욕을 할 때 눈을 감고 알아차렸습니다. 항상 눈을 떠야 보이는 줄 알았는데 오늘은 눈을 감으니까 참 많이 보이는 것 같은 느낌을 받았어요.

　　사야도 그건 보이는 게 아니라 아는 것입니다. 눈으로 본 게 아니라 마음으로 아는 것입니다.

　　수행자 전 수행한 것이 없어서 별로 드릴 말씀이 없습니다.

　　사야도 괜찮습니다. 말할 것 없으면 안 해도 됩니다. 대강 이야기해도 됩니다. 그러나 수행을 했다면 분명히 말할 것이 있을 것입니다. 하루 종일한 것이 많이 있는데 어떻게 보고할 것이 하나도 없겠습니까? 수행이 안되면 안 된 것을 말해도 됩니다.

　　수행자 좌선 중에 마음이 안정이 되면서 느꼈는데 하체가 아무것도 없다는 느낌이 들었습니다. 그렇게 사라져서, 또 뭔가 면담할 것을 찾아야 되겠다고 계속 알아차렸습니다. 그런데 알아차림도 안 되고 해서 혼자 마음속으로 '지금 무엇을 보려고 하는가' 하는 생각이 들어서 머뭇거렸습니다.

사야도 면담을 하기 위해서 수행하는 것이 아닙니다. 나 스스로 알기 위해서 수행을 하는 것이지 면담을 하기 위해서 수행을 하는 것이 아닙니다. 수행 중에 면담할 것은 생각하지 말고 단지 알아차리기만 하십시오. 면담은 단지 내가 알았던 것을 말하고, 어려운 점이 무엇인지, 무엇이 잘 안 되는지, 어떻게 하는 것인지 모르겠다, 이런 걸 말하면 되는 것입니다.

중요한 것은 좌선을 할 때만 잘해야 하는 것이 아닙니다. 하루 종일 일상에서, 경행에서, 공양을 할 때도 항상 알아차려야만 하기 때문에 보고할 거리가 많습니다. 그러면 숙제를 하나 주겠습니다. 방 안에 들어갈 때 머리가 먼저 들어가는가, 발이 먼저 들어가는가, 그것을 한번 알아차려 보십시오. 뭐가 먼저 들어가는가 알아차려 보십시오. 어디에 가든지 알아차리도록 하십시오. 양치질을 할 때도 알아차리고 하도록 하십시오. 오른손으로 하는가, 왼손으로 하는가. 양치질을 할 때 다른 손은 뭘 하고 있는가도 보십시오.

도우님은 어떻습니까?

수행자 오른손은 칫솔질을 하고 왼손은 물컵을 들고 있거나 가만있거나 하겠지요.

사야도 양치질을 할 때 그것도 알아차려 보십시오. 이렇게 매 순간 아는 것이 중요합니다. 뭘 하든지 '내가 지금 무엇을 하고 있는가'를 확실하게 알아야만 됩니다. 양치질을 할 때 치약의 냄새를 아는가, 맛을 아는가, 이렇게 알아차리면 내가 알아차려야 할 대상들은 많습니다.

수행자 조그만 것들은 많아요. 그런데 말을 못하니까 그렇습니다. 별다른 것이 있으면 그런 것을 찾으려고 하니까 말할 것이 없는 것 같습니다.

사야도 별다른 것을 찾지 마십시오. 그냥 보통으로 알아차리기만 하면 됩니다. 내가 지금 하고 있는 것도 내가 알지 못하는 것이 많습니다. 특별한 것을 찾을 생각을 하지 말고, 지금 내가 하고 있는 것을 놓치지 않고 알도록 하십시오.

수행자 알아차리면 하는 일이 느려집니다. 힘든 일을 하거나 집에서 설거지를 할 때도 '아, 내가 지금 설거지를 하고 있구나' 하고 알아차리면 힘든 줄도 모르고 느릿느릿하게 일을 하게 됩니다.

사야도 뭘 하든지 간에 그렇게 해야 합니다. 그렇게 하면 마음도 편안해지고 지혜도 나게 됩니다.

수행자 제게는 오래된 습관이 있습니다. 한국에 있을 때는 가을이 되거나 바람이 불면 마음이 허전하고 쓸쓸해지는데, 오늘 바람이 불 때 그런 감정이 생겼습니다.

사야도 그때의 그 쓸쓸한 느낌을 그냥 단지 느낌으로 보도록 하십시오. 느낌은 단지 느낌일 뿐입니다. 그 쓸쓸한 느낌을 보면 그 느낌이 금방 사라집니다. 그 느낌은 계속 오래가는 것이 아닙니다. 만약에 알아차리지 않으면 그걸 계속 다시 생각해서 점점 더 키워 나가게 됩니다.

수행자 좌선을 할 때 어제부터 오늘까지 몸 쪽에서 계속 약한 전류가 흐르는 듯했습니다. 이마 부분에서도 약한 전류가 흐르듯이 조였다 펴졌다 하는 느낌이 있습니다. 그리고 제일 힘든 것은 좌선 중에 앉아 있을 때 느낌과 생각이 사라지는 것인데, 그것을 지켜봐야 되는 건지 궁금합니다.

사야도 사라지고 안 사라지고 하는 일은 내가 할 일이 아닙니다. 그건 저 스스로가 할 일이고, 사라지면 사라지는 것이고, 안 사라지면 안 사라지는 것이고, 그냥 그런 것입니다. 사라지는 것을 억지로 찾아서 보려고 하지 마십시오. 알아차리는 힘이 좋아지면 저절로 보입니다. 알아차림이 계속 이어지면 사라지는 것이 자연스럽게 보입니다. 사라지는 것이 중요한 것이 아닙니다. 사라지는 것이 중요한 것이 아니라 그런 모든 것의 자연적인 성품을 알고 이해하는 것이 중요한 것입니다. '아, 이래서 이렇게 되는구나', '모든 것들이 일어난 것은 반드시 사라지는구나' 하는 것을 깨닫는 것이 중요합니다.

수행자 좌선 중에 거의 한 시간 앉아 있는 동안 왼쪽에 통증이 심했어요. 끝까지 참았을 때 자연적으로 풀려나가는 경우가 있는데, 그렇지 않을 때는 너무 아프니까 중간에 포기를 많이 하게 돼요.

사야도 만약에 못 견디겠으면 못 견뎌 하는 마음을 일단 보다가 정 안 되면 그때 쉬도록 하십시오.

수행자 공양을 할 때는 지난번에 사야도께서 아귀와 축생을 말씀해 주셔서 음식 맛이 많이 떨어졌어요. 여기 수행처에서 스님 말씀에 제가 충격을 받고 음식에 대해서 그전처럼 탐심이 안 생깁니다.

사야도 그렇습니다. 원래 그렇게 알아차리고 먹으면 맛이 없습니다. 탐심으로 먹기 때문에 맛이 있다고 생각되는 것입니다. 지금처럼 그렇게 먹으면 한국에 돌아가서도 그렇게 먹게 됩니다. 그렇게 먹으면 살이 안 쪄서 뚱뚱해지지 않습니다. 그렇게 먹으면 마음도 편안하고 고요하며 평화롭습니다. 그리고 내가 필요한 만큼만 먹게 되지 더 이상 먹지 않게 됩니다.

수행자 좌선 중에 통증이 일어나서 못 견뎌 하다가 그 통증 때문에 반응하는 마음을 읽었습니다. 처음엔 화났다가 그것을 알아차리니까 화가 사라지고, 그때 갑자기 망상이 들어온 거예요. 망상을 알아차렸는데 그때 '마음아, 마음아, 마음이 어디 갔느냐' 하고 찾다가 말았습니다.

사야도 대상이 바뀌니까 그렇습니다. 생각이 일어난 곳 그쪽으로 마음이 가 버리니까 화가 일어났던 것이 딱 사라져 버린 것입니다. 조금 전에 일어났던 마음은 그 순간 알아차리는 마음이 새로 생기니까 사라져 버린 것입니다. 그래서 화가 났을 때 화난 마음을 알아차리면 화가 사라지는 것입니다.

무엇 때문에 수행을 하느냐 하면 몸과 마음의 자연적인 성품을 알기 위해서 수행하는 것입니다. 그리고 진리를 알기 위해서 수행을 하는 것입니다. 화가 날 때는 다 부정적으로만 생각합니다. 그러나 중요한 것은 내 몸에서 어떤 느낌이 일어났을 때는 몸이 어떻게 이것을 받아들이는가, 어떤 마음이 일어나는가 하는 것을 아는 것입니다. 서로 몸과 마음의 연관관계를 알아차리기 위해 수행을 해야만 합니다.

수행을 하는 것은 어떤 학문을 배우고 연구하는 것과 같습니다. 만약에 마음이 아주 괴로우면 어떻게 그런 학문을 연구할 수 있겠습니까? 공부를 할 수가 없을 것입니다. 그래서 다른 아무것도 배울 수가 없습니다.

수행자 경행을 하다가 저도 모르게 야자수를 그림으로 스케치하고 있어요. 그러다가 걷는 장소를 바꾸게 되어 스케치하는 것을 포기했습니다. 평소에 그림을 그릴 때는 마음이 고요해지거든요. 그림을 그릴 때 집중이 돼서 그런 것 같아요. 그때 마음이 있는 건지 없는 건지 모르겠습니다.

사야도 생각을 하는 것입니다. 생각을 하면서 조금 전에 봤던 것을 다시 떠올리는 것입니다. 내가 너무 좋다고 생각하는 그런 것들은 자꾸 떠오릅니다. 떠올라서 그것으로 모양을 만드는 것입니다. 그럴 때는 스케치를 하고 있는 것을 알아차려야 합니다. 알아차린다고 하는 것은 내가 지금 이것을 하는 것이 이익이 있는가, 이것이 적당한가 하는 것을 아는 것입니다. 그리고 필요가 없으면 그걸로 바로 그쳐야 합니다.

수행자 경행을 할 때 소리가 나서 그걸 없애려고 사뿐사뿐 걸으면서 왔다 갔다 하다가 알아차림을 놓치곤 합니다.

사야도 그럴 때는 속도를 줄여 천천히 걸으면서 조금 힘을 빼십시오. 힘껏 쿵쿵 하고 걷던 것을 힘만 조금 줄이면 되는데 사뿐사뿐 걸으려고 하니까 놓친 것입니다. 경행을 하는 데 너무 집중해서 하면 알아차림을 놓치게 됩니다.

수행자 좌선을 할 때 몸의 기운이 떨어지면서 조금만 지나면 자세가 기우는 거예요. 그런데 기우는 빈도가 굉장히 잦습니다. 자세를 바로 하고 다시 보면 어느새 기울어져 있습니다. 집중이 좀 될 때는 자세가 바른데 그렇지 않으면 기울어집니다. 집중이 잘 안 되고 몸이 힘든 상태니까 자세를 바르게 할 수는 없고 그래서 몸이 움직이는 것을 그냥 보고 있습니다.

사야도 일어나는 대로 알아차리면 됩니다. 그냥 편안하게 앉으면 됩니다.

수행자 그런데 평좌를 하고 앉으니까 무릎이며 허리가 아픕니다.

사야도 허리가 약간 굽어지더라도 그냥 편안하게 앉으면 됩니다.

수행자 그런데도 허리가 아픕니다.

사야도 그러면 의자에 앉아서 수행을 하십시오.

수행자 오늘도 언제부터인지 모르게 구부러져 있어서 힘이 드니까 다른 것이 안 되었습니다. 그래서 언제 어떻게 구부러지는지 좀 알아차리려고 마음을 먹었습니다. 그래서 앉아서 가만히 지켜보니까 호흡을 한 번 할 때마다 계속 조금씩 밀리는 거예요. 간격이 매우 조금씩 밀려갔습니다. 이렇게 호흡을 들이쉬고 내쉴 때마다 조금씩 밀려서 어느 순간에 많이 굽어져 있었습니다.

경행을 할 때는 어제부터 몸의 무게가 이동되는 것을 보았습니다. 처음에 출발할 때 나가지 않는 발쪽으로 무게중심이 이동했다가 옮겨가면서 몸이 똑바로 걸어가는 것이 아니라 약간씩 옆으로 무게중심 때문에 흔들리는 것 같았습니다.

사야도 무게가 한쪽으로 쏠리니까 약간씩 그렇게 됩니다. 한쪽에 힘을 주니까 다른 쪽으로 가려고 하면 이쪽의 힘이 빠져서 이쪽에다 다시 힘을 줘야 되니까 그렇습니다. 사람들이 걸을 때 똑바로 가는 것이 아니라 약간 지그재그로 갑니다. 그 힘의 움직임을 알면 좋습니다.

수행자 그동안 공양을 할 때 계속 신경이 쓰였습니다. 밥상에 파리가 자꾸 와서 더러워서 싫어하는 마음이 일어났습니다. 그런데 며칠 전부터는 파리도 하루 두 끼 먹으면 끝이니까 너도 이제 먹어라 하고 내버려두고 먹고 있습니다.

사야도 그때 파리를 싫어하는 마음을 알아차리십시오.

다섯 번째 면담

수행자 경행을 하면서 걸을 때 그냥 알아차리는 일만 하고 있습니다. 알아차리고 있으니까 평온하고 좋았습니다. 걷는 것이 좀 더 객관적으로 멀리 떨어져서 보입니다. 호흡이 저 스스로 알아서 일어나듯이, 걸음걸이도 알아서 걸어지고 돌아설 때만 조금씩 의도하는 것이 알아차려집니다. 그 뒤 중간과정에서는 의도가 없이 알아차려집니다. 예전하곤 다르게 훨씬 편안하게 볼 수가 있습니다.

이렇듯 호흡이 저 스스로 자연스럽게 일어나고 꺼지듯이, 걷는 것도 그냥 알아서 걸어졌습니다. 그래서 꼭 로봇인 것 같기도 하고 내 것이 아닌 것처럼 느껴졌습니다. 일상에서도 그렇게 완전히 힘을 빼고 객관적으로 아주 단순화시켜서 해야겠다 싶어서 아주 행동을 단순화시켜서 하니까 집중이 좀 더 되었습니다. 예전에는 걸으면서 다른 동작이 들어갔었는데 이제는 그런 군더더기 동작이 안 들어간 상태로 걷습니다.

이렇게 집중이 잘 되니까 귀국을 하지 않고 앞으로 2월까지 이곳에서 수행을 계속할까 하는 생각이 들었습니다. 이런 생각이 나자 어떻게 하면 한국 일정을 취소하고 여기에 남을 수 있을까 해서 망상이 일어나고 또 탐심이 일어나고 있습니다.

사야도 아무 생각할 것도 없이 그렇게 하면 됩니다. 한국 일은 그냥 내버려두십시오. 한국에 가시는 다른 분들에게 이야기하십시오. 나는 여기서 수행할 것이니까, 그런 줄 알라고 부탁하면 됩니다.

수행자 한국에서 정리할 것들이 떠올랐습니다. 그래서 망상이 생기고 불안해지니까 잠이 오지 않았습니다. 어제 저녁에 여기 와서 처음으로 잠을 잘 수가 없었습니다.

사야도 할 일 있으면 하십시오. 중요한 것은 한국에 돌아가서도 계속해서 수행을 하는 것입니다. 거기도 수행센터가 있으니 가서 하면 됩니다. 여기에 있고 싶으면 있고, 가고 싶으면 가고 어떻게 하든지 상관없습니다. 중요한 것은 어디서나 계속 수행을 할 줄 아는 것이 중요합니다. 안 그러면 거기에 할 일이 있는데도 여기에 있으면 마음이 들떠서 수행을 할 수가 없을 것입니다. '아, 그거 해야 되는데, 해야 되는데' 하고 자꾸 생각하면 수행이 잘 안 됩니다. 그런데 그런 마음을 딱 끊을 수 있으면 상관이 없습니다.

수행자 오늘 아침에 일어났을 때 갈등을 피하려고 했습니다. 그래서 새벽에 좌선하고 아침도 안 먹고 잤습니다. 자면서 알아차리려고 했는데 피한다고 되는 것도 아니었습니다. 그런데 몸도 안 좋고 분수를 지켜야겠다는 생각이 들었습니다.

사야도 그렇게 해선 안 됩니다. 결정을 하려면 빨리 결정해야 합니다. 안 그러면 수행을 하기 힘들어집니다.

수행자 결정을 했는데도 그 여파로 오늘 가족들 생각이 나고 그리고 성내는 마음으로 바뀌었습니다. 그래서 여기서 수행하는 것이 분수에 넘치는 것이 아닌가 하는 생각을 했습니다.

사야도 일단은 잠깐 잊어버리십시오. 앞으로 한 이삼 일 더 수행을 해보고 그때 결정하십시오.

수행자 좌선할 때 옆구리에서 맥박 같은 것이 있었습니다.

사야도 몸에서 일어나는 진동은 풍대이니 그대로 알아차리십시오.

수행자 좌선을 하는 중에 알아차리다가 졸았는데 깨어나니까 바로 또 호흡을 알아차리고 있었습니다.

사야도 조금 더 가속도가 붙어서 그렇게 알아차릴 수 있었던 것입니다.

수행자 경행을 할 때 세 가지 방법으로 해보았습니다. 한 가지는 앞쪽으로 열 번 가고, 다음으로 뒤쪽으로 열 번 가고, 다시 양쪽으로 걸었습니다. 그렇게 하니까 굉장히 바빠지면서 마음이 그쪽으로 집중되었습니다. 이렇게 한 가지 동작으로 하는 것보다는 세 가지 방법으로 하니 마음이 밖으로 나가지 않고 안으로 집중되는 듯했습니다.

사야도 경행을 할 때 남에게 방해가 되지 않아야 합니다. 그리고 이곳저

곳으로 왔다 갔다 하는 것보다 일정한 거리를 왕복하는 것이 좋습니다. 걸을 때 앞으로만 걸어야지 뒷걸음질을 해서는 안 됩니다. 경행은 자연스럽게 걷는 것이 좋으며, 남과 다르게 특별한 동작이나 특별한 행동을 해서는 안 됩니다. 잘 모를 때는 남이 하고 있는 것을 그대로 따라서 하는 것이 좋습니다. 혼자만 별나게 해서는 안 됩니다. 잘해 보려고 하는 것이 잘못하는 것이 될 수 있습니다.

수행자 한국에서는 아침에 죽을 먹었습니다. 그런데 이곳에서 먹는 안남미가 냄새가 나서 한국에서 가져온 선식가루와 섞어서 먹었습니다. 처음에는 맛이 있었습니다. 그랬는데 양을 조절하지 못해서 엄청나게 많아져서 그걸 억지로 먹어야 되었습니다. 그러자 정반대의 현상이 일어났습니다. 처음에는 먹고 싶었는데 이제 배가 차니까 음식이 너무 역겹고 속에서 울컥 넘어올 것 같았습니다. '아, 마음이 이렇게 많이 달라지는구나' 하고 알아차렸습니다. 속이 너무 울렁거리며 토하려고 해서 할 수 없이 다 먹지 못하고 버렸습니다.

사야도 좋다고 하는 것도 다 마음이 그러는 것이고, 안 좋다고 하는 것도 다 마음이 그렇게 합니다.

수행자 한국에서 선은 깨달음을 두 가지로 보고 있습니다. 하나는 한순간에 깨우치는 것이고, 또 하나는 점진적으로 깨우치는 것입니다. 문자도 모르고 아무것도 모르는 사람이 깨닫는 사람이 있고요. 아무리 불경에 대해 완벽하게 아는 사람도 깨닫지 못하는 사람이 있거든요. 그런 분들은 점진적으로 깨닫게 되거든요. 이 위빠사나는 어느 종류로 깨닫게 되는지요?

사야도 조금씩, 조금씩 지혜가 나서 많은 지혜가 쌓여서 큰 지혜를 얻게 됩니다. 그래서 큰 깨달음을 얻게 되는 것입니다. 탐진치 등 여러 가지 번 뇌들이 적으면 빨리 얻을 수가 있고, 번뇌가 많으면 빨리 얻지 못합니다. 원인은 여러 가지가 있습니다. 일단 지혜도 있어야 되고, 번뇌도 적어야 되고, 마음이 깨끗해야 되고, 수행도 열심히 해야만 됩니다. 그래서 사람마 다 다 다릅니다.

수행자 저는 좌선 중에 집중이 잘 될 때는 어쩌면 그렇게 볼 것이 많은지 한번 봤을 때 두 가지가 같이 나타나는 경우도 있습니다. 그래서 알아차리 면 하나는 먼저 사라지고 또 하나는 다음에 사라지기도 합니다. 또 집중이 잘 될 때는 허리가 펴지면서 가슴이 뒤로 젖혀지는 것 같았습니다. 시원한 느낌이 들어서 알아차렸더니 그걸 즐기고 있다는 것을 알았습니다.

사야도 잘 안 될 때는 그렇게 잘 되게 할 줄 아는 것이 중요합니다. 그래 서 이럴 때는 이렇게 잘 되는 것을 알고, 안 될 때는 왜 안 되는가 하는 것을 아는 것이 중요합니다.

수행자 저는 당뇨가 있어서 여기 와서는 먹는 것을 조심하고 있습니다. 약 먹는 것 때문에 당의 수치가 들쭉날쭉해서 혼이 났습니다. 그러나 지금은 오후에 아무것도 안 먹습니다. 약도 먹지 않는데 재보지 않았지만 저혈당이 되지도 않고 모든 것이 잘 유지됩니다. 그리고 수행도 잘하고 있습니다.

사야도 그것이 다 마음하고 상관이 있습니다. 마음에 힘이 있으면 마음이 깨끗하고 편안하니까 몸도 같이 편안해집니다. 오래 계십시오. 오래 있으면 병이 다 낫습니다.

수행자 처음에는 그것 때문에 여기에 오는 것을 걱정했는데 와 보니까 오히려 나을 수 있는 계기가 된 것 같아서 다음 기회를 생각하고 있습니다. 어제 사야도께서 숙제를 내주신 것에 대해서 말씀드리겠습니다. 칫솔질을 할 때 다른 손이 무엇을 하는가를 못 느꼈었는데 알아차려 보니까 다른 손이 열심히 움직이고 있는 것을 느꼈습니다.

사야도 필요한 것보다 더 힘을 줘서 그렇습니다. 그냥 편안하게 하지 않고 힘을 많이 줘서 그런 것입니다.

수행자 평상시엔 몰랐습니다, 이렇게 힘을 주는지를 몰랐어요.

사야도 그래서 알아차려야만 알게 됩니다.

수행자 지난 시간에 말씀하신 것입니다만, 문 열고 들어갈 때 머리가 먼저 들어가는가, 발이 먼저 들어가는가를 알아차려 보았습니다. 문 열고 들어갈 때는 알아차림을 두면 발이 먼저 들어가고, 그냥 알아차림 없이 하면 머리가 먼저 들어가는 것을 알았습니다.

사야도 성급한 마음 때문에 머리가 먼저 들어갑니다. 그렇게 자꾸 알아차리도록 하십시오. 뭘 하든지 간에 알아차리면서 하도록 하십시오. 알지 못했던 것을 알게 되면 아주 재미가 있습니다. 그러나 문을 열고 들어갈 때 무엇이 먼저 들어가는지 자세하게 알아차려 보십시오.

수행자 아닙니다. 문을 열고 들어갈 때 손이 먼저 들어갑니다.

통역 나중에 저절로 알게 하려고 사야도께서 일부러 남겨두었는데 왜 가르쳐 주시는 겁니까?

수행자 머리하고 발하고 먼저 들어간 것이 뭐냐 했을 때 발하고 머리만 생각했습니다.

통역 알아차렸을 때 손이 먼저 들어가는 것을 알게 하기 위해서 머리가 먼저 들어가는지 발이 먼저 들어가는지 물은 것입니다.

사야도 베트남 스님이 말하기를, 방에 들어갈 때는 발이 먼저 들어가는데 화장실 들어갈 때는 머리가 먼저 들어간다고 했어요. 저기 화장실 안에 뭐가 있나 싶어서 머리를 넣고 먼저 보고 난 뒤에 들어간다고 했습니다.

사람들이 자기 자신에 대해서 잘 안다고 생각하지만 아무것도 모릅니다. 나이 예순이 된 할아버지 한 분이 자기가 예순이 됐지만 한번도 밥을 넘기는 것을 못 알아차리고 넘겼다고 했습니다. 그런데 여기 와서 목구멍으로 밥을 넘기는 걸 처음 알았다고 했습니다.

수행자 정말로 요즘은 넘어갈 때 따끈한 걸 느끼고, 어떤 때는 차가운 것을 느끼고 있습니다.

사야도 사람들이 자기 자신에 대해 잘 안다고 생각하지만, 자기 몸에 대해서도 모르고 자기 마음에 대해서도 전혀 모릅니다. 어떤 사람들은 똥도 제대로 눌 줄 몰라서 변비가 됩니다.

수행자 그럼 어떻게 해야 됩니까?

사야도 억지로 힘을 줘서 누는 것이 문제입니다. 다 나가게 되어 있는 것을 급하게 막 힘을 줘서 누게 되니 치질이 생깁니다.

수행자 좌선 중에 호흡을 하는데 코를 통해서, 식도를 통해서, 가슴을 통해서, 배 전체를 흘러내려가는 것을 알아차리니 온몸이 팽창하면서 세포 자체가 하나하나 늘어지는 것 같고 몸이 팽창하는 것을 느꼈습니다.

통역 그럼 호흡을 알아차릴 때 전체의 길을 따라서 보신 것입니까?

수행자 어떻게 하다 보니까 제가 가슴에 알아차림을 두어도 배가 같이 보이거든요. 가슴에 두고 알아차림을 하는데도 코를 통하고 식도를 통해서 내려가는 것이 자연스럽게 보였습니다. 따라가 보니까 배 전체도 세포들이 팽창해지는 것을 느끼면서 몸 전체가 팽창이 되는 것을 느꼈어요.
그걸 알아차리고 호흡의 사라짐과 동시에 멈춤이 있고, 이때 몸이 이완도 되고 수축도 되는 것을 알 수 있었습니다. 이렇게 실컷 보다가 내 마음이 싫어하는 마음이 일어났습니다. 그래서 빨리 싫어하는 마음을 알아차렸습니다. 그런데 다시 생각이 들어왔습니다. 무슨 생각이 일어나는가 하면 12처 18계란 생각이 일어났습니다. 그래서 그것을 알아차려 보니 '아, 12처 18계가 아니라 24처 36계구나' 하는 생각이 금방 드는 거예요.

사야도 호흡은 한곳에서 알아차리는 것이 좋습니다. 그리고 마음이 그렇게 말할 때에 내가 망상을 하고 있구나 하고 알아차리도록 하십시오.

수행자 한번씩 마음이 게을러질 때가 있거든요. 자꾸 노력을 해도 잘 안 되고 해이해지다가 다시 노력을 하면 또 괜찮아지고 그렇습니다. 그럴 때 팔정도와 사념처에 대해 생각합니다.

사야도 게으른 마음이 일어나고 하기 싫은 마음이 일어날 때는 무엇 때문에 하기 싫은 마음이 일어나는가, 그 마음을 보도록 해야 합니다. 뭘 생각해야 하는 것이 아니라 그때의 마음을 알아차리는 것입니다. 내가 무엇 때문에 그런가를 알아야 합니다. 그리고 게으를 때의 느낌, 그 게으른 마음, 하기 싫은 마음을 보면 그 마음이 사라져 버립니다. 왜 하기 싫어하는가 하면 내가 뭐 특별한 것을 보려고 하는데 그게 안 보이니까 하기 싫어지는 것입니다.

수행자 특별한 것을 보려고 생각하지는 않습니다. 그냥 하다 보면 한번씩 조금 그런 경향이 있는데 지금은 많이 그런 편은 아닙니다. 그래도 한번씩 그렇게 될 때는 그냥 무시해 버리고 알아차리기만 하면 되겠습니까?

사야도 마음가짐이 잘못되면 하기 싫어집니다. 왜냐하면 지금 보는 게 이 것밖에 안 보인다, 그렇게 생각하니까 하기가 싫어지는 것입니다.

수행자 가끔씩 싫증날 때가 있습니다.

사야도 대상과 아는 마음이 새록새록 일어나고 꺼지고 한다는 걸 알면 절 대로 하기 싫은 마음이 일어나지 않습니다. 매일 계속해서 똑같은 것을 본 다고 생각하니까 하기 싫어지는 것입니다.

수행자 그런 일이 한 번씩 있어도 노력하면서 하나씩 넘어갈 수 있는 마 음자세는 항상 있습니다. 그런데 한 번씩 그런 버릇이 있어서 말씀드렸습 니다.

사야도 그러니까 그런 마음이 일어나면 그때 그 마음 때문에 느껴지는 마 음이 있습니다. 나른하고, 보기 싫어하는 그런 느낌이 있을 것이니 그 느낌 을 보도록 하십시오. 그 마음도 역시 항상 하지 않고 변하는 것입니다.

수행자 공양할 때 항상 제 마음이 음식을 씹는 것을 하나하나 알아차렸거 든요. 그런데 오늘은 의도적으로 빨리빨리 씹어도 보고 느리게 씹어도 보 았습니다. 그랬더니 그냥 탄력이 붙어서 씹어지기도 하겠다는 생각이 들었 습니다. 그래서 아무리 빨리 씹어도 마음이 다 붙을 수 있을까 하는 의심이 생겼습니다.

사야도 됩니다. 알아차림이 빨라지면 아무리 빨리 썹어도 마음이 붙습니다. 몸과 마음 중에 마음이 더 빠릅니다. 그래서 몸이 아무리 빨리 해도 마음이 더 빨리 알아차리게 됩니다. 자꾸 생각을 하지 마십시오. 생각하는 순간 알아차림이 끊어집니다.

수행자 이런 버릇도 있어요. 같은 맥락인데요, 물질과 정신을 분리해서 알아차리게 됩니다. 무슨 생각이 일어났을 때 몸이 아파서 통증이 일어났다든지, 반응이 일어났다든지 할 때, 그것을 물체를 통해서 보고 있다는 것을 알아차리게 되거든요. 그걸 자꾸 구분해서 보려고 하는데 그래선 안 되는지요?

사야도 억지고 하려고 하면 안 됩니다. 힘이 있으면 저절로 분리되어서 보이게 됩니다. 어디서 듣거나 읽은 이론을 수행할 때 자꾸 대비시키려고 하지 마십시오. 그러면 알아차림의 흐름이 깨집니다.

수행자 저절로 분리가 돼서 보이니까 그걸 즐기고 있었습니다.

사야도 대상과 아는 마음이 있고, 다시 대상과 아는 마음이 있는 상태로 분리되어서 보이면 됩니다.

수행자 네, 그렇게 보여요. 그건 그대로 봐도 되는 겁니까? 분리되어서 보이니까 그걸 즐기는 것을 자꾸 느끼면서 하게 됩니다.

사야도 즐겨선 안 됩니다. 즐기는 마음을 알면 다시 또 그 마음을 알아차리고 보도록 해야 합니다. 만약에 즐기고 있으면 수행이 거꾸로 후퇴합니다.

수행자 그럼 아무리 중요한 법일지라도 그걸 알아차리고 다시 원위치로 돌아가야지 그걸 끌어다 보려고 하지 말라는 뜻입니까?

사야도 평등심의 상태가 되어야 합니다. 좋아하는 마음도 없고, 싫어하는 마음도 없이 그냥 아주 평등한 마음으로 봐야 합니다.

수행자 과거에는 그것을 좋아하고 즐겼는데, 지금은 좋고 나쁘고 싫은 것도 없이 물 흐르듯이 그냥 지켜보고 있습니다.

사야도 수행하는 것은 집착을 줄이기 위해서 수행을 하는 것입니다. 아무리 좋은 현상이라도 집착해서는 안 됩니다.

수행자 제가 생각하기에도 그간에 집착이 많았어요.

사야도 조금만 알면 아만심이 일어납니다. 그러나 이렇게 일어나는 것을 알아차리지 못하면 딱 막혀서 더 이상 올라가지 못합니다. 탐심, 성냄, 어리석음의 번뇌를 볼 줄 아는 것이 중요합니다. 여기서 그렇게 봐야만 집에 돌아가면 번뇌를 모두 알아차릴 수가 있습니다.

수행자 코에서 호흡을 알아차리는데 눈을 감았지만 한쪽 눈으로 보는 것을 알 수 있었습니다. 한국에서 배우기를 알아차릴 때 눈으로 보지 말고 마음으로 보라고 했는데, 여기에서 자세히 보니 그것도 한쪽 눈으로만 보고 있었습니다. 그래서 고개가 항상 한쪽으로 돌아가 있는 것을 알았습니다.

사야도 사람들이 마음을 기울이는 것이 오른쪽으로 기울이는 사람이 있고, 왼쪽으로 기울이는 사람이 있습니다. 그래서 수행자가 한쪽으로 기울었기 때문에 그렇게 된 것입니다.

수행자 좌선 중에 땀이 매우 많이 나서 짜증이 났는데 마음을 가다듬고 알아차림을 놓치지 않고 주시했습니다.

사야도 잘하는 것입니다. 일단은 마음을 차분하게 가라앉히도록 하십시오. 그리고 난 뒤에 알아차리도록 하십시오.

수행자 수행이 제일 안 되는 것이 자기 전에 알아차리는 것입니다. 생각이 많습니다.

사야도 조금은 알 수 있지 않습니까? 금방 바로 잠이 듭니까? 누워서 몸 전체를 훑어보도록 하십시오. 숨을 들이쉬고 내쉬는 것을 봐도 되고, 배의 일어남과 꺼짐을 봐도 되고, 아니면 몸을 돌릴 때 돌리는 것을 알아차리고,

이렇게 온몸의 느낌을 알아차리면 됩니다. 누우면 가슴이나 몸의 전신에서 느낌들이 일어날 것입니다. 그것을 바로 보려고 하면 생각이 안 들어오는데 보려는 생각 없이 그냥 누우니까 그렇습니다.

잠자기 전에는 이 생각 저 생각을 하지 않도록 하십시오. 잠을 자는 것은 죽는 연습을 하는 것과 똑같습니다. 잠잘 때는 죽는 것과 마찬가지입니다. 그래서 지금 현재에 자꾸 알아차리는 연습을 해두어야 죽을 때도 알아차리면서 죽을 수가 있습니다. 자꾸 망상을 하면서 자면 죽을 때도 망상하다가 죽게 됩니다. 사람은 죽을 때의 마음이 다음 생으로 이어집니다.

수행자 지금 조금 전에 사야도의 말씀을 듣다 보니 가슴이 쿵쿵거렸습니다. 그래서 아, 쿵쿵거리는구나 하고 알았습니다.

사야도 그런 현상이 나타나면 그대로 주시하십시오. 지금 괴로움이 있다는 것을 느낀 것입니다.

수행자 경행을 할 때 몰랐는데, 왼쪽 발에서 딱딱 소리가 났습니다. 그래서 신경이 쓰여서 슬리퍼를 신을 때 제 발 모양이 어떤가를 가만히 알아차려 보니까 왼쪽이 덜 움직이는 것 같았어요. 그래서 발 모양을 조금 바꾸니까 소리가 안 났어요. 그리고 공양할 때는 몰랐는데 수저를 들면 몸이 앞으로 먼저 나가는 걸 느꼈습니다. 그래서 점잖게 먹으려고 수저를 몸 쪽으로 가져와서 먹었습니다.

사야도 걸을 때 조심스럽게 걸으면 소리가 나지 않습니다. 그리고 식사할 때 탐심이 많으면 머리를 더 구부립니다. 그래서 머리하고 딱 닿게 됩니다. 허리를 똑바로 펴고 드십시오.

수행자 그렇게 해서 흘리면 어떻게 합니까?

사야도 너무 많이 뜨면 흘리지만 알맞게 뜨면 안 흘립니다. 물 같은 것은 흐를 수가 있습니다. 중요한 것은 탐심 없이 먹는 것입니다. 많이 뜬다는 것은 그 순간 탐심이 작용한 것입니다. 부처님께서는 스님들이 먹는 규칙을 여러 가지로 정해 놓으셨습니다. 크게 뭉쳐서 먹어서도 안 되고, 소리가 나게 먹어서도 안 되고, 구부려서 먹어도 안 되고, 음식을 손에 들고 입으로 베어 먹어서도 안 되는 등등 많이 있습니다.

수행자 사야도께서 말씀하신 두는 알아차림과 있는 알아차림에 대해서 말씀해 주시면 감사하겠습니다.

사야도 두는 알아차림은 처음에 마음을 대상에 갖다 두는 것입니다. 처음에는 알아차림이 없기 때문에 대상에 마음을 보내서 아는 것을 말합니다. 이렇게 알아차리다 보면 나중에는 가속도가 붙어서 일부러 알아차리지 않아도 저절로 항상 있는 알아차림이 되는 것을 말합니다.

수행자 좌선 중에 몸과 마음의 자연적인 성품이 무엇인가를 살펴보았습니다. 이렇게 살피면서 몸의 자세가 바른가, 마음가짐이 바른가를 살핍니다.

이때 일어나고 사라지는 마음의 내용에 따라서 몸의 느낌이 달랐습니다. 망상이 행으로 이어지면 행의 힘이 업을 형성하지 않겠는가 하는 생각을 했습니다.

사야도 업이 되는 것입니다. 만약 알아차림의 지혜가 있으면 불선업으로 형성되지 않습니다. 그러나 알아차림이 없을 때는 불선업이 됩니다. 왜냐하면 알아차림이 없는 미혹한 상태에서는 탐진치가 크게 작용하기 때문입니다.

수행자 그것이 선업의 원인이면 선업의 결과가 있는 것을 생각했습니다. 알아차리면 선업의 원인이 되는 것을 생각했습니다. 알아차려서 선업의 원인을 만들면 선업의 결과가 있겠지요?

사야도 당연히 그렇습니다.

수행자 경행을 하면서 서 있고, 들고, 놓는 것을 다 알아차릴 수 있었습니다. 그러면서 서 있을 때 이것들이 일어나고 사라지면서 물거품 같다는 것을 느꼈습니다. 생각도 일어나서 사라지고, 행동도 일어나서 사라지는 것을 알 수 있었습니다. 그러나 소멸 뒤에 무라고 한다면 내가 없다는 것인데, 나도 나의 자아가 아니라면 왜 태어났을까 하는 생각을 했습니다.

사야도 아직 내가 없다는 것을 깨닫지 못해서 그렇습니다. 내가 깨닫지 못했으면 그것에 대해서 생각하지 말아야 합니다. 아직 지혜가 거기까지 미치지 못하는데 생각을 하면 오히려 혼란스럽습니다. 그냥 단순하게 대상을 알아차리면 고요함을 얻고, 그리고 차츰 지혜가 나서 무아를 알게 됩니다. 무아는 항상 하는 내가 없다는 말인데 생각으로는 이해가 되지 않습니다.

수행자 일상의 알아차림을 할 때입니다. 법당에서 누가 저를 지적했어요. 그런데 집중하는 힘이 있어서 그런지 아무런 불쾌한 감정 없이 알아차릴 수 있었습니다. 이것이 마치 코브라가 지나갈 때 반응을 하면 뱀에 물리고 반응을 하지 않으면 아무런 상관없이 지나칠 수 있는 것 같았습니다.

사야도 그래서 항상 알아차림을 하라고 말하는 것입니다. 항상 알아차림이 있는 사람은 마음이 건강해서 어떤 대상이 와서 부딪쳐도 힘이 있기 때문에 반응을 하지 않습니다. 그러나 알아차림이 없는 마음은 조금만 자극이 있어도 즉각 반응을 하게 됩니다.

수행자 그런 후에 좌선을 하려고 앉아서 느낀 것은 제 스스로가 알아차림이 있을 때는 나쁘게 반응하지 않지만 알아차림이 없으면 오히려 제 자신이 코브라가 되어 다른 사람에게 독을 내뿜을 수 있는 것이구나 하고 생각했습니다.

사야도 그렇습니다. 그것을 아는 것이 중요합니다.

수행자 그래서 그런 뒤에 그 도우님과 자연스럽게 이런 얘기를 하게 되었습니다. 그리고 서로 편안한 상태가 되었습니다.

사야도 누구나 집에 있을 때 식구들과 매일같이 싸웁니다. 과연 무엇 때문에 싸웁니까? 집에 있는 식구들이 이렇게 모두 알아차린다면 서로 얼마나 편안하겠습니까?

수행자 오후에 좌선을 할 때는 항상 나타나는 것만 나타나서 싫증이 났습니다. 그래서 잠만 잤습니다.

사야도 대상이 항상 똑같은 것이라고 생각하면 싫증이 납니다. 그래서 대상이 새록새록 일어나는 것이라고 알아야 합니다. 숨쉬는 것도 처음에 쉬는 것과 다음에 쉬는 것이 똑같습니까?

수행자 다르다고 생각하는데 이것을 머리로만 아는 것 같습니다.

사야도 그럼, 지금 말을 할 때 말하는 것을 알 수 있지 않습니까? 조금 전에 한 말과 지금 한 말이 같습니까? 또한 숨을 쉬는 것도 한 번 쉬었다가 다시 쉬고 이렇게 새록새록 다시 쉬는 것입니다. 조금 전에 한 것과 똑같은 것이라고 생각하니까 하기가 싫어지는 것입니다.

많이 알고 싶으면 머리끝에서부터 온몸 전체를 다 훑어가면서 알아차릴 수도 있습니다. 머리의 느낌은 어떻고, 이마의 느낌은 어떻고, 눈꺼풀의 느낌은 어떻고, 코의 느낌은 어떻고, 뺨의 느낌은 어떻고, 귀의 느낌은 어떻고, 이렇게 죽 훑어가면서 발까지 알아차려 보십시오. 머리부터 다리까지 알아차리면 한 시간 내내 하게 될 것입니다.

수행자 좌선할 때와 마찬가지 마음으로 경행을 했습니다. 그래서 지루하고 싫증이 났습니다. 좌선 때는 잠을 잤는데 경행 때는 함께 온 수행자들과 만나서 얘기를 나눴습니다.

사야도 여하튼 내가 몰랐던 것을 알도록 노력하십시오. 그러면 재미가 있을 것입니다. 그러려면 몸과 마음을 다해서 알아차리도록 하십시오. 그래야만 재미있게 알아차릴 수가 있습니다. 온 정성을 다하지 않으면 하는 둥 마는 둥하게 될 것입니다. 자동차의 브레이크도 밟고, 변속기어도 밟으면 차가 어떻게 나갈 수가 있겠습니까? 그러니 몸과 마음을 다해서 온 정성을 기울여 알아차려야 합니다.

수행자 좌선을 하는데 여러 가지 소리 때문에 집중이 안 되었습니다.

사야도 마음을 편안하게 가져야 합니다. 화가 났을 때는 마음이 고요하지 않습니다. 그래서 제대로 알아차릴 수가 없습니다. 그러므로 화나는 마음을 알아차려야 합니다. 마음이 편치 않을 때는 아무것도 알아차리려고 하지 마십시오. 일단 마음을 편안하게 가라앉힌 뒤에 알아차리려고 해야 합니다.

경행을 할 때도 여러 가지를 알려고 하지 마십시오. 처음에는 한 발을 옮길 때 한 가지만 알도록 하십시오. 한 가지 알고, 한 가지 알고, 계속 이렇게 알면서 이것이 이어지도록 하십시오. 한 가지씩 알아차리는 것이 계속 이어지도록 하는 것이 중요합니다. 조금 더 노력을 하십시오.

수행자 좌선 중에 미얀마 사야도께서 법문을 하셨습니다. 그런데 지난번에 법문 때문에 시끄러워서 괴로웠던 경험이 있어서 이번에는 그냥 소리로 듣자고 생각했습니다. 이렇게 한 시간을 앉아 있다가 나왔는데 도우님이 스님의 법문을 하시는 목소리가 좋지 않았느냐고 물었습니다. 그런데 아무것도 생각이 나지 않았습니다. 거미줄에 바람이 지나가듯 소리나 다른 아무것도 기억이 없었습니다. 이것이 잘못된 것인지 모르겠습니다.

사야도 좋아하고 싫어하는 마음이 없으면 기억하지 못합니다. 마음가짐이 바르면 좋아하는 마음이나 싫어하는 마음이 없게 됩니다. 이런 마음이 없을 때는 그런 것에 대해서 기억을 하지 못합니다.

수행자 좌선 시간에는 눈만 감으면 소화가 안 되어 울렁거리고, 눈을 뜨면 괜찮아지고 하였습니다.

사야도 그럴 때는 눈을 뜨고 알아차려도 됩니다.

수행자 경행을 할 때는 발바닥을 디디는 순서대로 떨어지는 것을 알았습니다. 새끼발가락이 먼저 닿고, 엄지발가락이 제일 늦게 닿는 것을 알았습니다. 발을 들어서 놓을 때 발가락을 들고 있었는데, 이는 앞으로 나갈 때

발가락이 끌리기 때문이었습니다. 그런데 이것을 의도하지 않았는데 걸을 때마다 이렇게 걷고 있는 것을 알았습니다. 의도하지 않았는데도 의도에 의해 그런 것 같아서 의도를 보려고 해도 쉽지가 않았습니다.

사야도 하기 전에 벌써 의도가 일어났습니다. 그렇게 보고자 하는 마음으로 봐서는 의도를 쉽게 볼 수가 없습니다. 찾으면 더 어렵습니다.

어떤 사람은 경행을 할 때 돌고자 하는 의도를 보려고 하니까 돌아지지도 않았다고 합니다. 마음이 의도를 보려고 하니 돌 수가 없었던 것입니다. 또 어떤 사람은 화장실에 가서 대변을 보려는 의도를 가지고 보려고 애를 썼는데 볼 수는 없고 대변도 나오지 않았다고 합니다. 자연스럽게 하면서 알아차리도록 하십시오. 내가 알아차리는 것이 빨라졌을 때 저절로 의도가 보이는 것입니다.

경행을 할 때 왼발이 나갈 때는 이미 마음이 나가겠다는 의도가 있었습니다. 왼쪽으로 돌 때 이미 마음이 왼쪽으로 돌겠다는 생각이 일어나서 도는 것입니다. 몸이 움직이기 이전에 벌써 많은 마음이 일어났습니다. 마음이 이미 결정을 하고 몸이 움직이는 것입니다. 여기서 저기까지 갈 때는 마음은 벌써 어디까지 가서 서겠다는 의도를 가지고 있습니다. 그러나 거기까지 가서는 마음이 바뀔 때도 있습니다. 여기서 더 가겠다고 하거나 또 다른 마음을 내기도 합니다.

수행자 호흡을 할 때 코에서 배까지 느껴지는데, 그럼에도 불구하고 코와

배를 분리해서 느껴야 하는지요?

수행자 코가 먼저고 그 뒤에 배입니다. 코로 들어가면 배가 나옵니다.

사야도 그냥 전체가 보이면 보이는 대로 봐도 됩니다. 그러면 질문을 하나 하겠습니다. 코로 호흡이 느껴질 때 코가 먼저일까요, 아니면 배가 먼저일까요?

수행자 코가 먼저고 그 뒤에 배입니다. 코로 들어가면 배가 나옵니다.

사야도 그것은 잘못된 것입니다. 다시 알아차려 보십시오. 사람들의 생각은 그렇습니다. 그것은 잘못된 것입니다. 코에 바람이 들어가는 것이 먼저인가, 배가 나오는 것이 먼저인가를 알아차려 보십시오.

수행자 코에 바람이 들어가는 것이 먼저입니다.

사야도 그것이 아닙니다. 다시 한 번 잘 보십시오.

수행자 사야도께서 몸의 자연적인 성품을 보라고 하는데 자연적인 성품이 무엇인지 알려주십시오.

사야도 자연적 성품은 빠라마타를 말합니다. 몸에서 일어나는 것은 단지 뜨거운 것과 뜨거운 것의 특성을 아는 것입니다. 뜨거우면 단지 뜨거운 것 자체를 아는 것이고, 차가우면 차갑다는 것을 아는 것입니다. 왜 뜨거운가, 왜 차가운가 하는 생각이 배제된, 단지 있는 느낌과 이것을 아는 마음만 있는 것을 말합니다.

또한 몸의 성품은 단단하다 또는 부드럽다고 하는 것을 아는 것이고, 무겁다 가볍다 하는 것을 아는 것입니다. 실재하는 것이라고 하는 빠라마타와 달리 빤냐띠가 있는데 이것은 관념적인 것입니다. 이것은 모양이나 빛깔이나 장소가 보이는 것을 말합니다. 이런 관념적인 것 없이 실재하는 것을 아는 것을 성품을 아는 것이라고 합니다.

예를 들어 손이 뜨거울 때 손이 뜨겁다고 알지 않고 단지 뜨거움 자체만 아는 것이 성품을 아는 것입니다. 뜨거울 때 손이 뜨겁습니다. 이때 손은 있지만 손은 대상이 아니고 단지 뜨겁다는 것만을 아는 것입니다.

여섯 번째 면담

수행자 경행을 할 때 다리에 힘이 많이 들어가 있습니다. 힘을 뺀다고 하는 데도 여전히 힘을 많이 주고 있습니다.

사야도 경행을 할 때 힘을 안 주면 어떻게 경행을 할 수 있습니까? 당연히 힘이 들어가는 것입니다.

수행자 긴장을 하고 걷기 때문인 것 아닌가요?

사야도 처음에는 마음이 긴장하기 때문에 몸에 힘이 들어가는 것입니다. 마음이 즐거워서 기뻐하는 사람을 보면 온몸이 아주 들떠 있지 않습니까? 또한 마음이 우울할 때 보면 몸도 지쳐 있고 기운이 하나도 없습니다. 그러니까 마음과 상관이 있는 것입니다.

그런 때는 긴장하는 마음을 알아차리고 경행을 하십시오. 또한 너무 자세하게 알아차리려고 하면 긴장하게 됩니다. 그렇게 긴장하고 걸으면 쉽게 피곤해지고 좌선을 하기 위해 앉으면 졸게 됩니다. 그러므로 자연스럽게 걷기 위해서는 적당한 속도가 필요하며 가볍게 알아차려야 합니다.

수행자 식사를 하다가 잠깐 알아차림을 놓쳤습니다. 식사 중에 정전이 됐습니다. 보통 때는 알아차리고 먹는데 불이 꺼져서 안 보인다고 허겁지겁 먹고 있었습니다. 이렇게 먹고 있는 중에 불이 탁 켜졌는데 순간적으로 부끄럽고 제가 정직하지 않구나 하는 것을 알았습니다.

사야도 마음이란 것이 다 그렇습니다. 상황이 바뀌면 마음도 그렇게 바뀌는 것입니다. 어떤 수행자 한 사람이 법당에서 경행을 하는 중에 사람들이 있을 때는 아무런 마음이 안 일어나는데 자기 혼자 경행을 하면 법당 뒤에 비치한 틴니에* 병에 자꾸 마음이 간다고 합니다.

* 나무즙으로 만든 사탕.

마음이라는 것이 아주 희한한 것입니다. 자기가 알지 못하던 마음을 알면 정말 아주 신기해 합니다. 그러나 자기 마음에 대해 잘 알면 좋은 쪽으로 가게 됩니다. 분명한 것은 나쁜 마음이 일어났을 때에 그것을 아는 것이 중요합니다. 그렇게 해야만 나쁜 마음을 없앨 수 있습니다. 자꾸 앎으로써 좋은 쪽으로 돌리고, 돌리고 해서 나쁜 마음을 없앨 수 있습니다.

자기 마음을 바르게 알지 못하기 때문에 어떤 대상과 부딪혔을 때 그 마음이 튀어나옵니다. 어떤 사람들은 그것을 이렇게 말합니다. 수행처에서 수행할 때는 아주 마음이 고요하고 참 좋았는데 집에서는 어떻게 조절할 수가 없다고 말합니다. 그것은 분명하게 자기 마음을 알지 못했기 때문에 그렇습니다. 그래서 자기 마음을 볼 줄 아는 것이 중요합니다. 몸에 대해서만 알아서는 마음이 바뀌지 않습니다.

부자도 아무도 없을 땐 훔치고 싶은 마음이 일어납니다. 돈이 있고 없고 상관없이 사람이 없을 때는 훔치고 싶은 그런 마음이 일어납니다. 사람들은 너나없이 모두 나쁜 마음을 갖고 있습니다. 그런데 그것이 강한가, 약한가 하는 것이 다를 뿐입니다.

자기 마음이라고 하는 이런 마음은 사실은 자기 마음이 아닙니다. 그 순간에 조건 지어진 마음입니다. 그러므로 내 마음이 나쁘다고 생각하지 말고 그 순간의 마음이 나빴다고 알아야 합니다. 그것을 알아차린 마음은 또 새로 일어난 마음입니다. 그리고 알아차린 마음은 선한 마음이 생긴 것입니다. 그런데 현재의 선한 마음은 보지 못하고 이미 지나간 불선의 마음만 보고 괴로워합니다.

수행자 여행을 가지 않고 여기서 계속 수행을 하기로 했습니다.

사야도 좋습니다. 여행은 나중에 다시 와서 갈 수도 있습니다. 어디를 가든지 특별한 것이 없습니다. 사람 사는 것이 다 같습니다. 내가 가 보지 않은 곳은 오직 이 안에 있는 마음속밖에 없습니다. 정말 이 마음속을 여행해야 합니다.

수행자 어제부터 오늘까지 어느 때보다 마음이 깨어 있는 상태로 일어나는 대상마다 알아차림이 이어집니다. 탄력이 붙어서 일상생활이나 좌선이나 경행을 할 때나 계속 알아차리고 있습니다. 기념사진을 찍는다고 잠깐 쉬는 동안에도 알아차림이 지속되면서 마음이 굉장히 빠르게 변하는 것을 보았습니다. 마치 TV 채널을 바꾸어 틀면 자꾸 다른 것이 나오듯이 계속 선명하게 알아차리다 보니 행복하게 느껴졌습니다.

사야도 알아차림의 가속도가 붙으면 그렇게 놓치질 않고 안에만 계속 있게 됩니다.

수행자 호흡이 일어나고 꺼지는 것을 보면 마음이 항상 함께하는 것을 알겠습니다. 그런데 마음과 의도가 똑같은 것인가 그런 의심이 났습니다. 그리고 호흡마다 의도가 다 따라다니는지요?

사야도 아는 마음과 의도는 서로 다릅니다. 아는 것은 아는 것일 뿐이고, 그것과 의도하고는 서로 다른 것입니다.

수행자 호흡에서는 의도가 있습니까?

사야도 호흡에서 일어나고 싶어 하는 의도는 없습니다. 숨을 쉬고 싶어 하는 의도는 있지만 배가 일어나고자 하는 의도는 없습니다. 숨을 쉼으로써 배가 절로 일어날 뿐입니다. 그러나 숨을 참고 있으면 갑갑하므로 숨을 쉬려는 의도가 일어납니다. 또한 호흡을 만들어서 하는 경우에는 당연히 의도가 있습니다. 그러나 위빠사나 수행에서는 호흡을 만들어서 하지 않습니다.

배가 일어나면 왜 일어나는 것입니까?

수행자 마음이 갔기 때문에 배가 일어난 것으로 압니다. 동시에 일어나니까요.

사야도 그것은 생각으로 아는 것일 뿐인지 바르게 아는 것이 아닙니다. 그것은 단지 일어나는 것을 일어난 줄 아는 것일 뿐입니다. 무엇 때문에 배가 일어난다고 생각합니까?

수행자 살아 있기 때문에 일어나고 꺼지는 것이 아닌지요. 어떻게 말해야 되는지 모르겠습니다. 전혀 생각을 해보지 않았습니다. 살아 있기 때문에 그런 것이 아닌지요?

사야도 숨을 쉬니까 배가 일어나는 것입니다. 수행을 할 때 무엇 때문에 어떻게 된다는 원인 결과를 알아야 조금 지혜가 납니다.

수행자 그렇습니다. 숨을 쉬기 때문에 배가 일어난 것을 알겠습니다.

사야도 그러면 무엇 때문에 숨을 쉽니까?

수행자 숨을 쉬니까, 호흡을 하니까, 배가 일어나고 꺼집니다.

사야도 그러니까 그 숨은 왜 쉽니까?

수행자 살기 위해서 쉽니다.

사야도 그것은 생각해서 말하는 것이지 알아서 말하는 것이 아닙니다. 위빠사나 수행에서 수행을 한다고 하는 것은 바로 모든 것의 자연적인 성품을 알기 위해서 하는 것입니다. 무엇이 어떻게 되니까 무엇이 어떻게 된다는 것을 알아야 합니다. 그러니까 불교의 가장 중요한 요점이 바로 원인과 결과를 아는 것입니다. 무엇 때문에 무엇이 어떻게 되었다는 것, 이것입니다.

수행자 지금 연기를 말씀하시는군요.

사야도 12연기를 볼 것 같으면 다 원인과 결과뿐입니다. 부처님께서 그걸 보셨기 때문에 12연기를 말씀하셨습니다. 숨을 쉬고 싶은 마음이 있기 때문에 숨을 쉽니다. 알아차리라고 하는 것은 바로 그것을 알라고 하는 것입니다. 바로 그것을 공부하라고 하는 것입니다. 뭐가 어떻게 돼서 어떻게 된다, 라는 것을 알게 하기 위해서 알아차리라고 하는 것이지 그냥 알아차리라고 하는 것이 아닙니다.

숨쉬는 것을 자세하게 알아차리면 숨쉬고 싶은 의도가 있는 것을 알게 됩니다. 그래서 이렇게 숨쉬는 것을 알면, '아, 숨쉬고 싶어서 숨을 쉬는구나' 하는 것을 알게 됩니다. 숨을 쉬고 싶어 하는 마음이 아주 미세하기 때문에 알지 못하는 것입니다.

수행자 계속 호흡을 많이 하면서도 미세한 것을 제대로 알지 못해서 그런 것 같습니다.

사야도 걸을 때는 왜 걷습니까?

수행자 걸을 때의 특성을 알려고 걷습니다.

사야도 걷고 싶어서 걷습니다. 무엇 때문에 걷고 싶은가요? 왜 가고 싶어 합니까?

수행자 마음이 가려고 하니까요.

사야도 마음속에 있습니다. 사람이 몸에 대해서만 알아서는 안 됩니다. 몸과 마음에 대해서 다 알아야 원인과 결과를 완전하게 알 수 있습니다.

지금 수행자가 하고 있는 것이 바르게 하고 계십니다. 그러나 몸만 봐서 는 안 됩니다. 몸을 보면서 그때 일어나는 마음도 같이 봐야만 합니다.

수행자 몸 자체는 마음이 시도하지 않고는 몸은 꼼짝도 못한다는 것을 알 고 있습니다. 마음은 저 혼자도 왔다 갔다 할 수 있지만 몸은 마음의 지시 없이는 전혀 움직이지 않는 것을 알고 있습니다.

사야도 지금 생각으로 알고 있습니다. 실재를 알고 있다고 해도 미약하니다. 그러니 마음에서 일어나는 감정들을 많이 보도록 해야 합니다. 마음이 하고 싶어 하는 마음, 이런 의도를 많이 알아차리십시오. 마음이 긴장하고 있는 것, 아니면 들떠 있는 것, 이런 느낌들을 알아차리십시오. 그 외에도 여러 가지가 있습니다. 성급한 마음이 있는가, 마음이 차분한가 등을 알아 차리면 됩니다.

수행자 마음에서 일어나는 것을 계속 알아차리겠습니다.

사야도 사람을 처음 보게 되면 마음이 뭘 생각하지요? 어떤 사람을 보면 좋아하고 어떤 사람을 만나면 아주 싫어하고 그렇습니다. 왜 그런 마음이 나는지 이런 것들을 다 알아야 합니다.

수행자 그렇게 알아차리기만 하면 되겠습니까?

사야도 그렇게 알아차리십시오. 화가 왜 일어납니까?

수행자 좋아하기 때문에 일어납니다. 그전에는 탐욕에 대해서 잘 몰랐는데 정말로 좋아하고 싫어하는 것밖에 없다는 것을 압니다. 그것이 분명하게 알아집니다.

사야도 그러니까 화가 왜 일어났느냐고요? 화가 왜 납니까?

수행자 뭔가 원인이 있기 때문에 일어납니다.

사야도 화가 일어날 때마다 자꾸 알아차리도록 하십시오. 자꾸 알아차리다 보면 나중에는 제대로 알게 됩니다. 지금 답을 말해 주는 것은 아주 쉬운 일입니다. 그러나 수행자가 확실하게 알게 하기 위해서 다시 보라고 했습니다.

여기 수행처에서는 큰 화가 일어나지 않겠지만 집에 가면 화가 일어날 것입니다. 왜 화가 일어나는가, 그것을 보라는 것입니다. 그것이 수행자에게 주는 미얀마의 선물입니다.

수행자 저는 오늘 오전에는 좌선을 하는데 심장이 뛰는 것 때문에 왜 아픈가 원인을 찾다가 보니 너무 아픈 거예요. 그래서 한 시간을 못 채우고 나왔습니다.

사야도 원인을 찾지 말아야 합니다. 오직 나타난 현상을 알아차려야 합니다. 그때는 원인을 찾고 있는 것을 알아차려야만 합니다. 그때 마음이 뭐라고 말을 하던가요?

수행자 너무 아파서 마음을 보지 못했습니다.

사야도 그럴 때는 마음을 알아차리고 걱정하는 마음 때문에 일어난 가슴의 느낌을 보아야 합니다.

수행자 제가 그저께는 잘 되었다고 말씀을 드렸는데, 오늘 오후에도 마음이 고요하고 숨소리가 고르고 참 평온한 마음에서 좌선을 했습니다. 마음이 고요해서 앉아 있는 것이 가볍고 그래서 한 시간을 채우고 나서 가속도가 붙었나 보다고 생각했습니다. 그리고 고요한 상태에서 몸을 움직여 봐도 그냥 그 자리에 있었습니다. 그리고 하나도 힘이 안 들었는데 몸이 흔들리는 느낌을 느꼈습니다.

사야도 흔들지 말고 그냥 조용하게 있어야 합니다. 마음속에서만 흔들리는 것 같은 느낌이 있는 것은 괜찮은데 몸이 정말로 움직이면 안 됩니다.

수행자 좌선 중에 머리에서부터 눈, 코, 입을 쭉 훑어 내려가면서 팔이 무거운 걸 느꼈습니다. 손가락이 저리는 느낌과 다리까지 내려가서 엉덩이에서 딱딱한 느낌을 알아차렸습니다. 이렇게 아픈 것을 알아차리다 보니 한 시간이 금방 지나갔습니다.

사야도 마음이 관심을 가지고 보게 되면 시간이 금방 갑니다. 그런 식으로 하루 종일 해도 시간이 금방 갑니다.

수행자 저는 어제 굉장히 신체적으로 짜증스럽고 무엇이 잘 안 되었습니다. 그래서 숙소에 들어가 한 시간 동안 누워 있었습니다. 그런데 답답증이 나고 하루 종일 전혀 수행이 안 되었습니다.

사야도 수행자의 마음가짐이 잘못되었습니다. 무언가 원하는 마음이 있었습니다. 잘 되고자 하는 마음이 있기 때문에 그렇습니다. 잘 되게 하고자 하는 마음이 있으면 그대로 안 되어서 화가 나고 짜증이 나는 것입니다. 수행자들의 특성이 다 그렇습니다. 지금 잘 되게 하려는 마음이 강합니다. 그런데 만약 잘 되어도 '아, 잘 된다' 하고 들뜨게 됩니다. 그리고 조금 잘 안 되면 다시 짜증이 납니다.

만약에 내기를 하는 사람들은 오직 거기에만 골몰해서 내기를 하는데 그러면 더 잃게 됩니다. 그것과 마찬가지입니다. 잘 안 된다 싶으면 잠깐 쉬고 다시 시작하는 마음으로 하십시오. 그리고 잘 되게 하려는 마음 없이 보통의 마음으로 하면 잘 됩니다

수행자 오늘은 점심 먹고 사진을 찍었습니다. 그리고 좌선을 시작했는데 집중이 아주 잘 되었습니다. 너무 집중이 잘 되어서 조금 약하게 했습니다. 그때 법당이 뜨거웠는데 단전이 뜨거운 햇볕에 쏘인 것처럼 열이 나고 뜨 거웠습니다. 그래서 이 더위를 어떻게 하면 이겨 낼 수 있을까를 생각했습 니다. 그때 들숨을 단전에 보내자고 생각하며 내가 단전으로 들어가니 단 전에서 차가운 기운이 일어나고 그것이 등 뒤로 퍼져 나갔습니다. 그러면 서 그 더위가 사라져 버리고 갑자기 추운 기운이 느껴졌습니다.

사야도 내가 배에 들어간 것이 아니고, 마음을 아랫배에 붙여서 거기에 가 있었던 것입니다. 단지 뜨거우면 뜨거운 줄 알고, 차면 찬 줄 알면 됩니 다. 들숨을 단전에 보내려는 것은 의도인데 그런 의도는 갖지 않는 것이 좋습니다. 들숨이 아랫배까지 가지도 않습니다. 배의 움직임은 호흡과 함 께 일어나는 풍대의 현상입니다. 코로 들이쉰 공기가 배까지 간다는 것은

상상입니다.

수행자 제가 몸에 열이 많은데 그런 수행을 하면 치유할 수 있겠는지요?

사야도 마음이 고요해지면 그렇게 크게 열이 나지 않습니다. 그래서 마음을 고요하게 해야 합니다. 무엇을 치유하려고 수행을 하지 마십시오. 그런 마음 없이 할 때 좋은 효과가 있을 것입니다.

수행자 차가운 기운이 느껴졌을 때 적정의 상태를 맛보았습니다. 앞으로도 그런 적정의 상태가 가능하겠는지요?

사야도 그렇게 될 수 있습니다. 그러나 바라는 마음 없이 하도록 해야 합니다. 내가 어떻게 되고자 하는 마음 없이 하면 그렇게 됩니다. 마음가짐이 바르고 알아차림이 이어지면 그렇게 됩니다. 그러나 바라는 마음으로 하면 안 되며, 잘 안 되면 또 짜증이 날 것입니다.

수행자 저는 미얀마에 늦게 와서 열심히 하려고 마음을 먹어서 그런지 욕심이 앞서서 힘들었습니다. 경행을 할 때 제 마음을 보니 이곳의 선원 수행자들을 보면서 저 사람은 어느 나라 사람일까, 참 이상하게 생겼다 등등 마음속에서 판단을 하고 있었습니다. 그리고 경행을 할 때 발이 옮겨 가는 것을 보니 마음이 바쁘게 움직이는 것을 알았습니다.

사야도 중요한 것은 수행을 할 때 급하게 하지 않는 것입니다. 잘 되게 하고자 하는 성급한 마음이 있으면 안 됩니다. 내가 얻을 수 있는 만큼만 얻고, 내가 할 수 있는 만큼만 하겠다는 마음을 가져야 합니다.

수행자 좌선을 할 때 오전 중에는 괜찮았는데 오후에는 하체 쪽이 너무 아팠습니다. 마지막에 좌선을 할 때는 아파하는 마음을 보았는데 '몸은 원래 이런 거야' 하고 생각했습니다. 그래도 계속 아프니까 아픈 마음이 안 보이고 화가 났습니다.

사야도 아픈 것은 그냥 확 아픈 것이 아닙니다. 차츰차츰 조금씩 더 아픕니다.

수행자 예, 그것을 알았습니다.

사야도 너무 강하게 아프면 이미 마음을 알아차릴 수가 없습니다. 그래서 처음에 조금 아프기 시작할 때 그때부터 마음을 알아차리기 시작해야 합니다. 이렇게 통증을 알아차리는 것도 시기가 필요합니다. 이처럼 마음이 조금 긴장을 하거나 답답해지면 즉시 마음을 알아차려야 합니다. 너무 아픔이 강해지면 그때는 통증을 이길 수가 없습니다. 그래서 견딜 수 없을 때는 천천히 알아차리면서 자세를 바꿔 주어야 합니다.

수행자 그런데 끝날 때까지 자세를 바꾸지 않았습니다.

사야도 견딜 수만 있으면 좋습니다. 그러나 지나치게 힘이 들면 바꾸어

주십시오. 여기에 늦게 왔지만 다른 사람들이 말하는 것을 들으면 궁금한 것이 해결될 것입니다.

수행자 저도 미얀마에 늦게 왔는데 수행에 대한 욕심이 생깁니다. 오후에 좌선을 하는데 속이 미식거리고 차를 타고 멀미한 것 같은 증상이 생겼습니다. 끝까지 참아 보려 했는데 참을 수가 없어서 일어나서 경행을 하고 시간 맞춰서 숙소에 가서 쉬었습니다. 울렁거리는 것이 지금도 편하지 않습니다.

사야도 마음을 풀어주어야 합니다. 잘해야 한다는 생각을 하지 말고 긴장한 마음을 풀어주는 것이 필요합니다. 수행은 할 수 있는 만큼만 하는 것입니다. 마음이 편해져야 수행을 할 수 있습니다. 지금 잘하려는 마음 때문에 그런 현상이 생긴 것입니다. 수행하는 마음은 아무것도 바라지 말고 보통으로 그냥 해야 합니다. 수행은 마음으로 이해하는 것이기 때문에 마음이 성급해지면 아무것도 할 수 없습니다.

수행자 경행도 법당 안에서 할 때보다 밖에서 하니 더 잘 되었습니다.

사야도 너무 집중을 해서 그렇습니다. 서둘러서 성급한 마음으로 집중하지 말고 법답게 해야 하는 것입니다. 법답지 않게 억지로 하려고 하면 안 됩니다. 수행은 균형이 있게 해야지 노력이 너무 강하면 안 됩니다. 그리고 좌선이나 경행이 너무 한쪽으로 치우쳐서는 안 됩니다.

수행자 좌선을 할 때 종종 다리에서 쥐가 납니다.

사야도 처음에 수행을 시작하면 그렇습니다. 못 견디겠으면 억지로 참지 말고 자세를 바꾸어도 됩니다. 수행을 할 때 많은 힘이 필요하지 않습니다. 자기 자신을 알아차리는 데 큰 힘은 필요치 않습니다. 지금 여기에 앉아 있는 것을 알아차려 보십시오.

수행자 예, 앉아 있는 것을 알아차렸습니다.

사야도 앉아 있는 것을 아는 데 힘이 듭니까?

수행자 힘들지 않습니다.

사야도 그것을 아는 데 얼마나 힘이 필요합니까? 앉아 있는 것을 알아차리는 데는 힘이 들어가지 않습니다. 그래야 편안하게 수행할 수 있습니다. 그냥 힘들지 않게 가만히 아는 것이 중요합니다.

수행자 어제 오늘 좌선 중에 알아차림을 연결하기 위해서 .노력했습니다. 이렇게 알아차림을 그치지 않고 계속하기 위해서 몸의 기관들을 쭉 훑어가면서 보니 내가 가지고 있는 눈을 내 눈이라 해야 하는 건지, 단지 눈이라 해야 하는 것인지 의문이 생겼습니다.

사야도 단순히 눈이라고 생각해야 합니다. 나의 눈이라고 생각하지 말아야 합니다. 무엇이나 지나치게 잘하려고 하면 의문이 많아집니다. 수행을 잘하려고 하는 것도 집착입니다.

수행자 좌선 중에 알아차리다가도 제 자신이 간절하게 바라는 마음이 많은 것을 알게 됩니다. 그래서 바라는 마음을 놓아야 하는 것을 알면서도 바라는 마음이 자꾸 일어나는 것을 봅니다.

사야도 자꾸 바라는 마음이 생길 때는 가슴에 느낌이 있습니다. 마음이 들떠서 나타나는 그 느낌을 보도록 해야 합니다.

수행자 단지 그 느낌만 보면 되나요?

사야도 아무 생각을 하지 말고 단지 느낌만 보면 됩니다. 그냥 바라는 마음 없이 느낌을 보면 바라는 마음이 사라지게 됩니다. 사람은 탐심이 강하게 일어나면 아무리 그치려 해도 그칠 수 없습니다. 그래서 탐심이 일어나는 것을 없애거나 줄일 수가 없습니다. 그렇기 때문에 좌선을 할 때조차도 탐심이 일어나는 것입니다. 사람의 마음은 이미 탐심이 습관이 되어 있기 때문에 수행을 할 때도 탐심이 일어날 수밖에 없습니다. 다른 일은 탐심으로 될 수도 있지만 수행은 탐심으로 하면 절대 안 됩니다. 알아차림이 아예 안 됩니다.

수행자 밤에 잘 때 알아차림을 하면서 보니 성내는 마음이 일어났다가 금방 좋아하는 마음이 일어났다가 그랬습니다. 그러니 어느 세월에 열반에 들 것인가 하는 마음이 일어났습니다.

사야도 그 답을 먼저 알아야만 합니다. 마음이란 것은 원래 금방 좋아했다가 금방 싫어하는 것입니다. 그렇게 아는 것이 바르게 아는 것입니다. 오히려 지금 마음이 무엇인지를 알게 된 것입니다. 마음이 고요하지 못해서 그런 것이 아닙니다. 마음이 원래 그런 것이라는 것을 알면 지혜가 나고 열반에 이를 수 있습니다. 그렇게 금세 바뀌는 마음을 내 마음이라 할 수 있겠습니까?

수행자 내 마음이라고 할 수 없습니다.

사야도 그것을 바르게 알면 내 마음이 증장된 것입니다. 눈도 내 눈이라 생각하면 왜 안경을 써야 합니까? 내 눈 같으면 '내 눈아, 어둡지 마라' 하면 어둡지 않아야 되는 것 아닙니까? 그래서 몸도 내 몸이 아니고 마음도 내 마음이 아닙니다. 그것을 알아야 합니다. 그렇게 자꾸 보세요. 그렇게 마음을 자꾸 보니 마음의 특성을 알게 되지 않습니까?

수행자 오늘밤에 잘 때 알아차림을 해야 한다는 마음가짐을 가지고 누워서 수행을 하는 중에 갑자기 내 몸이 굳어지면서 가위에 눌리는 듯한 느낌이 들었습니다. 그래서 숨을 못 쉬고 꼼짝도 할 수 없어 소리를 질렀습니다. 소리를 지르면서 내가 알아차림을 해야 한다고 생각하니 그 느낌이 금방 사라졌습니다.

사야도 아무것도 아닙니다. 단지 잠이 들 듯 말 듯한 상태에서 나타난 것입니다. 반쯤은 잠이 든 상태로 마음이 조금은 깨어 있지만 완전하게 깨어 있는 것이 아니라서 그때는 움직이지를 못합니다. 그것이 실재의 상황이 아니라 모두 마음에서 일어난 생각입니다.

수행자 공양을 할 때 음식이 들어가는 줄을 알고, 씹는 줄을 알고, 또 넘어가는 줄을 압니다. 여기 음식은 향이 독특해서 어떤 때는 많이 먹고 싶어도 적게 먹게 됩니다.

사야도 그런 마음이 일어났을 때 자꾸 마음을 알아차리면서 먹도록 하십시오. 냄새는 단지 냄새라고만 생각하고 먹고, 맛은 단지 맛이라고만 알아차리고 드십시오. 그렇지 않고 무슨 냄새다, 무슨 맛이다, 하는 것을 생각하지 말아야 합니다.

어떤 수행자 한 사람은 절대 죽을 못 먹는다고 생각하고 있었습니다. 그래서 죽이 나오면 입을 꼭 다물고 있었습니다. 그랬었는데 한 수저, 한 수저를 먹을 때마다 그 마음을 알아차리면서 먹다 보니 두 그릇이나 먹게 되었다고 합니다. 좋다, 나쁘다, 생각을 안 하고 그냥 알아차리면서 먹다 보니 그렇게 먹게 된 것입니다. 향이 어쨌다고 생각을 하니까 먹기 싫은 마음이 일어납니다. 강한 맛을 알아차려 보십시오. 그 강한 맛이 얼마나 오랫동안 계속되는지 살펴보십시오.

그래도 여기서는 한국 음식을 많이 만들어 드리는 것입니다.

수행자 한국에서 좌선을 할 때 등에 방석을 받치고 했었는데 가능하다면 빼고 하는 것이 좋다고 해서 방석을 빼고 등을 기대지 않고 합니다. 그러다 보니 자만심이 생겼습니다. 내가 방석 없이도 할 수 있구나 하는 생각이 들었습니다. 그런데 조금 전 사야도께서 말씀하시기를 수행자는 어떤 것이나 바라는 마음이 있어서는 안 된다고 했는데 이런 경우는 어떤지 궁금합니다.

사야도 그것은 바라는 마음하고는 상관없습니다. 그것은 탐심이 아닙니다.

수행자 이제 알아차림이 중요한 줄은 알겠습니다. 탐심이 생기거나 성내는 마음이 생겨서 알아차리면 사라지는 것을 알았습니다. 그러나 일상생활에서 자신의 몸과 마음을 알아차리다 보면 남을 배려하는 마음을 놓치게 되는 경우가 있습니다. 이런 것이 의문입니다.

사야도 맞습니다. 탐심과 성냄이 일어났을 때 탐심과 성냄을 알아차리고 그런 뒤에 탐심과 성냄이 없어지면 다른 사람을 도와주도록 하십시오. 그러나 탐심이 있을 때나 성내는 마음이 있을 때 도와주는 것은 좋지 않습니다.

수행자 그런 의미가 아니고 알아차림을 하니 자신이 냉정해지고 남을 배려하는 마음이 없다는 것이 문제입니다.

사야도 자기가 지켜야 할 책임을 먼저 완수해야 합니다. 자기가 해야 할 일을 먼저 해야 합니다. 그렇다고 해서 무조건 남을 배려하지 말라는 말이 아닙니다. 그러나 일단 내 마음이 편안했을 때 다른 사람도 배려할 수 있다는 것입니다. 만약 내가 탐심과 성냄이 있는 상태라면 과연 다른 사람을 어떻게 도와줄 수 있겠습니까? 부처님께서 말씀하시기를, 먼저 자신이 편안해지면 이 세계가 다 편안해진다고 하셨습니다. 그러니까 먼저 자기 자신이 평화롭고 행복해져야 합니다.

사람들이 자기가 화가 나면 상대 때문에 화가 났다고 생각합니다. 그렇다면 어떻게 상대방을 배려할 수 있겠습니까? 그래서 일단 자기 자신을 알아차려서 탐심과 성냄으로 일하지 않게 하는 것입니다. 그래야 다른 사람을 배려할 수 있습니다.

사람들은 서로서로 관계하고 있기 때문에 내가 불편하면 다른 사람도 불편하기 마련입니다. 내 마음이 괴로운데 내 주위에 있는 사람들이 편안할 수 있겠습니까? 내 마음이 편안하면 다른 사람들에게도 이익을 주게 됩니다. 내가 편안하면 나를 보는 사람, 나와 상대하는 모든 사람들이 이익을 얻게 됩니다. 알아차림은 나의 이기심으로 단지 나의 이익만을 생각하는 것이 아닙니다.

수행자 좌선 중에 밖에 있는 소리가 작은 것에서 큰 것까지 다 들어왔다가 사라집니다. 그리고 몸은 몸대로 모든 감각들이 전기처럼 느껴졌습니다.

사야도 좌선을 할 때 몸에는 아주 미세한 진동 같은 것이 있습니다. 수행을 하는 것은 일단 지혜가 나기 위해서 하는 것입니다. 지혜가 있는 사람들은 다른 많은 사람들을 편안하게 할 수 있습니다. 지혜가 있으면 다른 사람들을 행복하게 만들 수 있습니다. 마음이 괴로운 사람들이 어른이 된다면 그것은 무서운 일입니다. 히틀러 같은 역사적인 전쟁 범죄자는 지혜가 없는 사람입니다. 마음이 바르지 못한 사람들이 높은 자리에 앉으면 많은 사람들이 괴롭습니다. 사람은 지혜도 있어야 되고 좋은 마음도 있어야 됩니다.

수행자 좌선 중에 하루 종일 지금까지 일어난 현상과 달랐습니다. 지금까지 잘해야 되겠다는 마음에 노력이 강해지면서 집중이 오래 유지가 되었습니다. 그런데 오늘은 알아차림이 정찰기가 되어서 하루 종일 돌고만 있는 느낌을 받았습니다.

사야도 알아차림이 돌고 있을 때 계속 알고 있었습니까?

수행자 네, 거듭거듭 계속해서 새로운 마음을 내게 되었습니다. 집중을 위해서 계속 마음을 냈습니다. 그러다 보니 약간 지루하게 느껴지기도 했습니다. 서울에서는 일상에서나 자다가 일어나서나 하나하나를 모두 알아차려야 된다고 배웠어도 잘 되지 않았습니다. 그래서 '참 이상하다, 나는 왜 알아차리지 못할까' 하고 생각했습니다. 그래서 의도를 내도 잘 되지 않았습니다. 그러나 어제는 전날 알아차림을 잘해야겠다고 마음을 먹고 자서 그랬는지 아침에 일어나면서 일어나는 동시에 상체가 움직이는 것을 선명하게 알 수 있었습니다. 상체가 일어나면서 오른발이 침대 밑으로 내려가고 모기장을 걷는 것이 하나하나 모두 선명하게 알 수 있었습니다.

사야도 서울과 여기가 무엇이 다른가 하면 집에서는 알아차림이 이어지지 않고 여기서는 이어지는 것이 다릅니다. 그리고 집에 있을 때는 마음이 복잡해서 알아차림과 집중이 안 되는데, 여기서는 마음이 편하여 계속해서 알아차림을 하니까 그렇게 되는 것입니다. 그래서 일단 마음을 편안하게 가져야만 알아차림과 집중이 이어지게 됩니다.

집에 있을 때도 일어나는 마음을 계속 지켜보면 마음이 고요해집니다. 마음의 상태, 감정이 일어나는 것을 주시하면 마음이 편안해지고, 편안해지면 알아차림과 집중력이 생깁니다. 집에 가서 몸만 보면 잘 되지 않습니다. 마음이 누구를 만나서 어쩌고저쩌고 하다 보면 그때의 마음이 혼란해져서 알아차림과 집중이 이어질 수 없습니다.

수행자 서울 생활이라는 것이 사야도께서 생각하시는 것보다 바쁘고 복잡합니다. 정말 너무 바쁩니다.

사야도 그렇습니다. 매우 바쁠 것입니다. 그래서 더 많은 노력이 필요합니다.

수행자 어제 같은 경우에 알아차리고자 원했던 마음이 잠재되었다가 아침에 불현듯이 일어나는 것인지요?

사야도 원하는 마음이 여러 가지가 있습니다. 신심으로 원하는 마음이 있고, 탐심으로 원하는 마음이 있습니다. 신심으로 원하는 것이라면 좋습니다. 신심과 탐심은 서로 다릅니다. 신심도 힘이 있고, 탐심도 힘이 있지만 신심의 힘은 좋은 힘이고, 탐심의 힘은 아주 거친 것입니다.

수행자 신심의 힘으로 가볍게 알게 된 것 같습니다.

사야도 한국에 가서도 수행을 해봤으면 좋겠습니다. 작년에 싱가포르에 가서 이틀 동안 지도를 했었는데 그런 기회를 다시 기다리고 있어요.

도시생활에서 엘리베이터를 타고 올라가면서도 얼마든지 알아차림을 할 수 있습니다. 엘리베이터를 타고 있으면서 마음이 무엇을 하는가 하면 저기 가면 무엇을 할까, 하는 생각을 합니다. 그래서 아무것도 알 수가 없습니다. 그럴 때 편안하게 가만히 알아차림을 두고 지켜보아야만 합니다. 그러면 집에 가서도 편안하게 알아차림이 이어져서 일을 할 수가 있습니다. 수행이 정말 잘 된다면 생활 속에서도 할 수 있습니다. 선원에서는 수행이 잘 되고 집에서는 잘 안 된다면 그것은 별로 잘하는 수행이 아닙니다.

수행자 저는 좌선을 하면서 계속해서 망상에 시달리고 있습니다. 지나간 것이 생각나고, 앞으로 계획도 생각나고, 실수한 것도 생각나고, 이렇게 망상과 알아차림이 7대 3의 비율인 것 같습니다. 그러다가 마음을 보니까 싫어하기도 하고 좋아하기도 했습니다. 망상을 할 때 몸을 알아차렸는데 머리는 무겁고 배는 당겨지고 등은 따갑고 아팠습니다.

사야도 어떤 수행자 한 사람이 말하기를, 하도 망상이 많아서 코도 볼 수가 없고, 배도 볼 수가 없고, 아무것도 볼 수가 없다고 했습니다. 그러면 망상하는 것만 계속 보라고 했습니다. 그 사람이 단순한 사람이라서 시키는 대로만 하는 사람이었습니다. 그래서 하루 종일 망상하는 것을 보다 보니 나중에는 망상을 하려는 의도가 일어나면 알아차리고, 일어나면 알아차리고 했습니다. 그랬더니 그다음에는 생각을 하려고 해도 할 수가 없게 되었습니다.

마음가짐을 바르게 하면 됩니다. 망상에 대해서 좋아하고 싫어하는 마음이 없으면 됩니다. 망상을 알아차리고자 하는 마음이 있으면 됩니다. 망상을 더 하게끔 힘을 가하지 말아야 합니다. '망상을 하려면 해라! 망상을 하면 하는 대로 보겠다'라고 생각하면 됩니다. 그렇게 되어 내가 망상을 볼 줄 알면 망상도 즐겁습니다. 그러면 망상을 할 때 가벼운 마음으로 '망상했네' 하고 알아차릴 수 있습니다. 이렇게 되면 망상이 대수롭지 않고, 그래서 망상을 알아차린 것이 즐겁습니다.

수행자 좌선 중에 망상을 할 때 몸의 느낌이 일어납니다.

사야도 망상을 할 때 망상을 하는 줄을 알고, 몸에 느낌이 일어나면 일어나는 줄 알아차리면 됩니다. 중요한 것은 마음가짐입니다. 이런 모든 것은 법의 성품일 뿐이다 하고 보아야 합니다. 이런 법의 특성을 알아차려야겠다고 하면 됩니다. 그런데 이것을 좋아하고 싫어하는 마음으로 바라거나 없애야 된다고 생각하면 안 됩니다.

수행자 저도 망상을 많이 하고 잠도 많이 잡니다.

사야도 할 수 있는 만큼만 하십시오.

수행자 며칠 전부터 기운이 빠져서 컨디션이 떨어지고 몸도 마음도 제 마음대로 안 됩니다.

사야도 몸 상태에 따라 쉬어가면서 하십시오. 억지로 애를 쓸 필요는 없습니다. 꼭 좌선을 해야만 하는 것도 아니고, 꼭 경행을 해야만 하는 것도 아닙니다. 좌선을 하거나 경행을 하거나 이어지게만 하면 됩니다.

수행자 한국에서 집중수행을 할 때 사야도 공양을 올리는 일을 한 적이 있습니다. 그때 도와주는 사람과 함께 일을 했는데 그 사람이 알아차림을 한다고 차분하고 느리게 일했습니다. 어떤 경우에는 시간에 맞추어서 빨리 공양을 올려야 되는데 알아차림을 한다고 시간에 상관없이 천천히 행동해서 공양 시간을 맞출 수가 없었습니다. 그래서 속이 상한 채로 일주일을 보내고 나서 내 마음을 보니까 내가 상대에게 바라는 마음이 있었다는 것을 알았습니다. 그 사람이 내가 원하는 만큼 해주기를 바라고 있었습니다. 그래서 다음 주에 그 사람을 수행하라고 보내고 나머지 기간을 혼자서 감당했습니다. 그런데 그렇게 바쁜 시간에 알아차림을 하기 위해서 천천히 해도 되는 것인지요?

사야도 그것은 좋지 않습니다. 그런 경우에는 천천히 할 필요가 없이 빨리빨리 하면서 알아차려야 합니다. 마음이 알아차림이 빨라지도록 해야 하는 것이지 몸을 천천히 해야 하는 것이 아닙니다. 그렇게 천천히만 한다면 어떻게 생활을 하며 살 수 있겠습니까? 그래서 여기서는 자연스럽게 하라고 합니다. 천천히 하는 것만 능사가 아닙니다. 알아차림이 있으면 됩니다.

우리가 알아차릴 대상은 몸과 마음뿐입니다. 몸과 마음 중에 어떤 것이 더 빠릅니까? 마음이 알아차리면 되는 것입니다. 그 사람이 알아차림이 능숙하지 못해서 그렇게 천천히 할 수밖에 없었을 것입니다.

일곱 번째 마지막 면담

^{수행자} 미얀마에 와서 수행을 하기까지 많은 사람들의 도움을 받았습니다. 그러니 수행을 제대로 해야 하는데 지금 그렇지 못해서 미안한 마음이 듭니다.

^{사야도} 수행을 잘하면 도와준 모든 사람들이 다 복을 짓는 것입니다. 사람의 몸은 마음과 업과 자양분과 온도, 이 네 가지로 만들어집니다. 네 가지로 인해서 이 몸이 유지되는 것입니다. 이 네 가지 모두가 다 좋아야 합니다. 수행을 하면 마음과 업 이 두 가지가 좋아집니다. 이 두 가지는 수행을 하면 자연히 갖춰지는데, 온도와 영양분은 거기에 잘 맞춰서 살면 됩니다. 그래서 수행을 하면 몸과 마음의 조건들을 모두 좋게 바꾸어 줍니다.

^{수행자} 지난번에 인터뷰할 때 밖에 있는 대상을 몸에다 당겨 놓고 보라는 말씀을 들었습니다. 그런데 그때는 이해가 잘 안 되어서 그냥 무심코 넘어가고 그냥 제가 하던 식으로 했는데 오늘 갑자기 그 생각이 났습니다. 경행을 하면서 정말로 저번에 봤던 그대로 소를 눈에 당겨서 눈에 갖다 놓고 관찰을 해봤습니다.

통역 소가 어디 있는데요?

수행자 아니, 지난번에 소를 보았을 때 말한 거 있죠. 지난번에 소를 어떻게 보라는 그 말씀을 했기 때문에 소가 없지만 그렇게 보려고 했습니다.

통역 그렇게 하라는 게 아닙니다.

수행자 그런 게 아닙니까? 그래서 물어 본 것입니다. 그래서 아, 그건 아닌데 하는 마음이 들더라고요. 야자수 나무가 보이기에 그렇게 봤거든요. 그랬더니 야자수 나무가 눈에서 느껴지며 눈으로 보고 있다는 것이 각인이 되어버렸어요. 그러자 눈의 동공이 커지면서 눈물이 나오고 따갑고 그래서 눈이 깜빡깜빡해졌습니다. 이렇게 보면서 이것이 마음에 들지 않았습니다. 그래서 이번에는 부처님의 상호를 가지고 한번 당겨서 해보자 하는 마음이 들었습니다. 그래서 그렇게 한번 해보니까 앞의 그것들이 각인되어 있어서 얼른 안 사라지더라고요.

통역 부처님이 안 계신데 마음속으로 만들어서 보았습니까?

수행자 네, 마음으로요.

사야도 사실 보는 것의 자연적인 성품을 보게 하기 위해서 단지 눈에 마음을 갖다 두고 대상을 보라고 하는 것입니다. 그래서 마음이 대상에 가서 부딪치기는 하지만 보는 마음을 눈에 두고 보라고 하는 것입니다.

수행자 그것을 잘 이해하지 못해서 물어 본 것입니다.

사야도 그러면 한번 시험해 보십시오. 나중에 좌선을 끝내고 눈을 뜰 때 마음을 눈에 두고 눈을 떠 보십시오. 그리고 또다시 감아 보고 또 마음을 눈에 두고 떠 보고, 그렇게 해보십시오.

수행자 네, 그것은 할 수 있어요.

사야도 눈을 감으면 안 보이고, 뜨면 보이는 그 자체를 알아차려 보십시오.

수행자 이제 알아들었습니다. 궁금해서 꼭 한 번 물어 보고 싶었습니다.

통역 그것은 실제로 그렇게 하라는 뜻이지 생각으로 끌어들이는 게 아닙니다.

사야도 수행은 자연스럽게 해야 되는 것이지 어떻게 만들어서 하는 것이 아닙니다.

수행자 알아들었습니다. 이제 제가 숙제를 풀었습니다.
그리고 오늘 스님들이 탁발을 할 때 따라 나가서 본 것에 대해 질문을 드리겠습니다. 정말 말로만 듣던 탁발을 직접 따라 나가서 보니 여기 사람들이 따끈따끈한 밥을 해 가지고 그 많은 스님들한테 나누어 드리는 모습을 보았습니다. 어른뿐 아니고 아이들도 같이 공양을 올리고 나서 그냥 맨

땅에 엎드려서 삼배를 하는 것을 보고 너무너무 감동을 받았습니다. 어쩌면 저렇게 순수하고 깨끗하고 공손함이 들어 있을까? '아, 진짜 순수하다'는 생각을 하면서 이곳의 물질적인 문화는 정말로 형편없지만 정신적인 문화는 저렇게 깨끗할 수 있구나 하고 감동을 받았습니다. 나도 고향에 가면 지금까지 노력한 거보다 더 노력해서 진짜 공손함과 깨끗하고 순수함을 본받아서 살아봐야겠다, 그런 마음이 들어서 상당히 많은 시간을 빼앗겼습니다. 그런데 이렇게 참으로 순수하고 깨끗한데 왜 이렇게 못살까 하는 마음도 들었습니다.

사야도 과거의 업 때문에 그렇습니다. 과거에 보시하지 않았기 때문에 그렇습니다.

수행자 제가 항상 누구에게 물어 보고 싶었지만 마음속에 가지고만 있었지 물어 볼 수가 없는 것이 있었는데 질문을 드리겠습니다.

제가 한 39년 동안 잘하든 못하든 계속 수행을 하면서 살아왔습니다. 그러면서 과거에 대승불교를 할 때는 목표를 천상에 태어나고 싶고, 사람으로 태어나고 싶고, 남자로 태어나고 싶다는 것을 가지고 있었거든요.

그런데 위빠사나로 바꾸면서 목표가 달라졌어요. 아, 어떤 일이 있어도 수다원에 들어야겠다, 하는 목표를 항상 가지게 되었습니다. 그런데 작년부터는 또 바뀌었습니다. '아니야, 사다함까지 해야 돼.' 그랬다가 '이왕이면 아나함까지 목표를 정해야 해' 하는 생각이 들었습니다. 그래서 아나함에 목표를 정해 놓고 서원을 세우고 수행을 해나가고 있거든요. 그래서 외람된 말이지만 여기에 이르기 위해서 반드시 지켜야 할 것하고, 해서는 안 되는 것, 혹 어떻게 해나가면 알아차리는 걸 지속적으로 할 수 있는지 알고 싶습니다. 살아 있는 동안에 어떻게 하면 목표를 정한 대로 끌고 갈 수 있는지요. 또한 그런 목표를 정해도 괜찮은 것인지도 알고 싶습니다.

사야도 부처님께서 말씀하시기를, 아나함이 되어도 멈추지 말고 계속 수행하라고 하셨습니다. 그러니까 중요한 것은 지혜가 나도록 하는 것입니다. 그런 서원을 세우는 것도 좋습니다만 우선 지혜가 나게 수행을 하십시오. 수다원의 도과와 사다함의 도과와 아나함의 도과가 그렇게 큰 차이가 있는 것이 아닙니다. 모두 삼법인의 지혜를 가지고 있는데 어떻게 더 큰 지혜를 가지고 있는가에 따라 도과가 구별될 뿐입니다.

수행자 그래서 수다원에서 조금만, 조금만 더하면 된다고 하더라고요. 아나함이 되면 천상의 정거천에서 수행을 할 수 있다고 경전에서 보았습니다. 그런데 자꾸 이런 마음이 들어서 그런 것을 생각하게 됩니다.

사야도 중요한 것은 번뇌가 엷어지는 것이 중요합니다. 자기 마음을 자꾸 보도록 하십시오. 탐진치의 번뇌가 있으면 그 번뇌를 자꾸자꾸 알아차려서 제거하도록 하십시오. 그렇게 해서 번뇌가 적어지면 자연히 원하는 대로 될 것입니다.

큰 탐심이 있어서도 안 되고, 크게 성을 내서도 안 됩니다. 번뇌가 왜 커지는가 하면 삿된 견해 때문입니다. 그래서 가장 중요한 것이 정견이 생기는 것입니다.

수행자 어저께는 배의 호흡을 알아차렸습니다. 그런데 두 번은 호흡을 하고 그 뒤에 대여섯 번 파도가 치는 거예요. 그래서 파도가 치는구나 하고 진동을 알아차렸습니다. 그러다 보니까 오늘 또 앉았는데 한쪽이 막 쭈그러지는 느낌을 받았습니다. 이렇게 계속 호흡을 보니까 오른쪽 호흡은 되는데 왼쪽을 보니 배가 아팠습니다. 그래서 오늘은 내가 왜 한쪽의 호흡만 주시하는가 하고 양쪽을 모두 알아차려 보았습니다. 그러고 나서 편안한 자세가 되어 호흡을 보니 이쪽저쪽에 다 같이 호흡이 있다는 걸 이제야 알아차릴 수 있었습니다.

사야도 마음을 왼쪽으로 기울이면 왼쪽에서 느껴지고, 마음을 오른쪽으로 기울이면 오른쪽에서 느껴지고 그런 것입니다. 호흡을 그냥 자연스럽게 보도록 하십시오. 호흡을 알아차릴 때 장소를 보기 때문에 그렇습니다. 어느 곳을 본다고 하는 그런 생각을 하지 말고 알아차리십시오. 왼쪽으로만 보니까 자연히 왼쪽으로만 느껴집니다.

수행을 할 때 한쪽이 아파서 그걸 본다고 한쪽으로 고개를 돌려서 눈으로 보려고 하고, 또 등이 아파서 등을 보려고 고개를 돌려서 눈으로 보려고 합니다. 그래서 눈으로 보는 습관이 많이 들어 있기 때문에 본다고 하면 눈으로 보려고 자꾸 그 방향으로 가려고 합니다. 중요한 것은 마음이 그 느낌을 느껴서 바로 그 마음이 직접 알아차려야 합니다.

어떤 사람은 코끝을 봐야 한다고 하니까, 눈을 다 가운데 쪽으로 몰아서 사팔뜨기처럼 보니까 머리가 아파 죽겠다고 했습니다. 수행을 할 때 본다는 것은 눈을 사용하는 것이 아니라 마음으로 느껴야 하는 것입니다. 그래서 눈이 필요 없기 때문에 눈을 감고 있는 것입니다. 그런데 습관이 되어서 눈으로 보려고 생각하는데 그렇게 하면 안 됩니다.

수행자 수행을 한 지 보름이 넘었는데 그동안을 되돌아보니 잠자고 밥 먹고 수다 떨고 그것밖에 한 일이 없더라고요. 그래서 화가 나서 화나는 걸 보니까 뭔가 좀 잘했어야 되는데 하는 욕심이 있더라고요. 그래서 한국에 안 가고 여기에 남아서 수행을 해야 되나 어쩌나 하는 생각으로 오늘 하루 종일 싸웠거든요. 그런데 한국에서 해결할 일이 있어서 가는 쪽으로 결정을 했습니다. 그래서 다음 기회에 다시 한 번 수행을 하러 오겠습니다.

사야도 그와 같이 그것을 교훈으로 삼아야 됩니다. 보통 사람들은 다 죽을 때가 되면 후회를 합니다. 이제 끝나 가니까 후회하는 거와 마찬가지로 수행을 안 하면 죽을 때가 되어서 후회를 합니다. 시간이 없을 그때에 '아, 내가 평생을 헛되이 살았구나' 하고 후회하게 되는 것입니다. 그러니까 지금 이것을 교훈으로 삼아서 계속 열심히 수행을 하도록 하십시오.

수행자 오늘은 거의 못 알아차렸습니다. 어제 제가 느낀 바가 있었어요. 지금까지 배나 코로 숨쉬기를 해왔는데 그것은 어느 정도 알 수 있었습니다. 그런데 온몸을 훑어보라고 해서 입을 보고 머리를 보려고 해도 제대로 되지가 않더라고요. 그래서 어제는 집중적으로 한번 시험을 해봤습니다. 그래서 마음을 그쪽으로 집중하니 머리도 보이는 것 같기도 하고, 안 보이는 것 같기도 하고, 귀도, 눈도, 몸도 다 봤어요.

그런데 눈이 갑자기 크게 두 개가 떠올랐어요. 눈이 왕방울처럼 커서 가운데는 새카맣고 둘레는 하얀 그런 모습으로 나타났어요. 그래서 너무 기가 막히더라고요. '도대체 네가 누구냐?' 하고 내가 질문을 하니까, 다른 말은 안 하고 그냥 아니라는 거예요. 그래서 '아, 네가 바로 대각심 보살이 아니고 그럼, 너는 무엇이냐?' 하고 질문을 다시 했습니다. 그것이 무엇이 아니라는 그런 느낌을 받았거든요.

그러고 나서 다시 몸으로 갔더니 몸에 뼈가 하얗게 보이더라고요. 그리고 몸의 동맥과 정맥이 너덜너덜하게 보이는 거예요. 그래서 너무 징그러웠어요. 그러면서 '너는 누구냐, 바로 네가 대각심이냐?' 하고 물어도 대답을 안 하는 거예요. 그래서 거기서 깨달은 바가 있었습니다. 어떻게 깨달았는가 하면 눈도 하나의 형체였구나. 즉, 물질이었구나. 그러면 나는 누구냐, 어디에 있는가 하고 생각했는데, 바로 그 형체의 물질 속에 나라는 것이 안주해 있구나 하는 것을 느꼈습니다.

사야도 사실 보라고 한 것은 느낌을 보라고 한 것입니다. 머리의 느낌, 이마의 느낌, 눈의 느낌, 코의 느낌, 이렇게 쭉 내려가면서 얼굴의 느낌을 보라고 한 것입니다. 그런데 수행자가 그런 느낌을 본 것이 아니라 눈을 보라고 하니까 그 눈의 모양을 생각했기 때문입니다. 마음이 그때 집중되어 있는 상태였고, 그래서 마음이 눈의 모양을 만들어 내서 보이게 한 것입니다.

그건 모두 상상력으로 만들어 낸 것입니다. 아무것도 아니며, 누가 그렇게 나타난 것도 아닙니다. 다만 자신의 마음이 만들어 낸 영상일 뿐입니다. 몸의 뼈도 그렇고, 핏줄도 그렇고, 이것이 다 자기 마음이 여기를 본다고 하니까 그렇게 된 것입니다. 여기는 뼈가 있다, 핏줄이 있다 하는 생각이 드니까 그렇게 보이는 것입니다.

수행을 할 때는 집중력이 있기 때문에 그런 현상이 나타날 수가 있습니다. 이것이 모두 마음이 만들어 낸 것입니다. 이렇게 만들어 낼 수가 있기 때문에 수행하면서 나타나는 모든 현상은 상상력이라는 것을 알아야 합니다. 그건 다 내 마음이 만들어 낸 현상이라는 것을 알아야 바르게 수행을 할 수가 있습니다. 그리고 그런 물질 속에 내가 있는 것이 아닙니다. 내가 있다는 것은 그런 집중으로 보게 되어서 생긴 잘못된 견해입니다.

수행자 그럴 땐 어떻게 해야 합니까?

사야도 느낌을 보도록 하십시오. 수행자가 눈을 보니까 관심이 있어서 '너 누구냐' 하고 물어 본 것, 그것도 벌써 잘못됐습니다. 그렇게 하지 말아야 합니다. 단지 그때에 눈을 보지 말고, 눈의 모양을 보지 말고, 눈의 느낌을 보도록 하면 됩니다. 느낌이라는 것은 아무런 모양이 없습니다. 제대로 알아차리면 단지 느낌만 알 수가 있는 것이지 모양이 없는 것입니다. 눈을 감고 있으면 눈을 감은 그 자리에 느낌이 있습니다. 얼굴도 얼굴의 느낌이 있습니다. 어떤 때는 긴장했을 때의 뻣뻣하고 부드러운 그런 느낌이 있습니다. 바로 그런 느낌을 알아차리도록 하십시오.

수행자 느낌으로 봤는데 어제는 집중적으로 봐지더라고요.

사야도 그러니까 집중적으로 봐지면서 뭔가 더 잘 보고자 하는 원하는 마음이 있었기 때문입니다. 집중이 지나치면 사마타 수행이 되고, 그러면 상을 만들어서 보게 됩니다.

수행자 이것은 다른 질문입니다. 어떤 사람이 거짓말을 한다고 할 때, 그 사람이 거짓말을 하면 그 거짓말을 나는 알아차리죠. 알아차리면 그 사람한테 너는 거짓말쟁이다, 이렇게 표현해야 되는지, 나 혼자만 알아차리고 말아야 하는지요? 만약 상대방한테 말을 안 하면 죽을 때까지 거짓말을 계속하는 것이 사람 아닙니까. 거짓말이 아니라 도둑질이라도 좋고 뭐 여러 가지가 있을 것입니다. 그럼 그 사람을 깨우쳐야 되는데 수행자로서 어떻게 그 사람을 이해해야 되는 것인지 궁금합니다.

사야도 '네가 거짓말을 하고 있는 줄 내가 알고 있다' 이렇게 이야기를 해야 합니다. 만약에 그렇게 얘기를 하지 않으면 계속해서 거짓말을 할 것입니다. 그러나 모든 것은 상황이라는 것이 있는 것입니다. 그런 말을 할 상황과 위치에 있지 않으면 할 필요가 없습니다. 그런 말을 해서 받아들일 수 있는 조건일 때 해야 합니다. 그런 말을 해서 서로 나쁜 관계로 발전하여 괴로움을 겪게 될 때는 고려해 봐야 합니다. 또한 내가 화를 내면서 말하는가, 애정을 가지고 말하는가 하는 것도 중요합니다. 화가 나서 말을 하려고 한다면 그때는 말하지 말아야 합니다.

수행자 알겠습니다.

수행자 마음을 눈에 갖다대고 봤을 때 눈을 감으면 눈꺼풀이 무거운 느낌이 들거든요. 그리고 약간 흔들리는 진동도 느껴지고, 또한 무거운 느낌이 들 때에 그대로 알아차려야 합니까, 아니면 단순히 '느낌이 있네'라고 보고 다른 곳으로 가서 알아차려야 됩니까?

사야도 계속 봐도 되고 다른 것을 봐도 됩니다.

수행자 어제 이층에 있는 법당으로 올라가서 부처님을 뵌 순간 알아차림을 잊어버리고 '아이고, 부처님!' 하면서 부처님이 내 소원을 다 들어줄 것 같이 바라는 마음이 생기더라고요. 그래서 '아, 이것은 관념적인 것이다' 하는 마음이 들었습니다. 그래서 어떤 생각을 했냐 하면 지금 여기서는 이렇게 알아차리는 수행도 하고 이렇게 여행도 하면서 조용조용하게 살고 있는데, 이제 수행할 날도 얼마 안 남았구나, 하는 생각이 들었습니다. 당장 서울에 가면 비행기에서 내리자마자 바쁘게 움직일 것이고 수행을 다 잊어버릴 텐데 아이고, 이 일을 어쩌나, 하고 수행을 더 하고 싶은 갈등이 생겼습니다.

사야도 중요한 것은 성급한 마음이 없어야만 됩니다. 빨리빨리 해야 할 일은 몸을 빨리 움직여도 됩니다. 그러나 마음이 성급해져선 안 됩니다. 조깅을 할 때에 조깅하는 사람들이 뛰기는 뛰지만 마음은 편안한 상태로 뜁니다. 성급한 마음 때문에 막 행동을 하면 안 됩니다. 그러니까 성급한 마음이 없이 하는 것이 중요합니다. 그냥 차분하고 편안하게 보통으로 하는 것과 빨리 하는 것과 크게 차이가 있는 것이 아닙니다. 조금밖에 차이가 없습니다.

성급한 마음으로 행하면 오히려 더 늦어질 때도 있습니다. 이것 잊어버리고, 저것 잊어버리고 해서 또다시 가서 하고 이렇게 하느라고 오히려 더 늦어지게 됩니다. 성급하고 조급한 것은 아무 의미 없습니다. 조급한 것을 조급한 줄 알면 그 조급한 마음이 줄어듭니다. 비행기도 내가 안 탔으면 비행기가 기다려 줄 것입니다. 그러니까 걱정하지 말고 편안하고 차분하게 귀국하도록 하십시오.

^{수행자} 오늘 스님들이 탁발을 하는 데 처음으로 따라가 봤습니다. 스님들께서 맨발로 가시는 것을 보니 가슴이 찡하게 저려오더라고요. 한바퀴 돌고 오면서 느낀 것이 우리가 센터에서 밥을 해서 먹는 줄 알았는데 탁발을 해서 여기에 있는 식구들이 다 먹는다는 것을 처음 알았습니다. 그래서 이 생각을 하니까 그냥 막 목도 메이고 눈물이 났습니다. 그러면서 아, 이렇게 수행하라고 탁발을 해와서까지 먹이는데, 경행시간에 숙소에 가서 허리 피고 누웠던 것도 마음에 걸렸습니다. 하여튼 여러 가지로 맘이 착잡하고 아쉽고 그렇습니다. 앞으로 수행을 잘하겠습니다.

^{사야도} 탁발할 때 머리도 시립니다. 그래도 모자도 쓸 수가 없습니다. 그런 마음이 생겨야 합니다. 이제부터는 열심히 수행을 하시기 바랍니다.

^{수행자} 알겠습니다. 감사합니다.

수행자 저는 어제까지는 통증이 심해서 힘들었는데 오늘부터는 마음을 가라앉히고 통증을 알아차리니까 통증은 따로 있고, 또 알아차리는 마음이 따로 있더라고요. 그래서 통증이 일어나면 마음을 가라앉히고 봤어요. 가라앉히고 보니까 통증도 볼만했습니다. 그래서 힘들이지 않고 수행을 하고 있습니다.

사야도 그래서 마음을 먼저 보라고 한 것입니다. 아픈 걸 직접 보면 못 견딥니다. 아프다는 것은 마음이 많이 작용합니다. 다리는 사실 그렇게 아픈 것이 아닌데 마음이 아프다, 아프다 하니까 점점 더 아프게 느껴지는 것입니다.

수행자 경행을 할 때 마음으로 알아차림을 더 강하게 하고 싶은데 그것이 안 되고 그냥 좀 약하다 싶게 알아차림이 되었습니다. 그래서 알아차림을 더 확실하게 할 수 있는 방법이 없을까 생각해 봤습니다.

사야도 너무 확실하게 잘하려는 마음이 있으면 오히려 더 안 보입니다. 마음을 그냥 편안하고 차분하게 하면 오히려 대상을 더 많이 볼 수가 있습니다.

수행자 그래서 '지금 내 마음이 무엇을 하고 있지' 하고 반문했더니 발의 움직임을 알아차리고 있더라고요. 그런데 알아차림이 약한 것 같았습니다.

사야도 발의 느낌을 보고, 마음을 보고 그렇게 하면 됩니다. '지금 마음이 알아차리고 있는가?' 하고 알면 됩니다.

수행자 좌선 중에 알아차림을 하는데 식구들 생각이 떠올랐어요. 그래서 가족들을 위해서 행복하고 몸과 마음이 편안하라고 기원을 했거든요. 그런 마음이 가족한테 가는지 궁금합니다.

사야도 갑니다.

수행자 『대념처경』에서 나오는 전면에 알아차림을 두는 것은 어떻게 하는 것인지요?

사야도 처음에는 그냥 그대로 알아차림을 하고 보십시오. 알아차림의 힘이 좋아지면 저절로 대상이 앞에 있는 것처럼 보입니다. 처음에 바로는 안 됩니다. 처음에는 내가 보고자 하는 그 대상의 장소로 마음이 가게 됩니다. 그러나 나중에 알아차림이 좋아지면 그 장소에서 보이는 것이 아니고 전면에서 보이게 됩니다.

만약에 배의 일어남과 꺼짐을 알아차린다고 하면 처음엔 마음이 배로 갑니다. 이렇게 계속 배를 알아차리다 보면 배의 움직임이 앞에서 느껴지게 됩니다. 마음이 대상으로 간 것이 아니고 대상이 마음에게로 와서 보이는 것입니다. 그것을 억지로 되게 하려고 해선 안 됩니다. 마음의 힘이 생기면 저절로 그렇게 됩니다. 그러니까 일단 마음의 힘이 생기도록 알아차림이 계속 이어지도록 하십시오.

수행자들이 평소에 마음을 보게 되면 아는 마음이 보였을 때 그때 이 대상이 앞으로 나오게 됩니다. 예를 들어 배의 호흡이 전면에서 느껴지는 것입니다. 보통의 경우 마음을 보지 않는 사람은 이 말을 이해할 수 없습니다. 몸만 보게 되면 항상 그 장소를 정해 놓고 여기 보고 저기 보고 이렇게 보기 때문에 그렇게 앞에다 놓고 볼 수가 없습니다. 마음을 보는 사람만이 전면에서 알아차릴 수 있습니다.

수행자 꿈에 오랫동안 전혀 안 보이던 것이 나타났거든요. 그래서 꿈을 깼는데 그 꿈 때문에 마음이 굉장히 애잔했습니다. 자면서 그 생각을 안 했는데 이상하게 꿈속에 나타나서 참으로 황당했습니다.

사야도 겉마음은 그냥 자고 있지만 속마음은 절대로 안 자고 있습니다. 그렇기 때문에 속마음은 생각을 합니다.

수행자 처음에 여기 와서 몸이 좀 안 좋아 수행이 잘 안 되었습니다. 그런데 한국 선원에서 법사님한테 사야도 말씀을 하도 많이 들었기 때문에 이렇게 와서 뵙는 것만도 굉장히 행복하거든요.

사야도 예, 한국에 제자들이 많습니다. 이 센터에는 항상 한국 사람이 제일 많습니다.

수행자 그리고 제가 작년에 오려고 했다가 못 왔었습니다. 그래서 오고 싶었는데 오늘도 계속 가슴이 두근두근했었어요. 앞으로 며칠 안 남았지만 지금 수행이 되는지 안 되는지 그걸 잘 모르겠어요. 계속 행복하다는 마음만 있습니다. 가는 날까지 열심히 하겠습니다.

사야도 수행을 하면 반드시 마음이 행복합니다.

수행자 하룻밤, 하룻밤 지나니까 점점 더 어떻게 말로 표현할 수 없을 정도입니다. 아침에 동트기 전에 벌써 눈이 떠져요.

사야도 그렇게 평생 동안 살면 좋지 않겠습니까? 중요한 것은 무엇 때문에 마음이 행복한가 하는 것입니다. 알아차리면 생각이 줄어듭니다. 생각이 줄어드니까 마음이 편안한 것입니다. 기억해 두십시오. 생각이 많은 사람은 괴로운 사람입니다.

수행자 법당 안에서 경행을 하는데 마룻바닥이 삐걱거리는 소리가 나면서 듣기 싫은 거예요. 그래서 가슴을 한번 쳐다보았습니다. 그리고 밖에 있는 햇살하고 잔디가 너무 따뜻해 보이는 거예요. 그래서 가서 누웠으면 좋겠다는 충동을 느꼈습니다. 그리고 경행을 하며 걸어가는데 앞쪽에서 오는 사람의 걸음걸이가 거슬리는 거예요. 이쪽으로 갔다 저쪽으로 갔다가 이렇게 휘젓고 다니더라고요. 그래서 '아, 너무 싫다' 그러면서 나도 모르게 그렇게 따라해 본 거예요. 그런데 역시 별로 안 좋구나 하면서 제 걸음으로 걸었습니다. 오늘은 그렇게 계속 알아차리면서 걸었어요.

사야도 마음이라는 것은 그렇게 대상을 보면 따라하고 싶어 합니다. 어떤 사람이 길을 가다 갈림길이 있었는데 자기가 가야 할 길은 이쪽 길인데 바로 앞의 차가 저쪽으로 가니까 자기도 괜히 그쪽으로 따라갔답니다. 한참 가다 보니까 '어, 내가 왜 이쪽으로 왔지' 하고 도로 되돌아왔다고 합니다.

마음이 작용하는 것을 알면서 하는 것은 그렇게 나쁘지 않습니다. 내가 화가 일어나면 일어난 줄 알고, 탐심이 일어나면 탐심이 일어난 줄 알고 이렇게 알면서 해야 됩니다.

수행자 오늘 아침에 공양은 국수하고 흰죽이 있었는데 저는 국수를 먹으려고 식탁에 갖다 놓았거든요. 그런데 옆에 도우님들이 가져온 흰죽을 보고 국수를 보자마자 싫은 마음이 생기는 거예요. 그래서 눈이 저도 모르게 옆에 있는 도우님의 흰죽에 가면서 저 자신에게 더 맛있겠다고 생각하면서 계속 그런 마음으로 먹었어요.

사야도 내 생각이 잘못되어 버리면 '아, 저건 맛있겠다, 맛없겠다'라고 생각하게 됩니다. 그러니까 기억해 두십시오. 만약에 두 사람 것이 있으면 내 것은 항상 안 좋게 생각됩니다. 다른 사람이 갖다 놓은 걸 보면 항상 내 것보다 더 좋게 느껴집니다. 그러나 그건 단지 내 생각일 뿐입니다. 실제로 더 좋은 것도 아닌데 내 생각으로 그냥 더 좋다고 생각하는 것입니다. 그것은 진짜 바르게 아는 것도 아니고, 바르게 이해한 것도 아니고, 단지 생각일 뿐입니다. 저게 좋다고 생각하니까, 이게 안 좋다고 생각하는 것입니다.

수행자 남의 떡이 더 커 보인다는 뜻인가요?

사야도 마음의 성질이 그렇습니다. 나한테 있는 것만을 값있게 생각하도록 하십시오.

수행자 질문이 있는데요. 믿는 마음 있잖아요, 그런 신심을 돈독히 하려면 어떤 노력을 해야 하는지요?

사야도 아는 것이 많아졌을 때 됩니다. 내 앎이 더 증가되었을 때 신심이 나게 됩니다. 그러니까 많이 알도록 하십시오. 안다는 것은 지혜입니다. 모르는 것이 무지입니다. 안다고 하는 것은 들어서도 알고, 보고서도 알고, 내가 체험해서도 알고, 생각해서도 알 수 있습니다. 이렇게 해서 많은 것을 알았을 때는 점점 신심이 나게 됩니다.

처음에 수행을 할 때는 아무것도 들은 것도 없고, 본 것도 없기 때문에 신심도 안 나고 잘 모릅니다. 그러나 수행을 실제로 해보고, 듣기도 하고, 또 법문도 듣고, 이렇게 하다 보면 점점 더 많은 것을 알게 됩니다. 그렇게 알아지면 더 하고 싶고, 자꾸 신심도 나고 그렇습니다. 뭔가 더 많은 것이 알아지니까 모르던 것도 알게 되어 신심이 납니다.

수행자 저는 일상생활 중에서 아침에 일어나는 것이 알아차림이 잘 안 되더라고요.

사야도 가속도가 안 붙어서 그렇습니다.

수행자 자기 전에도 호흡을 알아차리다가 한 오 분 정도면 잠에 떨어지거든요.

사야도 처음엔 그렇습니다.

수행자 질문이 있는데요, 머리라든가 팔이라든가 다리라든가 이런 것도 빤냐띠라고 하는 개념인지요?

사야도 그렇습니다.

수행자 제가 왜 이런 말씀을 드리는가 하면, 머리라든가 다리의 느낌이 동시에 있는데 한쪽으로만 집중하게 되거든요. 그러다 보니까 의식을 온몸에다 편안하게 놔두게 되고 그러니까 구분이 없어지고 느낌이 많이 일어나는 거예요.

사야도 단지 그 느낌만 보였을 때 그것이 실재하는 것이므로 바로 빠라마타라고 합니다. 내가 처음에 어디를 본다 하는 것은 장소 또는 모양을 보는 것입니다. 이것은 관념으로서 빤냐띠라고 합니다. 그래서 이런 모양이 있고, 이것을 보기 때문에 그 자체가 느껴지는 것입니다. 이것이 관념을 통해서 실재를 보는 것입니다.

다리다, 머리다, 하는 것은 그렇다는 생각으로 모양을 보는 것입니다. 그런데 정말 실제로 있는 것은 느낌밖에 없습니다. 그래서 머리다, 다리다, 팔이다 하는 생각을 안 하면 그런 모양은 전혀 느껴지지 않습니다. 느낌을 아는 힘이 좋아지면 팔이다, 뭐다 하는 생각을 안 하게 됩니다. 생각을 하지 않으면 모양은 다 사라지고 단지 느낌만이 일어나고 사라지고 하는 것입니다. 수행하는 사람들이 대체로 보면 몸이 사라졌다고 말하는데, 사실 몸이 사라진 것이 아니고 단지 내가 몸이라는 형상을 생각하지 않으니까 마음에서 형상이 사라졌을 뿐입니다.

수행자 마음을 어떻게 보느냐고 다시 질문을 드려도 될지 모르겠습니다.

사야도 처음부터 바로 마음을 볼 수가 없습니다. 다만 처음에 볼 수 있는 것은 거친 마음입니다. 그러니까 생각이 일어났을 때 마음을 볼 수 있고, 또한 마음으로 인해서 나타나는 느낌, 감정 같은 것을 통해서 마음을 볼 수 있습니다.

마음이 고통스러운가, 편안한가, 이런 마음을 볼 수도 있습니다. 감정 같은 것들을 통해서 마음을 볼 수 있습니다. 이런 것들부터 시작해서 보다 보면 나중에는 마음이 작용하는 것도 볼 수가 있습니다.

처음에는 내가 알 수 있는 것부터 시작해서 자꾸 보도록 하십시오. 그렇게 오랫동안 자꾸 보다 보면 나중엔 점점 더 미세한 마음까지 볼 수가 있습니다. 지금 마음이 고요한가, 아니면 흥분하고 있는가, 이런 것들은 사람마다 다 알 수가 있습니다. 처음에는 이런 것부터 시작해서 보도록 하십시오. 마음이 성급해 있는가, 긴장해 있는가, 답답한가, 마음이 안 좋은가, 즐거운가, 슬픈가, 그런 것부터 시작해서 보도록 하십시오.

그리고 마음이 망상을 할 때 마음속에서 말하는 것을 알 수 있지 않습니까? 어떤 사람을 볼 때 내 마음이 뭐라고 말하는가, 그런 것을 자꾸 알아차리도록 하십시오. 그런 마음을 보면, 슈퍼마켓에 가서 물건을 보는 것보다 더 재미있습니다. 마음이 아름답다, 좋다, 그렇게 말을 합니다. 누구 못마땅한 사람이 있으면 '저게 왜 저리 미운지 몰라' 이렇게 말을 합니다. 마음이 분별하는 것을 아주 분명하게 말합니다. 그런 것이 잘 보이니까 그런 마음을 잘 알아차리도록 하십시오. 그렇게 분명하게 잘 보이는 것부터 시작해서 보도록 하십시오. 어렵다고 하는 것은 보는 습관이 안 들어서 어렵다고 하는 것이지 자꾸자꾸 보는 습관을 들이면 쉬워집니다.

수행자 스님께 감사합니다. 탐심이 생길 때마다 아귀, 축생을 생각하게 되었습니다.

사야도 그렇게 알면 좋습니다. 그러면 아주 최고로 바르게 하고 있는 것입니다. 한국에 돌아가면 계속해서 할 수 있습니다. 집에 가면 더 하기 좋습니다. 집에 가면 더 화도 나고, 못마땅한 일도 더 많고 하기 때문입니다. 그런 마음이 일어나면 그때 자꾸 알아차리도록 하십시오.

화가 났을 때 빨리 알아차리면 화가 빨리 사라집니다. 모르면 계속 화를 내게 됩니다. 지금은 그저 말할 수 있는 것이 내가 화가 났다, 화를 낸 내가 잘못됐다, 하는 것을 아는 정도입니다. 화가 나서 실컷 화를 내놓고는 이제 그게 잘못됐다고 아는 수준입니다. 그러나 화를 내기 전이나 화가 일어날 그때 바로 알면 그렇게 화를 내지 않아도 됩니다. 그래서 화가 나는 그 순간에 바로 알기 위해서 계속 알아차리고 있어야만 합니다.

부처님께서 알아차림을 뭐와 비교하셨냐 하면 문지기라고 하셨습니다. 나의 행복과 평화를 탐심과 성냄이 훔쳐갑니다. 그러니까 탐심과 성냄으로 그런가, 아닌가 지켜보고 있으면 나의 행복과 평화를 유지할 수 있습니다.

수행자 오늘은 아무도 모르게 머리를 감아야겠다는 생각 때문에 좌선시간을 한 삼십 분 정도 놓쳤어요. 그래서 천천히 걸어오면서 경행을 하게 됐어요. 그런데 법당에 딱 들어서는데 몸과 마음의 자연적인 성품이 무엇인가 하고 생각하는 동시에 햇살이 쫙 비치면서 돌에 나뭇잎이 계속 흔들리는 것을 주시하게 됐어요. 그래서 그 자리에 가만히 서서 나뭇잎이 흔들리는 것을 보면서 내가 좋아하는 마음이 일어나나, 싫어하는 마음이 일어나나, 지켜보게 됐어요. 그런데 그 순간에 자연의 흔들림이 없어서 나뭇잎이 안 흔들린다면 인간은 아마 질식하리라, 이런 생각을 하게 됐어요. 그래서 깔판에서 내려서는 순간 상당히 차가운 감촉을 느끼면서 '아, 이 차가움을 몸이 먼저 느낀 건가, 마음이 먼저 느낀 건가, 아니면 동시에 느낀 건가' 하는 그런 의문이 들었습니다.

사야도 똑같이 느낀 것입니다.

수행자 저는 항상 뭐가 먼저라는 그런 개념이 앞섰거든요.

사야도 대상과 마음이 딱 닿는 순간에 알게 됩니다.

수행자 그러면서 그 순간 '아, 그렇구나' 하고 돌아섰는데 저쪽 경행대에서 어떤 한 사람이 걸어가고 있었어요. 근데 얼른 '저 사람이 목 스카프에다 열쇠를 걸고 있네'라고 말을 하고 있는 거예요. 근데 그 스카프의 사람이 열쇠 소리를 딸랑거리며 다가오는 것에 마음이 동하더라고요. 마음이 동하면서 그 사람이 법당으로 들어서는 순간 저도 모르게 그 사람 방향으로 몸이 틀어지면서 한 발짝 내디뎠어요. 소리 나는 열쇠를 말하고자 하는 의도를 강하게 보면서 얼른 그 순간 조용해졌으면 하고 성내는 마음이 일어나는 것을 보게 됐어요. 그러자 그 순간에 '남의 업에 개입하지 말자'라고 생각했어요. 그리고 돌아서서 걸어가는데 그 사람이 법당으로 안 들어가고 다시 돌아서서 저랑 같은 방향으로 걷고 있는 거예요. 그래서 얼른 그 순간 제 마음을 보면서 저 사람한테 이렇게 했으면 하고 바라는 마음이 있나, 화나는 마음이 있나 하고 바라보니까 많이 엷어져 있는 거예요.

두 번째 바라보면서 마음이 많이 엷어져 있는 것을 보면서 두 손으로 합장을 하고 제 열쇠를 보여줬어요. 딸랑거리는 소리가 시끄럽다는 동작이었습니다. 그랬더니 그분이 무슨 말인지를 알고 얼른 그것을 받아들여서 열쇠를 떼어내더라고요. 그렇게 말하고 나서는 왜 저 사람의 행동에 따라 내게 화나는 마음이 일어날까 하는 그런 의심이 또 생기는 거예요. 만약 내 의견을 안 받아들였다면 화를 냈을지도 모른다는 생각을 했습니다.

그래서 다시 마음을 봐주니까 아냐, 이미 내 입에서 떠난 말은 저 사람

것이든, 내 것이든 없어진 거야, 하는 생각이 들었습니다. 그리고 천천히
경행을 하게 됐어요. 그러니까 그 사람도 아주 자연스럽게 받아들이고 경
행을 하는 것 같았어요.

사야도 만약에 내가 성내는 마음으로 그 사람한테 말을 했다면 사실을 사
실대로 얘기를 했어도 그 사람이 받아들이지 않았을 것입니다. 그런데 내
가 성내는 마음 없이 말하면 그 사람도 자연히 화를 안 내고 받아들이게
마련입니다.

수행자 지금까지 나는 누구고, 내가 어떻고, 그렇게 살아왔던 게 참 허전
하고 쓸쓸하다는 생각이 들었어요.

사야도 쓸쓸하다면 그건 마음이 괴로운 것이라서 안 좋은 것입니다. 만약
에 많은 사람들 가운데서 혼자인 것 같다는 생각은 괜찮습니다. 그런데 혼
자 있는 느낌이 쓸쓸하다는 그런 생각은 좋지 않습니다.

수행자 네, 그런 쓸쓸한 느낌이 아니었습니다.

사야도 많은 사람 가운데서도 혼자 얼마든지 살 수 있습니다. 혼자 사는
것이란 많은 사람들이 옆에 같이 있어도 내 자신만 보고 있으니까 혼자 있
는 것과 같은 것입니다.

수행자 그런 것을 받아들이니까 지금까지 지나온 과정이 행복하고 감사하

는 마음이 몰려왔습니다. 그리고 서울에서 스승님 잘 만나서 좋았는데 다시 우리 스승님의 스승님 밑에 와서 이렇게 수행을 하게 된 것을 생각하니까 눈물이 났습니다.

사야도 큰 사야도 계셨으면 더 그랬을 것입니다.

수행자 며칠 동안 한 가지 궁금한 것이 있었습니다. 좌선을 할 때 앉아 있으면 느낌이 뭉뚱그려져서 얼굴도 형체가 없어지는 그런 상태가 되었습니다. 그래서 '이거 왜 이러나' 하고 형체를 찾았었어요. 그렇게 되었을 때는 어떻게 해야 되나요?

사야도 찾지 말고 느낌만 계속 알아차리면 됩니다. 그럴 때는 찾을 필요가 없습니다. 느낌은 있는데 왜 그것을 찾습니까? 사실은 손을 보면 손의 모양은 없어지고 느낌만 알게 됩니다. 이렇게 봐져야 됩니다.

수행자 좌선 중에 가슴에 어떤 느낌이 있는가 주시해 봤거든요. 그러나 보려고 해도 느낌을 잡을 수가 없더라고요. 느낌을 잡으려고 하다 보니까 저쪽에서 새 소리가 나는데 새 소리가 듣기가 좋았습니다. 이게 다 숲 속인가 하면서 혼자서 그 새 소리를 즐기고 있다가 가슴이 걸리고 이상한 그런 느낌이 들었습니다. 그러고 보니 내 다리의 감각이 하나도 없었습니다. 다리에 마음이 갔는데 이거 다리가 이상해지는 것 아닌가 하는 생각이 났습니다. 그때 계속 그 상태로 있어야 되는 건지, 그만둬야 되는 건지 궁금합니다.

사야도 아무 일도 없으니까 그냥 알아차려야 합니다. 다리의 느낌이 안 느껴지면 느낄 수 있는 다른 느낌을 알아차리면 됩니다. 몸에서 알 수 있는 다른 느낌을 찾아서 보면 됩니다. 가슴의 느낌이 처음부터 나타나는 것이 아닙니다. 만약에 좋아하는 마음이 있거나 싫어하는 마음이 있을 때 그런 느낌이 가슴에 나타납니다. 그리고 평등심이 됐을 때도 느낌이 있습니다.

느낌은 좋아하고, 싫어하고, 좋아하지도 싫어하지도 않는 덤덤한 느낌, 세 가지가 있습니다. 그러니까 처음에 좋아하는 마음도 안 일어나고, 싫어하는 마음도 안 일어났을 때는 느낌을 찾아봐도 느낌이 나타나지 않습니다. 그때는 덤덤한 느낌을 알아차려야 합니다.

수행자 코를 알아차리다가 가슴으로 가서 느낌을 보고 싶어서 가슴을 주시했거든요.

사야도 덤덤한 느낌이 있는데 덤덤한 느낌을 모르니까 그렇습니다.

수행자 우리 한국에서는 음력 4월 초파일이 부처님 탄신일이고 행사를 크게 합니다. 이날을 국가에서 공휴일로 정해서 연등을 밝히고 아기 부처님 목욕을 시키고 하는 행사도 합니다. 그런데 이 선원에서는 어떤 행사를 하십니까?*

---

* 상좌불교에는 부처님 탄신일이 4월 보름이다. 그리고 깨달음을 얻으신 날도 보름날이며, 마지막에 반열반에 드신 날도 보름날이다.

사야도 여기서는 법으로써 수행으로써 부처님의 탄신을 기념합니다. 그렇게 크게 하는 것도 좋지만 가장 크게 부처님을 공양하는 것은 수행으로써 공양하는 것이 가장 큰 것입니다.

여기에서도 부처님 오신 날 행사를 합니다. 하지만 그걸 하면서 계를 지키고, 수행을 하고, 보시를 하고, 그렇게 공덕을 지으면서 부처님을 기념합니다.

부처님 살아생전에 부처님의 이모 되시는 비구니께서 부처님을 향해 항상 "우리 부처님께서 장수하게 하옵소서" 하면서 빌었습니다. 그러니까 부처님께서 이렇게 말씀하셨습니다.

"그것은 나를 공양하는 것이 아니다. 저기 조용히 앉아서 수행을 하는 자들을 보라. 그것이 정말로 나를 공양하는 것이다."

수행자 좌선 중에 마음이 차분하고 고요해지면 서울에서도 그렇고 여기서도 그랬는데 오른쪽 귀에서 찡~ 하는 소리가 자꾸 나거든요. 그럴 때 제 마음이 그러는 것인가, 아니면 정말 소리가 귀에서 나서 그러는 것인지 모르겠습니다.

사야도 귀에서 소리가 날 수도 있습니다. 어떤 사람들은 귀에서 바람이 나오면서 소리가 나는 경우도 있고, 아주 미세한 작은 소리들이 들릴 수도 있습니다. 그러니까 이런 것에 너무 신경을 쓰지 마십시오. 진짜 소리는 속에서 바람이 나오면서 이렇게 뿌~ 하는 소리밖엔 안 납니다. 때로는 만약에 과거에 싫어하는 소리를 들은 적이 있다면 그것을 내 생각에서 기억하여 나는 소리일 수도 있습니다.

수행자 알아차리면 사라집니다.

사야도 그러면 됐습니다. 그렇게 알아차리십시오.

수행자 일동 그간 지도해 주셔서 대단히 감사합니다.

쉐우민 우 꼬살라 사야도 기념비문

쉐우민 사야도 밧단따 꼬살라 대장로를 추모하는 일대기

Commemorative Biography of
The Shwe Oo Min Sayadaw Bhaddanta Kosala Maha Thera

쉐우민 사야도는 1913년 9월 15일 월요일 오전 7시 45분에, 양곤의 동쪽 해안에 있는 몬 주Mon State, 짜익 또 군Kyaik Hto Township의 묵카무 Mukkhamu 마을에서 태어났습니다. 부모님이신 우 한U Han과 도 타인 총 Daw Thine Chone께서 몽 칫 눈Maung Chit Nyunt이라는 이름을 지어 주셨습 니다.

부모님의 후원 하에 아홉 살 때, 고향에 있는 만 짜웅Hman Kyaung 수도 원에서 사미가 되었습니다. 계사戒師이신 밧단따 난디야 테라께서 그에게 신 꼬살라Shin Kosala라고 이름을 지어 주셨습니다.

바고의 냐웅 레이 삔 군Nyaung Lay Bin Town에 있는 냐웅 레이 삔 숲 속 수도원의 밧단따 아리야 사야도Aggamahāpandita를 계사로 하여, 1933년 4월 5일 수요일 오전 7시 40분에 젊은 사미는 비구가 되었습니다. 그의 후원 자는 냐웅 레이 삔 시의 이와마 구Ywama district의 우 타눈, 도 쉐 체인, 도 따이, 도 틴과 부모님이었습니다.

쉐우민 사야도는 다음과 같은 훌륭하신 스승들로부터 빨리어 학습, 경 율론의 삼장과 주석서와 복주서를 포함한 교학을 공부하였습니다.

- 난디야 밧단따(몬 주의 짜익 또 군의 묵카무 마을의 만 짜웅 수도원의 사야도)
- 알라라 밧단따, 아가마하빤디따(양곤의 짜욱 꼬네 또야 메디니 수도원의 사야도)
- 께사라 밧단따(바고의 냐웅 라이 빈 군의 인 와잉 또야 수도원의 사야도)
- 빤닌다 밧단따(몬 주의 테똔 군의 냐웅 라이 빈 또야 수도원 분원의 사야도)

에야와디의 짜이 랏 군Kyait Latt Town의 빳치마라마 수도원의 야쪼 사 야도로부터 명상도 배웠습니다. 초기 명상수행에 대해서는 거의 알려진 바가 없지만, 젊은 비구임에도 불구하고 그는 경전공부를 명상수행과 연결시켰습니다.

그다음 그는 양곤에 있는 마하시 명상센터에 가서 존경스런 마하시 사야도이신 밧단따 소바나의 지도로 위빠사나 명상을 심화시켰습니다.

마하시 사야도께서는 1951년에 선원의 인터뷰 사야도의 직책을 그에게 맡기셨습니다. 쉐우민 사야도는 10년간 그 일을 성공적으로 완수했습니다.

쉐우민 사야도는 젊었을 때부터 수행하는 데 있어서 인내력과 헌신과 노력을 최대한도로 기울였습니다. 수행을 더욱 깊게 하기 위하여 정기적으로 숲 속의 수도원에서 집중수행을 하였으며, 1980대 후반까지 다음 장소에 가서 수행을 계속했습니다.

바고—
- 쉐 낀 군Shwe Kyin Township, 케 이웨 마을Khe Ywe Village의 빠다니까라마 또야
- 바고 군, 완바에 인 마을Wanbae Inn Village의 신쁘네 또야
- 바고 군, 짜욱딴 마을Kyauktann Village 근처의 마하보디 또야
- 바고 군의 파야 토운주 마을 근처의 나라니 또야

양곤—
- 꼬무 군Kawmhu Township 꼬무 갸웅 마을Kawmhu Gyaung Village의 냐웅 꼭끼네 또야Nyaung Kokkine Tawya

몬 주—
- 야이 군Yayy Township의 아신 마을Asin Village 근처의 몬 세인 또야

- 빠웅 군의 반보웨꽁 마을Banbwegoun Village 근처의 짜욱 아잉 담마수카 또야Kyauk Aing Dhammasukha Tawya

또한 다음과 같은 장소에서도 수행했습니다.

- 바고의 와우 군Waw Township의 아뱌 마을Abya Village 근처의 까틱 와잉 Kathik Waing 명상센터
- 양곤의 바한 군의 보디 꼬운 수도원
- 몬 주 베엘린 군Beelin Township의 윈까 마을Winka Village에 있는 뽀도 무Pawdawmu 수도원

쉐우민 사야도는 1960년에 노스 옥깔라빠 군North Okkalapa Township의 뻬 요에 쎄이 꽁 동Pe Ywek Seik Kone Quarter에 작은 땅 한 필지를 받아서 자신의 수도원을 지었는데, 그것이 바로 여기입니다. 그는 그것을 쉐우민 또야(황금 동굴 숲)라고 명명했습니다. 다음해 7월 보름날 그는 마하시 선원 을 떠났으며, 그때부터 40년간 쉐우민 또야에 머물렀습니다.

선원을 방문하는 사람에게는 누구에게나 젊거나 늙었거나, 부자나 가난 한 사람이거나 친절하고 평등하게 대하는 사야도의 태도는 보시의 마음을 일깨워 주었습니다. 그러나 사야도 자신은 언제나 부처님 가르침에 우선순 위를 두었으며, 보시로 받은 물품은 항상 다른 사람을 위하여 사용하였습 니다.

쉐우민 사야도는 매년 경전 연구를 위주로 하는 많은 선원들을 지원하 였습니다. 상당한 양의 약과 식량과 다른 생필품들을 병원과 양로원에 보

냈습니다.

쉐우민 사야도는 다음과 같은 수도원의 건설비도 지원하였습니다.

- 몬 주 짜익 또 군의 묵카무 마을의 이와 라에 짜웅 수도원, 윈 세인 수도원과 오게 포 수도원
- 바고의 와우 군 보가도 마을의 짝까람시 수도원
- 바고의 와우 군 또기 마을의 누키따라마 수도원

쉐우민 사야도는 고향인 몬 주의 묵카무 마을에서 1학년에서 4학년까지만 있는 초등학교를 8학년까지 수용 가능하도록 증축하는 데 기여하였습니다. 또한 교복과 책 그리고 문방구들도 그 학교 어린이들을 위하여 기증하였습니다.

미얀마의 어린이들이 정규 교육만이 아니라 부처님 법도 배우게 하는 것이 사야도의 소망이었습니다. 이를 위하여 여러 마을에서 어린이를 위한 집중수행을 시작하였고, 후원자들에 의해 매년 개최되도록 하였습니다.

쉐우민 사야도는 보다 넓은 세계를 폭넓게 이해시키기 위하여 20개 마을에 도서관을 설립하였습니다. 또한 그곳에서 소요되는 모든 가구와 책과 녹음기만이 아니라 법문도 보냈습니다.

1988년에는 몬 주 빠웅 군의 반보웨꽁 마을 근처에 짜욱 아잉 또야 담마수카 수도원을 건립하였습니다.

1998년에는 양곤 밍갈라돈 군의 빠따미야 뉴 타운의 꼰 딸라 빠웅 마을에 쉐우민 담마수카 또야 명상센터를 짓기 시작하였습니다.

이 모든 것을 함에 있어 사야도의 동기는 사람들이 부처님 가르침을 이

해하고 스스로 경험하는 기회를 제공하려는 것입니다.

쉐우민 사야도는 『율장』과 부처님 가르침에 대한 심오한 사랑과 경의를 가지고 계셨을 뿐 아니라, 보시를 많이 하고 위대한 비전을 가진 분이었습니다. 그러나 그는 명성이나 재산에 관심을 가진 적이 없으며, 생을 마칠 때까지 겸손한 비구의 자세를 유지하였습니다. 명성에는 관심이 없었음에도 불구하고, 미얀마 국내에서뿐 아니라 결과적으로 해외에까지 서서히 스승으로서의 명성은 높아갔습니다. 말년에는 사야도로부터 부처님의 가르침을 배우기 위해 전 세계 수행자들이 계속 몰려들었습니다.

지계와 삼매와 지혜의 경지가 높기 때문에 쉐우민 사야도는 미얀마 승단으로부터 존경과 찬탄을 받았습니다. 사야도가 속해 있는 쉐 찐 종단 Shwe Kyin Sect은 미얀마의 주요 종단의 하나이며 율법에 엄격하기로 유명한데, 그에게 랏따 뉴 마하 나야까Ratta Ū Mahā Nāyaka 사야도라는 호칭을 수여했습니다. 이는 그의 평생 동안의 쉐 찐 종단의 가치와 열망에 대한 감사와 그의 장수(미얀마에서는 공덕으로 생각함), 그리고 그가 율을 준수하는 데 대한 존경의 표시였습니다.

쉐우민 사야도는 마하시 선원의 이사회에서 수석 정신적 자문위원으로 선출되었습니다. 또한 그는 주로 스승으로서 보시와 지계와 지혜의 모범을 보임으로써, 90세까지 지치지 않고 부처님의 가르침에 기여하였습니다.

그는 89번째 맞이하는 음력 생일보다 정확하게 두 달 후인 2002년 11월 20일 수요일 오후 3시 30분에 쉐우민 담마수카 또야에서 돌아가셨습니다.

그의 법랍은 70년이었습니다.

사야도의 보시와 지계와 수행의 실천은 부처님의 가르침에 대한 불후의 기여였습니다. 그의 존엄성과 고결함과 친절함은 우리 모두의 사랑을 받았습니다.

우리 제자들, 신도들, 승가들은, 다음 세대들이 쉐우민 사야도의 삶과 업적을 회고하고 감화를 받도록 하기 위하여 삼가 이 글을 비문에 새깁니다.

우리들은 이 경사스런 순간을 기념하기 위하여 여기 모였습니다.

오늘은 2004년 11월 20일입니다.

우기는 이제 끝나려 하고 있고,

땅은 다시 비옥해졌습니다.

공기는 맑고 깨끗합니다.

밤하늘은 11월의 별자리를 보여줍니다.

낮에는 부드러운 노란 양담쟁이 꽃이 핍니다.

숲의 향기는 초록빛으로 신선합니다.

사야도의 서거 2주년 기념식에

참여하신 여러분을 환영합니다.

전갈자리의 축제,

고귀하고 명예로운 순간인,

이 11월,

토요일.

그의 삶과 유산을 추모하며,

사야도를 기억하도록

성심과 감사로 흘러넘치는,

가슴에서 우러나온

이 글을 여러분들께 바칩니다.

1996년 10월 어느 날이었다. 미얀마의 여러 수행센터에서 수행을 하는 한국인 수행자들이 한자리에 모였다. 처음 보는 얼굴도 있었고 몇몇은 아는 얼굴도 있었다. 이날의 모임은 쉐우민 센터에 대중공양을 올리고 우 꼬살라 사야도를 친견하기 위해서였다.

우리가 찾아간 쉐우민 선원은 양곤 외곽의 미야옥갈라에 있었는데, 가난한 사람들이 모여 사는 작은 마을이었다. 선원 옆에는 철길이 있고 늪지대에 연해 있는 매우 열악한 환경이었지만, 선원은 하늘을 찌를 듯이 높이 솟은 나무들이 빼곡히 들어선 숲 속에 있었다.

이때가 마하시에서 비구계를 받고 안거를 보내고 난 뒤였다. 이날은 비구가 사를 입고 처음으로 외출하는 날이었다. 마하시 센터에서 보낸 안거기간이 3개월인데 그간 한번도 밖에 나와 보지 못하고 수행만 했었다. 그래서 이따금 담 너머에 있는 세계가 궁금하기도 했다.

쉐우민 사야도가 누구인지는 몰랐지만, 수행을 많이 하신 대단히 훌륭한 스승이란 말만 듣고 따라나섰다. 사야도께서는 자애로우면서도 계율을 철저히 지키고 매우 근면하신 스승이라고 했다.

이렇게 찾아간 쉐우민 사야도께서는 병중이신 몸으로 우리를 맞으셨다. 미라

처럼 뼈만 남은 모습에 퀭한 눈으로 조용하고 가냘픈 목소리로 말씀을 하시는데 나도 모르게 마음이 숙연해졌다. 막 죽음을 눈앞에 둔 노스승의 모습이었다. 이때 스승의 나이가 87세셨다.

사람이 저렇게 마르고도 살 수가 있을까 할 정도로 야위셨지만, 훌륭한 수행자의 표상 같아서 저절로 경건한 마음을 갖지 않을 수가 없었다. 함께 간 노 보살님께서는 사야도를 뵙고 눈물을 흘리기도 했다. 사야도께서는 대체로 시선을 내리깔고 말씀하시는 것으로 보아 계속 알아차림을 하시는 것 같았다. 그리고 이따금씩 상대를 쳐다볼 때의 눈빛은 아주 투명하고 맑았다.

사야도께서는 우리에게 말씀하시기를, "예전에 웨부 사야도께서 앞으로 외국인 수행자들이 많이 올 것이니 대접을 잘하라고 하셨다"고 했다. 그래서 마치 웨부 사야도의 말처럼 우리를 기다렸다는 듯이 따뜻하게 대해 주셨다. 그때는 몰랐지만 지금 생각해 보니 이때가 바로 외국인이 많이 올 것이라는 그 미래가 시작된 때가 아닌가 싶다. 웨부 사야도는 아라한으로 알려진 스승으로 이미 오래전에 열반을 하셨다.

숲 속에 숨어 있는 쉐우민 사원을 이렇게 한국인 수행자들이 처음으로 문을 열기 시작한 것이다. 지금은 많은 외국인 수행자들이 끊이지 않는 국제적인 선원이 되었다.

이날 쉐우민 선원에서 점심공양을 하는데 음식이 매우 훌륭하게 차려져 있어서 듣던 바와 달라 내심 비판적인 마음이 일어났다. 이 선원에서는 반찬을 세 가지 이상은 먹지 않을 정도로 청빈하게 수행을 하는 곳으로 알려진 것과는 달리 이렇게 잘 먹고 산단 말인가 하는 생각을 했다.

그러나 공양 후에 들은 얘기로 그 오해는 곧 풀렸다. 우 꼬살라 사야도께서 불편한 몸을 이끌고 직접 공양간에 오셔서 한국인 수행자들이 오는데 준비를 잘하고 있는가를 세 번이나 물으셨다고 했다. 이 선원에서는 처음 있는 일이었다고 했다. 그래서 음식을 최상으로 준비한 것이었다.

평소에 사야도께서는 가난한 마을에 사는데 주민들보다 더 잘 먹어서는 안된다고 강조하셨다고 한다. 스승의 면면은 이런 사소한 것에서도 잘 드러난다.

3년 후에 쉐우민 선원에 가서 수행을 하기 위해 두 번이나 방부를 들였으나 거절을 당했다. 비구가 수행을 하겠다면 특별한 사유가 없는 한 받아주는 것이 당연한 일이겠으나 이런저런 이유로 거절을 당했다. 쉐우민 사야도께서 훌륭한 수행자라는 것과 특별히 쉐우민에서 마음을 보는 수행을 지도한다고 하여 더 흥미를 가지고 있었던 터였다.

한국에 처자식을 두고 오직 수행을 하러 왔으니 받아 달라고 간청해도 거절을 당했다. 물론 거절의 이유는 쉐우민의 사정 때문이라고 했다. 이듬해에 세 번째 다시 방부를 들였을 때야 겨우 허락을 받았다. 그리고 일주일 뒤에 오겠다고 약속을 해놓고는 이틀 만에 짐을 싸들고 들어왔다. 처음 쉐우민 사원을 방문한 지 4년이 지나서 오게 된 것이다.

이렇게 오게 된 사원의 사정은 열악하기가 이루 말할 수 없었다. 아직 외국인 비구를 받아들이기에는 미비한 점이 많았다. 철길 바로 옆이라 기차 소리가 들리고, 침대도 없는 나무 바닥에 누워 자는데 천장에서 모래가 얼굴 위로 술술 떨어지곤 했다. 명상 홀에서 명상을 할 때는 명상용 모기장이 없어서 그냥 모기에 물리면서 좌선을 해야 했다. 참으로 문명사회에서 원시사회로 들어온 것 같았다. 처음에 얼마나 긴장을 했는지 3일 만에 비행기 소리를 듣고 이곳이 비행장 부근이라는 것을 알았다.

이때 젊은 우 떼자니아 사야도를 만나게 되어 인터뷰를 받기 시작했다. 큰 스승께서는 연로하셔서 작은 스승이라고 불리는 우 떼자니아 사야도에게 수행지도를 받기 시작했다. 우 떼자니아 사야도는 법랍이 얼마 되지 않았지만 뛰어난 가르침을 폈다.

이렇게 열악한 환경이었음에도 오직 뛰어난 법을 배운다는 생각에 어떤 불편함도 감수했다. 그러나 가장 고통스러운 것은 선원의 계율이 무척 엄하다는 것이었다. 매일 맨발로 탁발을 나갔으며, 내국인 비구에게 적용되는 계율을 그대로 다 지키도록 요구하였다.

일상생활뿐 아니라 공양을 할 때 식탁에서 먹는 것까지 일일이 지적을 받았다. 가사를 입는 것에서부터 행동거지 하나하나가 모두 지적의 대상이었다. 비구들이 잘못이 있으면 참회를 하는 의식이 있었는데, 새벽과 저녁 두 번씩 모든 비구들이 큰 스승 앞에 모여 일주일 이상씩 참회를 하곤 했다. 한 비구의 잘못에도 모든 비구가 모여 참회를 하는 것이었다. 이것이 부처님 시대부터 내려온 전통이라고 한다.

그러나 수행을 하는 것은 매우 즐거웠다. 마음을 알아차리는 것과 느낌을 알아차리는 수행을 배우면서 참으로 수행이 무엇인지를 알아가기 시작했다. 인터뷰 때 사야도께서도 외국인을 지도하는 것이 처음인데도 최선을 다해 주었다. 그래서 어떤 때는 몇 시간씩 인터뷰를 받기도 했다.

수행은 큰 스승의 지도방식을 그대로 받아서 했는데 큰 스승께서는 늘 몸이 편치 않으셨다. 언제 열반을 하실지 알 수 없는 큰 스승과의 만남을 좀 더 지속시키고 싶어 시간이 흘러도 떠나지 않고 수행을 계속할 수밖에 없었다. 또한 큰 스승이 열반을 하시면 인터뷰를 해주시는 스승을 어디에서 다시 만날 수 있다는 보장도 없는 터였다. 그렇게 1년의 세월이 한순간 흘러갔다. 이렇게 우 꼬살라 사야도를 모시고 수행을 한 시기가 3년쯤 되었을 때 사야도께서는 90세에 열반을 하셨다.

우 꼬살라 사야도의 침실은 문이 열려 있을 때는 누구나 자유롭게 들어가서 친견을 할 수 있다. 그래서 늘 많은 사람들이 넘쳤다. 한번은 작은 스승께 묻기를 무슨 사람들이 그렇게 많이 찾아오느냐고 했다. 그랬더니 작은 스승의 말로는 많은 사람들이 가슴에 불을 가지고 오는데 큰 스승에게 오면 불이 꺼져서 돌아가기 때문이라고 했다. 큰 스승은 언제나 평온을 유지하고 계시는 그런 훌륭한 수행자셨다. 누구나 문제가 있어 괴로운 마음을 가지고 와서 큰 스승을 뵙기만 해도 편안해진다고 했다.

큰 스승은 철저하게 계율을 지키셨다. 한번은 외국인 수행자들이 돈을 모아 법당을 짓는 데 보태라고 미화 2천 달러를 보시한 적이 있었다. 그런데 두 달을 기다려도 사야도께서는 받지 않으셨다. 미화 2천 달러면 미얀마에서는 큰돈에 속한다. 더구나 불사를 하는 중이어서 필요한 돈이었다. 그런데도 받지를 않으셔서 나중에 찾아뵙고 받아주시기를 간청했다.

그런데 사야도께서는 그 돈을 모두 돌려주라는 것이다. 그리고 비구가 돈에 손댈 수 없는데 손을 댄 돈이므로 법당을 짓는 데 사용할 수 없다고 하셨다. 그래서 그간에 비구들이 귀국을 하기도 해서 돌려주기도 힘들다고 말씀드려도 사야도께서는 답이 없으셨다. 이런 상황에서 얼마간 침묵이 흘렀다. 정답이 없었기 때문이었다. 그때 사야도의 시자가 그러면 법당이 아니고 식당을 짓는 데 사용하면 어떻겠느냐고 사야도께 간청했다. 그랬더니 잠시 생각하신 뒤에 고개를 한번 끄덕이셨다. 그것으로 통과가 되었다.

큰 스승은 매우 자애로우셨다. 일요일이 되면 넓은 법당에는 재가 신도들로 가득 차서 하루 종일 명상을 한다. 그런데 좌선을 하고 경행을 할 때는 일부의 신도는 그 자리에 누워 얘기도 하고 잠을 자기도 했다. 그리고 때가 되면 법당에서 도시락을 먹기도 했다.

한번은 이것이 몹시 불편해서 작은 스승께 말했다. 신도들이 비구들 앞에서 누워서 뒹구는 것이 모양이 좋지 않으니 말을 좀 할 수 없겠는가 했다. 그랬더니 작은 스승의 말이 자기도 그런 말을 큰 스승께 드린 적이 있는데 큰 스승의 말씀이 그 사람들이 다른 곳에 가서 춤추고 노래하며 지내는 것보다 여기 와서 좌선도 하고 누워서 자는 것이 더 좋으니 그대로 두라고 말씀하셨다고 했다.

우 꼬살라 사야도의 법문을 들을 수 있는 기회는 방부를 들일 때와 귀국할 때이다. 그리고 대중공양을 올릴 때 축원을 해주시면 그때 법문을 들을 수 있다. 그리고 안거를 시작할 때나 안거가 끝날 때도 짧은 법문을 해주신다. 그래서 평소에 법문이 듣고 싶어 공양을 올리는 경우도 있었다. 그러면 외국인 수행자들이 모두 모여서 법문을 듣곤 했다.

여기에 실린 법문은 모두 이렇게 모아서 만들어진 것들이다. 스승의 말씀을 마치 밀알을 하나하나 주워 담듯이 그렇게 모은 것이다. 그래서 중복되는 법문도 있지만, 내용에서 약간의 차이가 있어서 그대로 실었다. 무엇보다 큰 스승의 말씀을 하나도 버릴 수가 없어 비슷한 말씀이라도 그냥 실었다.

쉐우민은 계율이 엄했지만 수행방법은 매우 자유로웠다. 마음을 알아차리는 수행을 하기 때문에 일상생활에서 특별하게 구속하지 않고 자유로웠다. 또한 책에 있는 수행방법을 적용하는 딱딱한 수행이 아니었다. 그래서 수행자는 어떠해야 한다거나 수행은 어떠해야 한다는 틀에 박힌 모양에 빠지지 않았다. 이런 모든 것이 마음을 알아차리는 수행을 하기 때문이었다. 수행을 한다고 무엇을 구속하지 않게 되니 가볍고 자연스러운 수행을 익히기 시작했다. 그래서 수행과 생활이 다르지 않다는 것을 알았다. 이렇게 수행이 무엇인지를 알기 시작하면서 비로소 인생이 무엇인지를 조금씩 알게 되었다.

처음에 마음을 알아차리는 수행을 배웠지만 제대로 마음을 알아차리기 시작한 것은 2개월이 지나서였다. 그러자 이번에는 아는 마음을 다시 알아차리는 방법을 하라고 하여 마음을 보는 것도 결코 쉬운 수행이 아니었다. 이렇게 마음을 보게 되니 자신의 내면에서 일어나고 있는 탐진치가 더 잘 보이기 시작했다.

큰 스승이신 우 꼬살라 사야도로부터 몇 차례나 결정적인 도움을 받았다. 역시 큰 스승이 아니면 말할 수 없는 말씀을 해주서서 매번 뵈올 때마다 의문과 갈증을 씻을 수 있었다. 한때 스승으로부터 몸을 알아차리는 것에 대한 중요성을 지적받고 다시 예전에 수행을 하던 마하시 센터로 가기도 했다. 또한 마음을 알아차리는 것이 마음을 새로 내는 것이라는 소중한 가르침도 받았다.

그리고 마음을 알아차리다 보니 집중이 오래가지 않는다는 말씀을 드렸을 때, 왜 그렇게 오래 알아차리려고 하는가 하는 말씀도 들었다. 오래 지속해서 알아차리는 것이 누구에게나 가장 중요한 것이었지만, 사야도께서는 오히려 지속해서 알아차리려는 것에 집착하는 내 마음을 보시고 지적을 해주셨다. 모두가 하나같이 해묵은 갈증을 풀어주는 청량제였다. 그래서 때로는 스승이 계신 곳을 향하여 합장을 하기도 했다.

우 꼬살라 사야도께서는 많은 제자들에게 훌륭한 표상이셨다. 사람이 늙으면 가치가 떨어지기 마련인데 사야도께서는 나이가 드실수록 더 지혜롭고 고결한 삶을 사셨다. 그래서 수행자에게 세월이 쌓이면 이렇게 더 훌륭해진다는 것을 확인시킨 셈이다. 우리가 앞으로 나이를 먹어서 어떻게 살아야 할 것인가를 사야도를 통해서 배우게 된 것이다.

그간 쉐우민의 우 꼬살라 사야도와 우 떼자니아 사야도의 가르침을 모아 사념처 수행을 염처별로 나누어서 하는 수행을 하기에 이르렀다. 이것은 모두 처음으로 시도해 본 수행방법들이다. 수행을 하면서 새로운 방편이 생기면 하나하나 스승에게 보고하여 검증을 받기도 하였다. 때로는 잘못을 지적받기도 했고 때로는 좋은 방법이라고 허락하시기도 했다.

이렇게 염처별 수행을 나눠서 할 수 있었던 것은 오직 마음을 보는 수행과 느낌을 보는 수행을 배웠기 때문이었다. 이렇게 배우고 보니 다시 새로운 단계별 수행을 하는 방법을 정립하기에 이르렀다. 이것은 수행을 시작할 때나 수행 중에 초심자나 경험자에 상관없이 할 수 있는 단계별 수행방법이다. 단계별 수행도 나 자신의 수행을 위한 것이기도 했지만 함께 수행하는 한국인들의 수행이 지지부진한 것을 보고 무엇인가 도움이 되고픈 생각에서 정리한 측면도 있다.

이 책에 실린 글들은 여러 사람들의 도움으로 만들어지게 되었다. 가장 큰 역할은 통역을 해주신 비구니 청현 스님의 공이다. 어쩌면 사야도의 말씀을 들은 것이 아니고 통역인 청현 스님의 말을 들은 것이나 다름없다. 지금은 양곤에서 더 떨어진 새로 지은 좋은 선원에서 많은 한국인 수행자들이 연중무휴로 수행을 하고 있다. 참으로 기쁜 일이 아닐 수 없다. 쉐우민에 한국인 수행자가 항상 넘친다는 말을 들으면 초기에 쉐우민 선원의 문을 두드린 사람으로서 그렇게 반가울 수가 없다. 이 모두가 통역의 힘이 아니었으면 불가능한 일이었다. 한 사람의 힘이 이렇게 큰 것이다.

그 외에도 강종미 도우님께서 쉐우민에 가서 수행을 할 수 있도록 길을 열어 주었다. 그리고 쉐우민 사야도의 법어를 번역해 주는 노고를 해주었다. 조미라 님과 오원탁 님의 도움도 있었다. 그리고 한국 명상원의 수행자들이 면담한 것을 녹음해 준 안기정 님의 도움으로 수행원고가 만들어졌다. 어렵게 녹취를 해주신 조남희 님과 김현진 님의 노고도 매우 컸다.

내가 한 일이라고는 몇 차례에 걸쳐 원고를 정리한 수준에 불과하다. 마지막으로 미얀마의 쉐우민에서 영어통역으로 봉사해 주는 마 떼떼에게도 감사를 드린다. 그간에 모르는 것이 있으면 항상 명쾌하게 답변을 해주어서 많은 도움이 되었다.

그리고 이 책을 출판할 수 있도록 도움을 주신 안동일, 정형길, 조남희, 조순구, 김경화, 고동호, 강윤형, 강상희, 강연희, 김기호, 공명연, 조미혜, 신일호, 이윤지, 안홍경, 오항해, 조자현, 하정일, 혜명궁, 이성복, 최덕자, 오상도, 이덕미, 오두희, 황남채, 유영 님께 감사를 드린다. 이 보시의 공덕으로 도과를 얻어 열반을 성취하시기를 삼가 기원한다.

문장을 다듬는 과정에서 스승님들의 뜻을 훼손하게 되었을 수도 있을 것이다. 이런 불찰이 있었다면 용서를 구하는 바이다.

이 책이 만들어진 모든 공덕을 두 분 스승님께 올리는 바이며, 그간에 쉐우민에서 함께 수행하신 모든 수행자 여러분과 책이 나오도록 도와주신 모든 분들께도 이 공덕을 함께 나누고자 한다.

2005년 5월
묘원